历史政治学与中国政治学
自主知识体系论丛

历史政治学

中国政治学的范式革命

杨光斌　著

中国人民大学出版社
·北京·

总 序
Preface

历史政治学与中国政治学知识体系的建构

杨光斌

国际社会科学就是对各主要国家现代化经验的历史叙事。中国式现代化已经是一个不争的事实，但关于中国式现代化的社会科学理论远远滞后，很多时候人们还在以外源性理论来对照中国式现代化，结果出现理论与现实之间的巨大张力。中国式现代化亟须中国自主知识体系的支撑，而自主知识体系的基础是方法论，没有自主的方法论，就不可能有自主的知识体系。中外政治学的发展历程表明，政治学知识体系通过政治学原理体系集中地体现出来。政治学的知识统摄性和社会科学学科基础性，决定了政治学原理的重构已为中国自主知识体系的建构迈出了决定性的一步。

一、呼唤基于中国历史文化的政治学原理

从古到今，任何政权都需要自己的“政治学原理”以论述政治统治的合理性、合法性。中国几千年的经史之学就是政治学原理，新文化运动之后，作为政治学原理的经史之学被西方政治学取代，即以植根于西方历史文化的政治学方法论和历史观去评判中国政治的对错与好坏，政治学从政治辩护的身份走向批判者乃至革命者的角色。从晚清到1949年之前的中国政治学，在方法论上流行的是源自欧洲大陆的制度主义，这是自古希腊以来

的欧洲政治学传统，即追问什么样的政体是最好的。19 世纪欧洲普遍发生资产阶级革命之后，政体论传统在政治学方法论上就演变成制度主义，而制度主义方法论背后的历史观（或世界观）则强调代议制政府是最好的政府形式，从著名历史学家基佐到自由主义大师穆勒都执迷于这种方法论和世界观。因此，制度主义方法论绝不是所谓静态的和法条主义等弊端所能概括的，作为流行的方法论事实上在普及一种历史观，即以此来衡量一国政治的好坏。这样的政治学与当时的中国政治之间的张力不言而喻。

1980 年，中国政治学得以恢复，马克思主义政治学得以系统化研究，中国政治的研究也开始被触及。但是，尚未建成自己政治学原理体系的中国政治学乃至整个中国社会科学猝不及防遭遇美西方政治学，中国政治学乃至整个中国社会科学深受美西方社会科学的影响。在方法论上，第二次世界大战后美国政治学的行为主义-理性选择主义大行其道。基于个体利益最大化的理性选择，就是把个人利益至上论加以学术范式化的包装，理性选择主义无疑植根于美国这个“天然的个体主义”文化。福山的“历史终结论”就是理性选择主义所表达的历史观，即实现个体价值的最好的也是最终的政府形式就是美式代议制民主。以这样的历史观去衡量中国政治，学科与政治之间的紧张关系更加明显。

120 多年的中国政治学之路并不平坦。一方面，中国传统政治思想高度发达，马克思主义是指导思想，但它们的学科化程度亟待提升；另一方面，在中国并没有思想根基的西方政治学的学科化程度又很高，对中国政治学的学科体系影响深远。这一对矛盾严重制约了中国政治学乃至整个社会科学的发展，中国式现代化呼唤建构中国政治学自主知识体系。自主知识体系的基础是方法论，正如有制度主义、理性选择主义才产生西方政治学。各学科都在努力建构自主知识体系，但关键的前提是要有专属于本学科的方法论。

二、历史政治学的含义与功能

历史政治学是基于中国历史文化的一种学科性方法论。这是因为中国是世界历史上唯一几千年未曾中断的大型政治文明体。德国曾有发达的历史学派，英国至今是政史不分家的传统，中国社会科学更应该拥有历史传统。几千年的政治史所塑造的政治制度、政治文化、政治行为的影响之深之远，无论如何估量都不为过；由此所蕴含的政治理论资源，无疑更是有待发掘的富矿。因此，历史主义方法论在中国学术史上并不鲜见。

然而，不同于含糊性因果律的历史主义，历史政治学是一种社会科学方法，追问的是重大现实和理论问题的历史渊源与时间性因果机制，并以此发现理论。历史本体论、历史连续性和时间空间化，是理解历史政治学的几个关键词。历史本体论重视历史的本质属性，社会史属性的历史和政治史属性的历史具有与生俱来的不同的制度变迁方式。历史连续性是说任何属性的历史在制度变迁过程中都具有时间上的连续性和传承性。所谓时间空间化，意味着空间化形式的当下政治都是历时性制度变迁的产物。这些关键词是解释性概念，不但可以用来分析历史上少数民族政权自我“中华化”，也能说明“中华文明基因共同体”的形成和延续，也可以用于比较历史分析去阐释不同的现代化模式。

历史政治学与政治史研究不同，后者主要聚焦于“事件史”，即把历史上的政治事件说清楚，属于历史学范畴；前者旨在回答当下重大的现实问题并发现理论，属于政治学范畴。历史政治学也不同于西方流行的历史社会学，后者是从社会史出发回答资本主义-工业革命和民族国家两大主题，而前者则是从政治史出发寻找大一统国家延绵不断的内在机理。

和其他政治学方法论一样，历史政治学首先具有论述政治合法性的功能。有了历史政治学，对民主集中制、协商民主、群众路线、人类命运共同体等诸多重大现实政治问题的理解和看法就完全不一样了。比如，在历史政治学这里，民主集中制事实上传承的是几千年中国政治最根本的传统——大一统，而西方政治学推崇代议制民主。又比如，在历史政治学这里，人类命运共同体是中国历史上源远流长的天下观的一种自然延续，而西方政治学更愿意相信基于实力政治的“修昔底德陷阱”。可见，本土方法与外来方法对于中国政治的认识有着天壤之别。

和其他政治学方法论一样，历史政治学是一种生产知识的方法论。简单地说，历史本体论决定了制度变迁方式，不同的制度变迁方式产生了性质迥异的历史政治理论，因此所有政治理论都是历史的。具体而言，西方从古希腊开始就是“多统”的社会史，它决定了“多统”之间为生存而争夺资源的对抗性制度变迁方式，这种制度变迁方式所产生的政治理论必然是对抗性的，而且是以个人权利为宗旨的，比如以权力制衡为基础的代议制政府理论。相反，基于国家统一的中国政治史发端很早，大一统国家的制度变迁重视的是由“致治”而达成的民心，即便是在历史上的分裂割据时代，主要王朝追求的还是通过“致治”而实现大一统。这种制度变迁方式所产生的政治理论必然是以民本为核心的思想体系，民心是最大的政治。可见，历史政治学是一种知识生产流程，以此生产以概念为基础的知识体系。

和其他政治学方法论不一样的是，历史政治学还是一种知识社会学，具有理论辨识功能。几乎所有的政治理论，从社会中心主义这样的理论体系到以自由民主为代表的基础概念，再到理性选择主义这样的方法论，都是历史政治理论，但在传播过程中非历史化为普遍主义。有了历史政治学，很多流行的政治学概念和理论就可以得到检验而达成新的理解。比如，被奉为“历史终结论”的代议制民主，不过是社会史演绎的对抗性制度变迁的一种制度安排；反过来，过去以“多统”之争、今天以党争民主为主要形式的代议制民主，到头来又可能加剧社会史的“多统”之争，引发身份政治与认同政治问题。这就是很多发展中国家因实行代议制民主而出现无效治理的原因，美国也因此出现了政治极化的历史政治学。还比如，西方人为什么喜欢“修昔底德陷阱”的零和游戏？这同样是由历史起源上的社会史属性所演绎的“多统”之间的你死我活的对抗性资源分配方式所决定的，由此造就的政治观或文明观就必然建立在对立和冲突之上。历史政治学有助于我们理解诸多时代问题的政治起源。

三、基本概念重述与政治学原理的重构

按照知识诞生的时间性逻辑，政治学原理是由政治学研究方法和政

治、权力、国家、政体、政党、科层制、民主、治理等“概念集群”构成的。流行的概念演化为观念，观念演变为思维方式和政治态度。目前对政治学原理中的上述基本概念的解释不同程度地受制于、产生于社会史的西方政治学，因此建构自主知识体系的前提是重述概念以达成新的理解，在此基础上重构政治学原理体系。历史政治学的知识生产和辨识功能有助于概念重述，因此它也是建构自主知识体系的方法论基础。

1. 研究方法

中国政治学已经探索出基于自己历史文化的方法论即历史政治学，并被认为是中国政治学发展的突破口和新方向。中国政治学的发展方向无疑是马克思主义政治学与中国具体实际和中华优秀传统文化相结合，历史政治学方法论几乎是为“两个结合”量身定制的方法论。

2. 概念集群

关于政治。二战后世界上流行的就是源自马克斯·韦伯的权力分配而被行为主义概念化的权威性资源分配，这显然是对抗性制度变迁所产生的个人利益最大化的政治理论。把政治定位为利益分配并以此而形成制度安排，必然是少数人的利益最大化并导致社会的不公正。与此不同，国家史开启得很早的中国，几千年一以贯之地强调民心的重要性，为此必须实现“致治”和社会和谐。

关于权力。西方政治学的权力类型就是行政、立法、司法“三权”，但在中国，中国共产党的领导是首要的，中国的权力体系由领导权、执行权、监督权构成。

关于国家。西方政治学讲的都是战争制造的民族国家，具有与生俱来的扩张性；但几千年的大一统中国是由文明史观塑造的文教型国家，天下大同是其最高追求。

关于政体。西方政治学一开始就定义为权力的组织形式，但中国自西汉就开始讲“治体”，即如何维护大型政治秩序的价值、制度和方法。国家治理体系和治理能力现代化命题与“治体”有直接的关系，与“政体”理论无关。

关于政党。现代政治中的很多制度诞生于古代，但作为组织权力的政党则是一种独特的现代性政治。尽管如此，在西方政治学那里，政党依然不过是对抗性资源分配中的利益集团型组织，这显然不能解释很多非西方国家的政党属性。在中国，政党是拯救国家并组织国家的一个核心力量，因此中国学者提出了“政党中心主义”概念。

关于科层制或官僚制。西方流行的是马克斯·韦伯的非人格化的组织理论，但中国事实上是具有道德责任感的干部制。

关于民主。西方流行的是选举式民主或党争民主，中国的协商民主源于中国历史上几千年的协商政治传统。

关于治理。西方治理理论的主体是社会组织，而中国则有几千年的“致治”传统。

习近平总书记在2022年4月25日考察中国人民大学时指出，中国哲学社会科学的根本出路在于建构中国自主的知识体系。中国人民大学是建构自主知识体系的高地和沃土。深谙学科建设之道的中国人民大学党委书记张东刚教授多次高度肯定历史政治学，并指出社会科学的一个出路是“历史＋N”。林尚立校长是历史政治学的先行者，他对中国人民大学政治学有了历史政治学而感到放心，并提醒不要把历史政治学研究弄得太复杂，概念要简明易懂。前校长、中国人民大学一级教授刘伟叮嘱笔者，历史政治学是能够留下来的，要坚定信念、坚持不懈，关键是建好学术团队。学校规划处资助我们建立了“历史政治学与世界政治研究交叉学科平台”，学校科研处拨付了本丛书的“第一辑”出版经费。也正是因为学校上下的大力支持，历史政治学走在了建构中国自主知识体系的前列，《光明日报》辟“中国自主知识体系的建构”专栏，历史政治学成为开栏第一篇文章。探索出历史政治学的中国政治学，正坚定地走在建构中国政治学自主知识体系的路上。政治学的知识统摄性和社会科学学科基础性决定了自主政治学知识体系的形成必将夯实中国式现代化的理论根基，助推中华民族的伟大复兴。

序 言

Foreword

杨光斌

历史政治学是具有“中国身份”的政治学方法论。之所以强调“中国身份”，是因为中国自引进政治学学科以来，先后一直在采用产生于异域历史和文化的方法论来研究问题和中国政治，而方法论背后是历史观问题。比如，产生于欧洲大陆的制度主义方法论输出的历史观是，代议制政府是最好的政府形式；而在美国流行的理性选择主义方法论实际上输出的是个体主义权利和代议制民主是最好的制度形式。用这些方法论和历史观去看待中国，必然形成学科与现实政治之间的巨大张力。经过100多年的学习和探索，中国政治学终于有了基于自己历史文明基因的方法论——历史政治学。

能够流行起来的方法论一定有自己的“传统”作为基础。制度主义方法论（包括新制度主义）的“传统”是自亚里士多德以来就重视的政体论，阶级分析方法论的“传统”当然源自革命运动的政治实践，而理性选择主义方法论的“传统”其实就是美国那种天然的个体主义文化。那么，中国人的“传统”是什么？“历史”就是中国人的传统。

历史政治学是几个中国传统的集成式学科表达。中国的大传统当然是以史为鉴的历史观，从古到今莫不如此；中国人文社会科学的传统当然是历史方法；中国政治学的学科传统是政治史-思想史类研究发达。正是在这些传统的基础上，有了学术自省、学科自觉的中国政治学，才会提出作为新范式的历史政治学。这标志着中国政治学的“内在转向”，从西学为本转向自己的文明传统，是“以中国为方法的政治学”。仅此而言，历史政治学就称得上一场“范式革命”，这也是为什么书名称为“历史政治学：

中国政治学的范式革命”。也正是因为建立在自己的“传统”之上，历史政治学甫一提出，就得到政治学界的广泛关注和支持，并“出圈”到其他学科，尤其是历史学。

历史政治学是建构中国政治学自主知识体系的一个重要方法。笔者的看法是，研究自己的问题并不意味着就是在建构自主知识体系，拥有自己的方法论和历史观更有助于建构自主知识体系。

中国人民大学提出历史政治学并着力推动历史政治学的发展，但历史政治学却属于中国政治学。作为中国人民大学吴玉章讲座教授的台湾大学朱云汉教授，2019 年春天首先对我们建议，中国政治学发展的方向是历史政治学，我们当时的反应可谓“拍案叫绝”。2019 年秋天赵鼎新教授专程到北京参加历史政治学的小型学术会议，他说“我还不清楚历史政治学是什么，但直觉告诉我这是件大事”。华中师范大学的徐勇教授也在第一时间发表文章支持历史政治学。笔者认为历史政治学和田野政治学其实是一体两面。这两年，历史政治学进入国家社科基金项目指南，表明中国的历史政治学学术共同体已然形成。当然，历史政治学的研究在短短几年内蔚然成风，有了批量的新成果，首先要感谢我们精干的学术团队，这是很幸运的合作。历史政治学的发展离不开方方面面的支持，我们满怀感激之情，谨以此书献给历史政治学研究者，缅怀英年早逝的朱云汉教授！斯人已去，历史政治学的生命无限。

2023 年 6 月 5 日

目　录
Contents

绪论

巨变时代的政治学研究议程

政治学是时代的产物，因此政治学说史上才有各种说法的“新政治学”或“新政治科学”。遗憾的是，在政治学学科而非政治思想意义上，百年来中国政治学一直缺乏自己的重大议程设置。民国时期的政治学师从欧洲旧制度主义，新中国前30年学习的是苏联政治学，改革开放之后美国理性选择主义政治学大行其道。政治学的中国叙事时代应该到来了，这不仅是因为世界秩序正在深刻变革之中，历经发展的中国政治学有了学科自觉，而且还因为大国治理必然会产生相应的政治实践经验需要概念化表述。事实上，基于政治学知识贡献的“国家治理体系和治理能力现代化”这一政治表述，就是政治学议程设置的一次重大突破。正在发生的世界秩序的深刻变革将进一步彰显这一新议程的世界性意义，而且还将对国际问题研究提出新议程的要求。我们知道，发生于2018年的中美贸易战、科技战无疑是世界政治变革中的标志性事件，意味着美国主宰的“自由世界秩序”在自我解构之中；更有甚者，对于2020年暴发的全球新冠疫情，很多人都认为将是世界秩序的分水岭，基辛格甚至认为将永久性地改变世界秩序。如果说中美贸易战、科技战是检验社会科学的试验场，呼唤新的社会科学研究议程，那么新冠疫情则至少为政治学研究设置了确定性新议程。本章首先总体性反思社会科学的一般状况，然后集中讨论政治学研究的议程设置问题，前者是后者的背景性知识。

一、社会科学的一般状况：需要一场范式革命

正如沃勒斯坦在《现代世界体系》（第四卷）中所述，伴随着资本主

义世界经济体的形成，论述资本主义合理化的社会科学学科政治学、经济学和社会学也一一出现，到第二次世界大战时，英国、德国、法国、美国、意大利等五国提供了90%以上的社会科学知识产品，而且研究对象也基本上是这些国家①。二战后流行的国际社会科学，更是美国人主导的，那么“美式社会科学”具有什么内在属性呢？美国人自己指出，战后美国社会科学乃“冷战学”。有些人却不认同，认为是“科学”。即使是“科学”，那也是一种忽略掉历史过程的终端性叙事，是将终端模式理论化的“科学”。如果走进美国人的历史过程，各种真相让人愕然，比如贸易保护主义理论起源于美国、白人对印第安人的事实性种族清洗等，不胜枚举。身处历史进程之中的我们，自然不能错过这个反思、重建社会科学的千载难逢的机遇。社会科学是一个“大词”，既有社会中心主义的社会科学知识体系，也有国家中心主义的社会科学知识体系，但前者的宰制性地位显而易见，而且美国社会科学的本体论就是自由主义之个人主义假设，贯穿于各学科之中。

自由民主之政治学。政治学乃是关于共同体善业的学问，但在美国被简化为作为研究范式的“自由主义民主”，即只要实现了法治下的个人权利（主要是财产权）和个人投票的民主，政治生活就万事大吉了。其理论基础是，古典的人民主权概念被置换为选举式民主，所谓选举等于民主，民主等于选举。在改造民主概念的基础上进一步改造合法性概念，将原来的“合法性”改造为“选举授权才有合法性”，即以选举置换了合法性。从此，“选举式民主”和基于选举式民主的合法性概念，就变成了评价一个国家政治制度好坏的标准。很多国家因此发生了“民主化转型”，结果又纷纷因无效治理而出现“民主回潮”，又被美国人冠以“选举式威权主义”。

基于自由主义民主政治学而衍生的国际关系理论，去国家化达到空前的程度。柏林墙倒塌、苏联解体，是对当时流行的以国家为分析单元的结构现实主义理论的致命性打击，取而代之的国际关系理论，是福山一鸣惊

① 沃勒斯坦．现代世界体系：第4卷：中庸的自由主义的胜利：1789—1914. 北京：社会科学文献出版社，2013：310.

人的“历史终结论”所奠定的“自由制度主义”理论，将个人主义本体论基础的国际制度视为“自由世界秩序”的“普世价值”。相应地，呼应“历史终结论”的“软实力”“民主和平论”一度成为炙手可热的概念。在这个过程中，全球治理理论诞生了，罗西瑙等人认为可以实现“无政府的治理”，主张的是公民组织的替代性作用。伴随着英国“脱欧”公投，尤其是特朗普上台后的所作所为，这些以“自由主义民主”为理论基础的各种概念，让人有种恍若隔世的感觉，“自由制度主义”主张美国以“软实力”而吸纳其他国家，却也被特朗普政府的各种“退群”、践踏国际规则所证伪，美国政府对其“软实力”不再抱有信心。但观念的固执性决定了，流行观念并不会随着时代巨变而立刻烟消云散。

自由市场之新古典经济学。20 世纪 80 年代开始的撒切尔主义、里根主义掀起了新自由主义浪潮，核心是私有化和自由化。这股政治思潮在经济学上体现为新古典主义经济学，尤其是其中的新制度经济学，认为只要形成市场化意识形态，政府保护了有效产权即私有产权，国家就能兴旺发达，认为“西方兴起”的奥秘就在于这三要素——国家理论、产权理论和意识形态理论。国家建设是如此多面向的、情境性的宏业，几个要素怎么可能回答国家的兴衰。这种所谓基于经济史而事实上非历史性的学说，其实正是发展中国家之所以不能发展的根源。发展中国家的土地制度大多是世袭制的土地私有制，这种制度到底是有助于发展还是阻碍了发展？土地私有化前后的绩效到底如何？只要放眼世界政治，就知道这种理论与现实的巨大反差。当然，在新古典经济学那里，历史并不重要，经济学变成了信仰政治。

“投资人民”之社会学说。伴随着政治民主化、经济自由化而出现的治理理论认为发展中国家不能发展的根源在于无效率的政府，因此主张压缩国家的生存边界，转而“投资人民”，让社会组织和个人担负起治理国家的重任。这种理论流行了 30 年之后，发展中国家并没有因此而变得更好。关键在于，这种理论根本性地颠倒了因果关系。发展中国家的无效政府，不是政府本身想无效，而是求效能而不得，原因在于，政府只是众多“强社会”中的一个组织，所谓“强龙不压地头蛇”。发展中国家国家建设的真正任务是将国家组织起来，在国家权力碎片化的前提下再主张去国家化的社会权利，结果是进一步弱化了本来就很弱的国家权力，治理理论让这些国家雪上加霜。“投资人民”在西方国家的体现，就是在新冠疫情的关键时刻，生死由己，老百姓甚至可以接受“群体免疫”之社会达尔文主义。

权利主义之法律思想。因“文化大革命”的沉痛教训，改革开放后才有了法学必然要反思以国家为核心的工具主义法学，倡导保护人权的权利主义的法学。这是中国法学的巨大进步。但凡事过犹不及，原因很简单，正如孟德斯鸠在《论法的精神》中所言，法律是政体的延伸。也就是说，法律首先是用来保护政权的，用来维护政治秩序，将政治秩序法律化进而制度化，这是法律的首要议程，或者说其政治功能是第一位的。其次，罗马法传统就是为了捍卫私有财产权，所谓的“自然权利”“天赋人权”等社会契约说，无不是在证成这个。这是法律的经济功能。政治功能和经济功能就是事实上的工具主义法律观。最后，法律的社会功能是维护基本的治安秩序，保护个人的基本权益。只有明白了法律的政治功能、经济功能和社会功能，才能理解美国宪法所捍卫的政治制度与经济制度，以及经济制度与社会权利之间的巨大张力。为什么美国枪支泛滥而得不到控制以至于每年死伤 3 万人以上，最发达的国家依然有 4 000 万人没有医保，单维度的权利主义之法学如何解释?

美式社会科学需要一场“范式革命”。社会科学是回答一个国家面临的重大社会问题的学说，是对特定国家特定历史时期的特定经验或危机的理论化，因此，所有门类的社会科学必然具有历史的情境性、维度的多面向性以及现实问题的高度复杂性与极端不确定性。在这个意义上，贯穿着自由主义个体权利本体论的政治学、经济学、社会学和法学，可以被视为对以捍卫财产权的资产阶级革命成果的证成，而非一般性的共同体善业的学说，否则，“历史终结论”就已经大功告成。事实上，上述门类的社会科学不但与世界政治的现实发生了巨大的张力，而且难以解释特朗普政府滥用国家权力的行为。不但如此，特朗普政府的行为还是对流行的社会科学的一种巨大嘲弄，前述的政治学、经济学、社会学和法学，说到底都是为了“去国家化”，而特朗普政府却将国家权力发挥甚至滥用到极致，而新冠疫情更是检验国家能力的一把尺子。

笔者认为，在根本上，美国社会科学需要一场“范式革命”。以去国家化为目的的美国社会科学是怎么来的呢？自由主义社会科学是建立在“理性人”假设基础之上的。在霍布斯看来，国家的最基本成分是人，要认识国家，就要首先分析作为国家最基本单元的人，认识了人性，理解了人性，一切问题就迎刃而解了；而人是自利的利益最大化的“理性人”。第二次世界大战后，美国人将起源于欧洲的以研究国家为对象的社会科学，扩展至个体和社会行为研究，主张个体主义的“理性人”假设得以成为整个社会科学的本体论性质的命题。

显然，基于“理性人”假设的“社会科学”完全是非历史的，既偏离了西方自己的固有传统，比如亚里士多德就是在情境性、历史性的前提下探索政体问题，也不能解释西方国家自己的治理行为——国家是不可或缺的宰制性主体，更与很多非西方国家的政治传统无关，所以才最终出现与现实的对抗。背离历史、有违传统、对抗现实的研究范式，理应被终结，急需一场新的“范式革命”取而代之。范式革命既体现在学科建设的新议程上，也包括新型研究路径。

二、比较政治学的新议程：从制度比较到治理能力比较

我们已经知道，第二次世界大战后发展起来的美国比较政治学，从20世纪50年代至70年代的政治发展研究或现代化研究，转型到80年代以来的民主化研究或转型学研究。起步较晚的中国政治学自然跟着美国政治学的研究议程而研究，20世纪80年代以现代化研究为主，90年代之后开始研究民主转型与民主巩固问题。其实，无论是现代化研究还是民主化研究，都是比较政治制度研究，这是对美国比较政治学的一个总概括。

当然，在现代化研究的浪潮中，有两大流派，其中一个流派是以阿尔蒙德为代表的典型的制度学派，其表现形式就是结构功能主义，认为无论什么类型的国家，只要具备了从美国政治制度中提炼出的七大功能以及相应的结构，这个国家的现代化就成功了。这一学科史的最大教条主义之作就是1959年出版的《发展地区的政治》，以结构功能主义范式分析所有不同文化类型的国家和地区。结构功能主义范式在美国流行到20世纪70年代，其中的大多数学者适时地转型到理性选择主义。可见，制度学派的方法论至上特征显著，或者说方法论就是为了验证某种制度的合理性，这也算是对方法论与政治制度之间关系的一点新认识。现代化研究中的另一大流派就是以巴林顿·摩尔为代表的历史社会学流派，或者称为国家建设学派，其意在发掘现代国家是怎么发生的，20世纪70年代后走红的查尔斯·蒂利、沃勒斯坦等一大批学者都在研究这个主题。相对而言，从历史出发的历史社会学，意识形态色彩相对少些，因此其留下的知识遗产更为丰富，其知识体系所造就的话语体系至今仍然影响着国际社会科学，尤其是政治学的基本走向。这两个流派的不同命运给中国政治学的重大启示是，政治学的知识来自历史，源自历史研究的政治理论研究是有历史意义的，当然，投身历史研究的工程更为艰巨；相反，用概念或工具丈量现实的方法论至上的制度学派，其研究成果少有经得起历史考验的，多为昙花一现。

20世纪八九十年代，民主的“第三波浪潮”使得上述两大流派合流了，都致力于民主化研究或者说转型学研究，曾经如日中天的历史社会学的大历史研究走向式微，只有极少数学者在苦苦挣扎。民主化研究变成了典型的意识形态推广，致力于国家之“善”的政治学变成了概念修辞学，民主化、国家转型等概念成为政治正确。在民主化研究盛行30年后（1980年代到2010年代），终于有美国学者呼唤“转型学的终结”①，福山也承认“历史终结论”的终结，其中一个重要原因就是大量国家出现的“无效的民主”。

① Thomas Carothers, “The End of the Transition Paradigm,” Journal of Democracy, Vol. 13, No. 1, 2002, pp. 5-21.

第二次世界大战后兴起的比较政治学一开始就是为美国国家战略服务的，因此具有与生俱来的意识形态属性，这是现代化研究和民主化研究的共同之处。但不同的是：第一，民主化研究的意识形态色彩更加鲜明，因为现代化研究中至少还有以知识贡献为使命的历史社会学之国家建设学派，而民主化研究已经没有了知识社会学意义的追求。第二，研究维度的差异。民主化研究就是以有无多党制竞争性选举为标准，维度单一。这是民主化研究受挫的根本原因，因为政治制度的多维度性决定了竞争性选举只是民主的纵向民主形式，民主还有其他形式比如协商民主和参与式民主；即使研究多种形式的民主，民主也只不过是政治的一个维度，怎么可以以一个维度而取代多维度的政治？比较而言，现代化研究虽然也是意识形态导向的，但至少是多维度的研究，比如政治人的培养与塑造、精英吸纳的渠道、政治沟通的方法等，又如李普塞特等人念念不忘民主的社会条件，认为社会条件比民主本身更重要。

现代化研究已成为历史，民主化研究或转型学研究范式也正在式微，那么取而代之的研究议程或研究范式应该是什么呢？笔者曾经主张，比较政治研究应该是“国家建设-政治制度-公共政策”三位一体的知识体系，当然研究各有侧重。以人体做比拟，三者之间的关系是，国家建设是整体性的躯体，政治制度是支撑躯体的骨骼，而公共政策则是躯体内流动的血液[①]。这是对流行的以转型学为范式的制度比较的一种反思，力图寻找比较政治研究的新出路。

今天看来，这个反思依然有需要补充之处，比如比较国家建设，不只是西方历史社会学视野下的战争与国家的诞生的关系——战争所制造的“民族国家”是欧美人的事，因此查尔斯·蒂利等开辟了“战争制造国家”研究范式，海外华人的有关研究，比如许田波、赵鼎新，是在与蒂利对话，最终是以中国案例丰富了这个命题。但是，对于中国而言更重要的是，战争制造国家发生于2 000多年前了，人们更感兴趣的是2 000多年来这个国家为什么能一以贯之地延续下来，“中华帝国”显然不能以民族主

① 杨光斌．比较政治学：理论与方法．北京：北京大学出版社，2016.

体性即不能以“民族国家”来衡量，因为不同民族的统治者都是“中华帝国”的一部分，不存在“新清史”所说的满族非中国性的臆想，“新清史”完全是“民族国家”的话术。那么，如果不能用“民族国家”来概括中国的国家建设，中国是一个什么样的国家呢？或者说中国性是什么呢？“文教国家”大概是一个好的概括，只要信奉这个儒家之“文教”，不管是什么宗教的人和什么民族的人，都是中国人。这样，“国家建设”在中国语境的意义就是“文教国家”的传承与延续问题、“文教国家”的当代意义，而非“战争制造国家”。可见，比较国家建设研究离不开历史政治学的路径，不同的历史有着完全不同的政治理论意义，抽象的国家建设历程，一方面抽象出的是“民族国家”概念，另一方面则归纳出“文教国家”概念。

关于比较政治制度研究，笔者在《比较政治学：理论与方法》中指出：几乎没有不同制度之间的比较了，都是不同国家如何走向“历史的终结”。因此笔者主张，不但要研究代议制民主，还要把民主集中制放在与代议制民主同等重要的位置加以比较研究。政治学是用来搞建设的，即实现共同体的善。把共同体组织起来的维度是多方面的，只顾一个维度的政治学肯定不是求治的政治学，或者说达不到“善”之终极目标。

比较公共政策换为比较国家治理能力更为恰当，这不但是因为政策的制定与执行是治理能力的核心指标，更重要的是治理能力能直接衡量政治制度的效能，即我们常说的制度的优劣需要依靠治理绩效去衡量。我们经常看到的现象是，不同国家的同样一个政策产生完全不同的效果，政策与效果之间的中介机制就可能是治理能力。因此，治理能力不但比公共政策更能揭示政策背后的条件性因素，同时也满足了因果关系的解释。

将比较政治研究的重心从制度研究转移到国家治理能力上，不但是理论和概念层面的推演，更是大时代的呼唤。2020 年暴发的全球新冠疫情是对各国治理能力的一次大检验，是一个百年不遇的比较研究大案例，因为这是发生在同一个时间段、同一性质的主题，最具可比性，而之前的很多案例比较，牵强附会的成分很大。比如，制度转型之比较，对“制度”本身的理解就存在很大差异，因此同样是选举式民主，有的被称为“竞争性威权主义”。简单的制度比较不管用，政策分析也没有说服力，因为相同的政策产生不同的结果，只能用终端性的结果即治理能力作为最大公约数变量去进行比较研究，用治理能力比较反向解释制度差异、文化差异，这样对于比较政治学的研究更有落地感。笔者认为，制度分析相当于演绎法，用一个一般性概念为分析变量而研究不同的国家，这些国家人民的福祉到底如何，不是比较制度研究的重点；而治理能力比较相当于归纳法，用事实说话，从结果性事实去比较制度的差异、文化的作用和政治领导力的差异。

观察发现，治理能力相同或者天壤之别的根本原因在于社会与国家的合作能力，国家-社会关系研究是比较政治研究的重要路径，但往往以“二元对立”世界观来服务于比较政治制度研究，强调的是社会独立于乃至对抗国家的程度，因此属于比较制度分析的一种从属性方法。本节所指称的社会与国家合作能力，不但是一种宏观制度，更是文化意义上的深层结构（deep state），更具体地说是一种社会制度，作为基础性结构的社会制度直接反映在政治制度乃至经济制度上。不管是什么政治制度，只要有国家与社会的合作能力或者合作传统，治理能力就强，相反则弱。东亚国家，包括中国、韩国和日本，欧洲的德国，历史上均存在强大的社会与国家的合作传统，这种政治传统被称为“国家统合主义”，德国、日本、韩国的经济制度可以被视为社会资本主义或福利资本主义，中国的经济制度被称为社会主义市场经济，都是在强调政治与市场的协调性。相反，英美是典型的个人自由传统，其政治制度被称为“社会统合主义”，经济制度被称为“自由资本主义”，强调自由市场的决定性作用。可见，这些异同的根源，都来自作为深层结构或者基础性结构的社会制度。

国家治理能力的变量不但涉及社会制度意义上的国家-社会关系，还涉及政治制度上的权力关系与政治过程中的政策制定与执行。政治制度是由权力关系构成的，它包含根本政治制度即政体，而政体通过央地关系、政治经济关系、民族关系、政党关系等方面表现出来。如此复杂的、多维度的权力关系随时、到处可能出现“否决点”而让制度运行陷入僵局，形同行尸走肉，荒废了国家治理。因此，要使复杂的权力关系运转有序有效，就需要较强的制度整合能力。从理想类型学的意义上说，民主集中制和代议制各自的制度整合能力又受制于特定的基础性社会结构，比如同样是代议制民主的德国、日本、韩国，与美国、英国、意大利的制度整合能力完全不同。

制度整合能力决定了一个国家的政策执行力。这样说来，国家治理能力就不再是一个宏大的、不可测量的概念，而是一组变量组合，其中关键者包括衡量国家-社会关系的合作能力、政治制度的整合能力以及政治过程中的政策执行力，这一变量组合堪称“国家治理能力的一般理论”，也许可以称之为国家治理能力的研究路径或者研究范式。关于这个研究范式的一般特征，笔者在以前的研究中有详细论述，这里不再赘述①。总的发现是，按照这个变量组合去分析就会发现，国家治理能力的强弱具有相对性，没有一个国家在所有方面都是强有力的，几乎所有国家的治理能力都面临着程度不同的挑战甚至危机，有学者称之为“治理危机”。

国家治理能力之比较研究一定是抛去各种理论预设的实质性研究，因为各种变量关系都是看得见、摸得着的；是实质性结构和实质性结果之比较研究，从结果中归纳出关于国家治理的理论和事关治理的制度设计。比较而言，制度比较更具有形式主义性质，假设一种“好制度”推而广之，以特定制度的几个维度去衡量全世界，因而是一种典型的演绎法研究。比较政治学的演绎法研究根本性地违反了“亚里士多德传统”。政治学的开山鼻祖亚里士多德在比较研究 158 个城邦国家后，归纳出政体类型及其优劣，并深刻地指出一个城邦的优良政体在另一个城邦就可能是坏政体。而从制度比较转型到治理能力之比较，又验证了多年前亨廷顿提出的命题：国家与国家之间的差异，不在于其政府形式，而在于其统治能力。有意思的是，比较政治研究的路径转换自然地影响到国际关系研究的转型升级。

---

① 杨光斌．关于国家治理能力的一般理论．教学与研究，2017（1）．

三、国际问题研究的新议程：从国际关系学到世界政治学

在此前的研究中，我们已经呼吁国际关系学转型升级为世界政治学，论证了转型的若干理由和必要性，在此不再赘述①。在即将出版的拙作《世界政治理论》中，笔者给世界政治学下了这样的定义：政治思潮诱发的国内政治变迁所塑造的国际关系与世界秩序。这里至少有以下几个含义：

第一，对于中小型国家而言，只重视国家间关系或地区政治就能满足国家利益的需要了；对于大国，尤其是跨地区影响的大国而言，大国关系是重要的，但世界秩序这个宏观的深层的结构性问题同等重要。中国变化太快，迅速地从大而不强的国家跻身于大而强的国家。对大而不强的国家而言，更关心的是对国内建设有利的大国关系；对于大而强的国家而言，世界秩序就是绕不开的头等重要的问题。从几十年来的中国对外关系来看，国际关系学和世界秩序研究都是以中国为中心的，国际关系研究为中国的内倾型发展即国内经济建设服务，中美关系、中欧关系、中日关系等大国关系成为优先议程；世界秩序研究指向中国的外倾型拓展，即为中国经济走出去并扩大中国影响力服务，中国与非西方国家的关系也就成了重要议程，并以中国为中心而建立起相应的机制，诸如亚投行、上海合作组织以及“一带一路”倡议。国际关系学和世界政治学代表了中国在不同时代的不同使命。

第二，这个定义比较性地给出了国际关系和世界政治的发生学原理。我们知道，国际关系学是基于研究威斯特发里亚体系而诞生的，这个体系是如何形成的呢？国家之间是战争状态或准战争状态，即依靠战争而改变国家间关系并以此为基础而形成世界秩序。研究这个历史的国际关系学因而以讲究“实力政治”“均势”的现实主义为主要线索。沿着这条历史线

① 杨光斌．关于建设世界政治学科的初步思考．世界政治研究，2018（1）．

索而诞生的现实主义国际关系理论也没错，因为从威斯特发里亚体系到雅尔塔体系，都是国家间战争的产物。可以认为，国际关系因战争而产生的改变，属于外源性强制性制度变迁。

事情早已经有了变化。在第二次世界大战之后，虽然战争依然是常见的政治，但战争更多地是用来维护既有的世界秩序，很难通过战争而建构新秩序，而新秩序的形成更多地是依靠内在改变或内生性制度突变。这就是需要重新书写的世界政治史：第一轮，十月革命根本性地改变了已经形成的帝国主义殖民主义世界体系，俄国以改变自己的方式而改变了第一次世界大战的结局并进而改变和重组了世界体系；第二轮，中国革命的成功改变了中国并因此而改变了东亚秩序，与此同时，新兴民族国家的解放运动根本性地瓦解了世界殖民体系；第三轮，中国通过改革开放而改变了自己并动摇了冷战秩序，苏联解体终结了冷战，这对当时流行的国际关系理论而言是一次大地震；第四轮，中国以自己的发展而改变了冷战后美国的单一霸权秩序，而且单极秩序的改变也源自美西方国内的认同政治所导致的政治分裂和否决型政治。

上述每一轮国内制度变迁都是由某种政治思潮推动的，可以视为诱致性制度变迁。马克思列宁主义推动了十月革命，中国革命以及随后的民族独立运动也是由马克思列宁主义和民族主义推动的，第三轮变迁则是由全球化中的各种思潮推动的，第四轮变迁则源自认同政治和民族主义。

观念塑造了政治秩序，但研究政治秩序的观念学说却忽视了观念本身的作用，实在是一大缺憾。建构主义国际关系理论显然不是在讨论这些推动世界政治变迁的政治思潮诸如社会主义运动和民族解放运动，重视观念与外交政策关系的基欧汉等人也只是局限于观念对于个案性政策的影响①，而没有历史的宏观的世界秩序视野。

理论总是滞后于时代，对于发生学的如此巨大的变化，国际关系学不能停留在“旧历史”塑造的视野和思维方式上，不能对已经不再是个案的“新历史”漠然处之。研究“新历史”是中国学人的历史责任。

---

① 戈尔茨坦，基欧汉．观念与外交政策：信念、制度与政治变迁．北京：北京大学出版社，2005.

第三，全球新冠疫情暴发是世界政治学形成的关键时刻。如果说观念塑造的政治变迁的“新历史”还不足于让我们重视观念的作用，那么这次突发性事件必将塑造一代人的观念，而这也必然从反思“旧历史”开始。

基于威斯特发里亚体系的“旧历史”，国家安全战略目标是在国家之间寻找敌人、制造敌人，从而出现国际安全悖论，即越追求安全越不安全，为此就必然要建立国民经济的军事-工业复合体，军备竞赛事实性地成为经济发展的首要目标，于是针对陆地敌人、海上敌人、空中敌人和太空敌人的各式先进技术、先进武器竞相发明出来，各大国的经济最发达部分总是与国防有关的产业。传统的国际关系因此堪称战争状态或准战争状态，而这种状态完全是“旧历史”路径依赖的产物。

“旧历史”不但回答不了“新历史”的问题，也无法面对流行病这种非传统威胁。二战后人类虽然经历了若干次流行病的威胁，但从来没有遇到过像新冠病毒这样严重的致命威胁。面对这种威胁，各国为应对国家敌人而花巨资建构的国防体系和制造的先进武器几乎完全派不上用场。

这次疫情的后遗症或结果将是多方面的。首先，民族主义政治将更加强化，这必将是对全球化的一种逆动，而中国可能会成为民族主义政治的受害者，民族主义对于世界秩序的影响有待观察。其次，各国应对疫情的能力将彰显其国家实力和国家治理能力，改写其在世界政治中的地位。最后，反思国民经济体系，过去都是因为国家安全而竞逐富强，但是流行病这种非传统威胁则要求各国以富国养民为基本目的，不同的国家目的决定了各国发展经济体系的不同方式。进一步说，这也是对传统国家理论的反思，传统国家理论认为国家的首要目的是安全与秩序，指向的都是国家以外的敌人；现在看来，威胁国民安全和社会秩序的，不但来自他国，而且还有威胁所有国家的流行病。

二战以来，全人类第一次受到一个共同敌人的威胁，这种政治不再强调国家间关系，而是真正意义上的全球政治。国家间关系的敌人各有不同，美国的敌人可能是俄罗斯的朋友，也可能是欧洲的敌人或朋友；但全球政治的敌人可能只有一个，中国的敌人也是其他国家共同的敌人。这就决定了，如果说国际关系的目的是寻找差异和国家安全，而全球政治则因为共同敌人的存在而寻求合作和人类共同安全。构建人类命运共同体从来没有像今天这样具有迫切性。

第四，世界政治学的难点与希望。寻求合作与人类共同安全的世界政治应该成为一代人的观念，但当下的一代人又是从“旧历史”中走过来的，而且“旧历史”所建构的利益结构时刻在约束着人的思维和行为方式。我们知道，西方自古希腊以来的历史就走不出“修昔底德陷阱”，国家间的战争或准战争状态是历史常态。这个长时间进程足以建构起思维结构而形成民族性，而且具有民族性的政治心理结构一旦形成就有超强的稳定性和滞后性。反过来，在这种历史进程中所建立起来的现状性利益结构又在强化着历史结构。具体而言，美国的军事工业复合体豢养了无数个利益集团，不但包括军队、工业集团，还有科研机构和所谓的智库。路径依赖中的报酬递增原则决定了这种主宰美国命运的深层结构必然要把美国自己的利益最大化，而寻找外部的“国家敌人”一直是最有效的方式。因此，亨廷顿说美国需要适度的外部敌人而凝聚民心。倡导“世界政治的思维框架”的亨廷顿虽然开创了世界政治学的典范，但最终也不过是为了寻找敌人即他所说的“文明的冲突”。对于西方历史文明中的“立法者”而言，他们已经因路径锁定而难以自拔。

可以想象，人类命运共同体理念将对世界秩序的走向有着毋庸置疑的重要性。不得不说，人类命运共同体也是时间进程中的一种自然延续，既是千年天下大同思想的现代表述，也是新中国外交理念的发扬光大。和平共处、和平与发展，都是“和为贵”，而人类命运共同体则是“和”的最高境界。当然，同样是“和”，不同时代有不同的内涵，此前之“和”均是致力于建构一种有利于国内发展的国际环境，今天之“和”则是在倡导一种新型世界秩序，是“内向之和”到“外向之和”的演变过程。

四、比较政治学和世界政治学的研究路径：历史政治学

新研究议程需要新研究路径或者研究范式去落地。我们提出的历史政

治学①，既可以用来研究以国家治理能力为主题的比较政治研究，也可以用来研究世界政治学。所谓历史政治学，就是研究历史的情景性（认识论）、方法论上的时间性和本体论上的结构性关系主义而提炼概念和知识，并总结善治之道。历史政治学已经被普遍地认为是中国本土的政治学，是发展中国政治学的一种新路径。这种源自本土的研究路径特别重视历史研究之发现，而世界政治学在根本上是以深层的历史结构而立论的学科，因而历史政治学之于世界政治学具有亲缘性。

1. 历史政治学与国家治理能力比较研究

如前所述，比较政治制度研究立足于演绎法，“历史终结论”就是根据霍布斯的理性人假设而推演出来的，政治学一直强调的历史文化和社会条件被束之高阁。一个常识是，不同的国家虽实行同样的政体，治理状况却天壤之别，比如印度与英国、菲律宾与美国，这其中的内在逻辑显然不是制度问题，而是治理能力问题。

国家治理能力由国家-社会合作能力、制度整合力和政策执行力构成，其中每一种能力都来自时间进程所积累起来的社会结构之中。每一个国家的文明史都是既定的，而且发展中国家的民族民主解放运动只完成了民族在政治形式上的解放，大多数国家并没有进行以土地革命为核心的社会革命，而且殖民地遗产即分而治之形成的碎片化政治或强社会政治非常普遍，这种时间进程所塑造的社会结构根本性地制约了国家治理能力。

同样，即使对发达国家而言，“先发优势”取决于很多情景性条件，比如美国可以大张旗鼓地对印第安人搞种族清洗，可以进行殖民地掠夺，可以肆无忌惮地搞不平等条约，等等。今天，这一切都变了或至少变化很大了，后发国家“逆袭”而上，根本性地改变了过去 300 年先发的历史情景和社会条件，西方国家和非西方国家可以在一个尺度上比较国家治理能力，可以弄清楚实行西方制度的非西方国家的治理能力是什么状况，也可

① 杨光斌．什么是历史政治学．中国政治学，2019（2）；姚中秋．历史政治学的中国研究议程．中国政治学，2019（2）；杨光斌，释启鹏．历史政治学的功能分析．政治学研究，2020（1）；姚中秋．学科视野中的历史政治学：以历史社会学、政治史、比较政治学为参照．政治学研究，2020（1）．

以发现走自己道路的非西方国家的不同治理能力。

可见，历史政治学几乎是为国家治理能力研究量身定制的一种研究路径。更重要的是，历史政治学的求善治功能，不但历史地回答了各国国家治理能力之差异，还可以为各国的国家治理汲取智慧。其实，在各个文明体中，不管在政治制度上具有多少形式上的同一性，宏观制度下的中观制度安排，尤其是微观的政治习惯和政治机制，都是本土的。从这个意义上说，研究中观-微观层面的制度和行为方式，就是在研究有关国家的历史政治；同样，每个国家的治理实践和治理能力深深地根植于各自的历史，因而理解各自的历史可以提升对不同国家治理能力的理解。

2. 历史政治学与世界政治学研究

世界政治学主要讲的是政治思潮所诱发的国内制度变迁和由此而形成的国际关系和世界秩序。这里，“世界政治的思维框架”（亨廷顿语）首先是一种由时间进程所建构的深层结构。无论是时间进程还是深层结构的研究，都离不开历史政治学；同时，世界政治学是基于比较政治研究而来的，为国家治理能力比较研究而量身定制的方法论，自然地适用于世界政治学。

笔者在既往的研究中指出，世界政治是一个层次性概念，分为时间进程所塑造的深层结构、国家单元层次所构成的现状性结构和社会次单元层次所构造的微观结构，不同的层次有不同的研究单元或者研究路径[①]。我们最关心的是历史进程所塑造的深层结构。关于深层结构的研究，有霍布森的帝国主义论、沃勒斯坦的资本主义世界经济体论、亨廷顿的文明冲突论等等，每一种研究都是事实性的历史政治学路径。

五、结语

作为一种研究路径的历史政治学之于新研究议程的意义重大。这不但

---

① 杨光斌．世界政治的层次性与研究单元的多样性．世界政治研究，2020（1）．

是因为中华文明历史悠久，还因为中国历史一直以政治史为主，由此而形成的历史想象力自然是可遇不可求的知识财富和思想财富。世界秩序大变局在某种程度上是由治理思想与治理学说诱发的，当一种思想和学说所论述的世界秩序动摇后，必然呼唤新思想、新学说的出现，而全球新冠疫情无疑会助推这种转换。中国人可以向世界贡献的最宝贵资源还是自己的历史文明和在此基础上形成的政治思想，历史政治学是这种政治思想的一种学理化、学科性表述。

第一章

政治学研究范式的转型：从『求变』到『求治』

——政治学学科史的视角

政治思想史是政治学的重要资源，而东西方政治思想史性质的差别就决定了东西方政治理论具有不同的特点。西方思想史因西方社会性质的不断变革而变化，反过来，思想观念的变化也不断改变着政治共同体，尤其是在中世纪神权政治时代的欧洲。本尼迪克特·安德森的“想象的共同体”概念实际上也适用于民族国家形成之前的欧洲。至于民族国家的出现，比如德国，确实是“狂飙运动”中一批知识分子“想象”的产物，德国思想因此才不断地发生变化。中国思想则因其历史的一脉相承性而基本不变。一个民本思想延续 2 000 多年，这是因为其背后是大一统国家、官僚制制度和宗法社会结构、连续性的语言和文字等“文明基体”——中国是一个文明的连续体①。但是，即使是在“想象”中“求变”的西方政治思想史及其政治学，“变”也有其时间上的周期性，比如，资产阶级革命之后的几百年，政治学的主要使命就是论证资本主义政治的合法性及其运转机制，是“变”后求“治”。但是，由于冷战的需要，论述特定政治即西方政治的学说，被建构成“普世价值”并被用来改变对手乃至整个非西方国家的政治，因此论证“治”的政治学，又再度成为“求变”亦即改造他国的学说。应该说，这已经不再是学术学科活动，而是政治斗争、国家间政治的一个重要组成部分了。政治学的政治实践功能被发挥到极致，社会主义阵营乃至很多非西方国家的精英阶层也确实被改变了，这才有苏联的解体和“第三波民主化浪潮”，以及后来的“阿拉伯之春”“乌克兰事变”。

中国自然也不会置身于世界政治之外。早在新中国成立之前，中国知识分子就开始向西方取经，意图按照西方模式变革中国，最后马克思主义

① 杨光斌．中华文明基体论：理解中国前途的认识论．人民论坛，2016（15）：58－61.

成功地改变了中国。改革开放之后，中国在固本革新中独树一帜，进而产生了让西方人着迷的“中国模式”“中国道路”这样的概念与显学。中国的成就必须得到正面的解释，不能解释中国的理论不能算是好的社会科学理论，理论必须直面基于中国历史文化和经验所成长起来的成就，它们必须上升为概念、理论乃至范式。中国道路可以有很多层面的解释，但笔者认为其中有一个重要的逻辑就是：用基于两千年不变的、以“致治”为核心的民本思想来包容并吸纳世界优秀文明成果。因此，“致治”是以中国经验为基础的新政治学必须重视的核心概念与范式。

本章首先简单梳理西方政治思想史之“多变”及其缘由，然后阐述冷战时期论证西式民主政体合法性的西方政治学如何变成了“改变”他国的政治学，并制造了旨在“改变”的范式，接着研讨百年来“求变”的中国政治学的得与失，最后总结改革开放以来中国政治学研究的主要取向，认为建制性的国家治理研究是中国政治学的主流。

为了更深入地研究国家治理，就需要重新认识社会。国家来自社会，但是当代政治学却流行一种社会理论，那就是“公民社会”。“公民社会”概念实际上无法与任何社会的现实相符，因此基于“公民社会”而产生的治理理论必定只能“中看不中用”。

一、中西政治思想史：“恒常”与“多变”

直观地说，中西方政治思想史的一个重大差异就是：中国“恒常”，西方“多变”。因为传统中国社会与中国思想都超乎寻常的稳定，以至于黑格尔竟然能说出“中国没有历史”这样的话。但是王国斌教授认为，这种恒常性不是没有历史，而是一种历史的延续性，西方人只不过习惯了自己之多变而将这种延续性视为停滞[①]。这个新认识很重要，因为这涉及如

① 王国斌．转变的中国：历史变迁与欧洲经验的局限．南京：江苏人民出版社，2016：86.

何认识“历史”这个根本问题。“没有历史”与“历史的延续性”有着根本的区别。在“没有历史”的观点看来，中国的“不变”其实是落后的表征；而在“历史的延续性”看来，中国历史一开始就与西方不同，并且这个不同就在于中国的“早熟”或者说早发的现代性。如王国斌教授所言，在1400年，“形成鲜明对照的是，欧洲在政治组织方式上杂乱无章，众多的小型政治单位（包括城邦、主教领地、公国和王国等）并存。而此时的中国却是一个幅员辽阔的帝国，基本上不存在欧洲式的贵族、宗教机构和政治传统”①。换句话说，按照欧洲的标准，中国早已经进入“近代”社会，具有了“现代性”。既然已经具有了现代性特征，中国历史还要往哪里变呢？以西方人提出的现代性标准，正如德国历史学派创始人兰克所说，到15—16世纪，欧洲才开始有了“近代”特征，出现了民族国家、官僚政治、政治事务的世俗化、常备军等②，还有其他近代现象诸如以文艺复兴为标志而产生的个人自由。

如果这些就是现代性特征，则中国的先秦政制就已具有西方人所说的现代性，最突出的表现就是非世袭的官僚制和郡县制；至于自由，中国先秦时期就是一个无神论的国度，正如孔子所说“敬鬼神而远之”，这是自由的基本前提。人的自由在“黄老思想”主导的西汉政治中也不是问题，甚至可以说“黄老之学”是自由主义的故乡。在奥地利经济学派看来，“道家是世界上第一个自由主义者，他们绝对信仰国家对于经济和社会的完全不干预”③，因此中国人并不像西方人历经千年神权政治的蒙昧之后才通过启蒙运动而获得人的解放与自由的基本前提。鉴于中国历史不可思议的“延续性”，在中国管用2 000多年的思想，即儒家的民本思想，即使到今天也仍然是中国政治思想的核心。

此外，笔者认为现代性政治的一个重大课题是回答现代国家为何而存在这个基本问题，而要回答这个问题又必然要回到国家存在这个现代性的

① 王国斌．转变的中国：历史变迁与欧洲经验的局限．南京：江苏人民出版社，2016：77.

② 波特．新编剑桥世界近代史：第1卷，文艺复兴：1493—1520年．北京：中国社会科学出版社，1999：1.

③ 巴斯罗德．亚当·斯密以前的经济思想：奥地利学派视角下的经济思想史：第1卷．北京：商务印书馆，2016：37.

本体论问题上。这样，虽然亚里士多德也提出城邦的目的在于“最高的善”，但西方现代性国家来得很晚，顶多也就是《威斯特发里亚条约》签订之后的事，这是 2 000 多年“巨变”的结果。而中国在周朝其实就已经是一个统一的封建制国家，并且在这个时期就已经有了“民惟邦本”的说法。欧洲历史上，无论是城邦、帝国还是封建制庄园领主，有几个共同体是以“民惟邦本”为宗旨的？我们只知道，“太阳王”路易十四奉行的“民众就是骡子”的国策。根据芬纳《统治史》中的梳理，除中国之外，几乎所有其他国家统治者的征税都是出于维护统治者权力的需要，比如豢养禁卫军和供朝廷开支。因此，需要对中国古代历史即国家史的性质进行重新认识，并与西方人所说的现代性标准加以对照。

相反，西方政治思想一直在“变”，历史上的很多思想在当今的西方已经找不到踪影，它们的存在仅剩思想史或学说史的意义。其中的逻辑并不复杂：思想是时代的产物，西方社会历经多次革命性的制度变迁，这一方面催生了时代性的新思想，同时也颠覆和否定了曾经“新”过的“旧思想”。思想是特定时代所产生的特定社会制度的产物，这意味着不同的社会制度（更别说不同的文明背景），就应该具有完全不同的思想。为了论述上的便利，下面主要以西方政治思想史为线索，简述时代光谱中最有范式意义的政体思想。

城邦-帝国时期的政体思想。古希腊城邦时期的代表是柏拉图和亚里士多德，他们的政体思想无疑都受到苏格拉底命运的影响，都从心底里反对民主政治。但柏拉图对此事的回应是提出了“哲人-王”思想，他类似于当代的意识形态家，而亚里士多德则类似于当代的政治科学家，他对当时的 158 个城邦进行了比较研究，并进行了政体分类。因此，在政体思想上，影响更大的是亚里士多德而非柏拉图——尽管“哲人-王”思想仍被一些特殊的保守主义者如施特劳斯学派及其追随者所信仰。亚里士多德的政体观认为，城邦是基于自然而存在的。男女之间自然地组成家庭，家庭构成村庄，村庄联合成城邦，因此城邦是人类联合的自然形式。在自然性的城邦中，“人类本性上是一个政治（城邦）的动物”，而且城邦在本性上先于个人，即整体必然大于部分，因为一旦整体被毁灭，就如同身体被破坏而手足不再是手足，部分也就不复存在。在今天的很多西方人看来，和柏拉图一样，这一自然主义政体观颇有极权主义的味道。但是，作为第一个政治科学家的亚里士多德，在细分人口结构、职业性质、劳动分工的基础上，提出了相应的政体类型，即众所周知的“三正宗、三变态”六种政体，其中也包括了作为理想政体的混合政体，即“共和政体”；而人口、职业、分工的变化，势必导致政体变迁。

“希腊化的罗马人”虽然从城邦走向帝国，罗马共和国最鼎盛时期的人口也达到了 800 万～1 000 万的规模，但在政体理论即统治理论上却没有什么创新，至多是波利比乌斯贡献出了“政体循环说”：王制—僭主制—贵族制—寡头制—民主制—暴民统治—君主制。这是一种典型的生物学政体观，即出生、成长、繁荣和衰落的自然主义过程，兴盛和衰落都是不可避免的[①]。

同一时期的中西政治思想呈现出与生俱来的差异，这种差异意味着中国早已经是后来西方人所说的“现代性”政制。

第一，关于自由。自然主义政体观也是一种整体主义观念，在古代自由中，即使是所谓的民主制，也绝不可能有今天意义上的个人自由和权利，更何况希腊与罗马在经济制度上一直都奉行奴隶制，而欧洲中世纪的 1 000 年，更是奉行神权政治下的精神奴隶制，所以，欧洲人渴望个人解放之热切心情是可以理解的。比较而言，同一时期的中国，没有制度上的奴隶制，也没有精神奴役，从先秦到汉初，无为而治下的汉民享有了希腊人与罗马人完全不能比拟的个人自由。可以说，中国人拥有的个人自由，西方人直到文艺复兴时期才基本享有，中国的个人自由比西方早了 2 000 年。

第二，关于政体与治理。先秦-秦汉的中国与古希腊-罗马的第二个重大不同是，西方人关注的焦点是小共同体的内部秩序，亚里士多德笔下仅为弹丸之地的古希腊地区就有 158 个城邦，因此政体理论特别发达；而中国人则似乎天生就追求大一统，中国也自古就是一统天下。大一统国家的

---

① 克里斯托弗．剑桥希腊罗马政治思想史．北京：商务印书馆，2016：445.

统治形式就是王制，这一点一开始就毋庸置疑，只是谁做王以及怎样做王的问题，在此之下，中国先贤所关注的焦点就是“致治”。早在公元前 7 世纪，管仲治齐，运用的就是今天意义上的政治经济学思想，被后人描述为“政策决定论”。比较而言，古希腊-罗马几乎没有关于治理的思想，最高的经济思想就是亚里士多德关于分工的观察（其实还谈不上思想），亚里士多德之后直至 17 世纪的西方经济思想一直呈衰败之势。正如奥地利经济学派的研究所说，古希腊“基本上都是一片经济思想的荒漠”，“在亚里士多德去世以后，经济理论发展走向衰退，到了后来的公元前 4 世纪至公元前 1 世纪时期的希腊化（Hellenistic）和罗马时代，经济思想差不多成了空白”[①]。至于说欧洲的政治经济学，即古典政治经济学，整整比中国晚了 2 000年。

第三，如何组织国家。古希腊城邦都是蕞尔小邦，政体即国家的组织形式；到了罗马时代，疆域广袤无垠了，但并没有发展出把帝国组织起来的如今天中央-地方关系理论所讨论的完整体系，充其量只是个人化的代理体制。但是，中国在先秦时期，一些邦国就实行了郡县制，这是对原始血亲政制的革命，以军功制代替带有原始社会印记的血亲氏族制。就此而言，西方直到美国独立后才出现可视为一种国家结构样态的联邦制。这一制度，中国比西方早了 2 000 多年。

神权政治时代的政体思想。罗马帝国灭亡之后，欧洲进入了中世纪（476—1453 年），中世纪的前半叶是神权政治时代，是神权与王权的势不两立的政治史（二元对立政治）。

野蛮人血洗罗马城，使得刚刚流行起来的基督教遭到重创，这被认为是对基督教的惩罚，因此基督教需要新论述。在新柏拉图主义的拯救人的灵魂的基础上，奥古斯丁发明了“上帝之城”和“世人之城”，前者的代表是基督教大公教会，后者的代表是“新巴比伦”罗马，“上帝之城”最终战胜“世人之城”。为了抵达彼岸的“上帝之城”，奥古斯丁创造了“原罪”说，将人世间所有的堕落、邪恶都归咎于人的“原罪”，并且“原罪”

① 巴斯罗德．亚当·斯密以前的经济思想：奥地利学派视角下的经济思想史．第 1 卷．北京：商务印书馆，2016：29－32.

是人无法凭借自己的力量洗清的，只有皈依大公教会才能得到救赎。这样，教权高于王权，教会政体高于王制。奥古斯丁将古典世俗政治学说转化为神权政治理论。到中世纪下半叶的11—13世纪，不但王权在与教权的博弈中逐渐壮大，城市市民阶级也开始成长起来，“世人之城”服膺于“上帝之城”的信念开始动摇。为拯救神权政治学说，阿奎那适时地将自然主义的亚里士多德学说引入神权政治理论，为已经发生根本变化的社会结构寻找新论述：自然状态也是神授的秩序。也就是说，壮大的王权、新兴的市民阶级，是神权下的新秩序。

绝对主义国家（早期民族国家）时期的政体思想。中世纪的后几百年是西方人所说的“绝对主义国家”时期，这一时期教权开始衰落，欧洲政治史的主题变成了“斗争”：王权与教权之间、王权与各封建贵族之间以及王权与城市市民阶级（商业力量）之间的斗争。

绝对主义国家的兴起与封建制经济有关联，而后者的产生具有一定的偶然性，那就是长达近一个世纪的、消灭了1/4欧洲人口的“黑死病”，既重创了教会政体，也催生了包含着个人自由的封建制经济，因为人口的稀缺使得农奴变为自由民，可以比较自由地选择那些报酬更好的封建庄园去劳动。壮大的封建庄园则演变为更有势力的古希腊城邦式的国家，它们彼此之间的战争最终催生了一些有代表性的基于民族身份认同的政治共同体，即早期的民族国家雏形。在依然存在教会政体的局势下，阿奎那改造后的包含了亚里士多德主义的神权理论为“世人之城”所用，也就是所谓的“君权神圣”理论——君主统治国家，正如上帝统治宇宙。欧洲的君主制有了教会之外的合法性来源。和教会政体的斗争以及各封建领主之间的斗争所催生的早期民族国家之所以被称为“绝对主义国家”，是因为这些共同体的权力还非常有限，绝对主义权力只是一种斗争的目标。在这种情势下，最终催生了中世纪之交的马基雅弗利的君主论和布丹的国家主权思想。

资本主义时期的政体思想。文艺复兴“复兴”的是西塞罗式的共和主义与亚里士多德式的自然主义，这为自然法、自然权利、社会契约等思想的兴起创造了条件，君权、教权以及贵族权力则渐渐失去了思想与理论上的依据。这一重要变化的最终结果是资本主义政体的诞生。资本主义有两个“母体”，一个是众所周知的封建制“社会母体”，一个是容易被忽视的基督教文明这个“文明母体”，资本主义政治制度其实是基督教文明的现代政治转化，或者说是政治的基督教[①]。因此，资本主义政体理论的核心只能是洛克讲的生命权、财产权和自由权，即洛克式自由主义，其实现形式就是洛克在《政府论》（下篇）中所阐述的议会主权。

资本主义政体似乎符合“自发秩序原理”。在资产阶级兴起时期，休谟提出了描述资产阶级成长的所谓的“自动均衡”思想，在此基础上又产生了亚当·斯密的自由贸易理论，这都是经典的自由资本主义的市场经济学说。在此基础上，经过200多年的政治发展，资本主义政体才基本定型。18世纪中期有了以英国政制为基础的孟德斯鸠的三权制衡思想，并被作为蓝图而设计美国的复合共和政体；发明了成文宪法的美国，还在1800年发明了现代性的政党制度。政党作为代议制的选举机器角色得到承认；到19世纪中后期，先是出现了肯定议会主权的密尔的代议制政府理论，接着便是白芝浩的以议会制和总统制为核心的比较政治学，以及20世纪初威尔逊的美国国会政体论。

资本主义政体的成长似乎验证了自然法下的“自发秩序”原理，即市场经济—社会结构分化—代议制民主—多党制—竞争性选举—资本民主即资本权力控制下的民主政治。“自发秩序”必然是强者的逻辑，并且，在这个逻辑之下，强者会越来越强，弱者则会越来越弱，这是我们讲资本主义民主就是资本民主的原因。当洛克呼唤财产权的时候，他正在贩奴；当白人去新大陆驱赶印第安人的时候，合法性也是来自洛克，即所谓的劳动创造财富，印第安人不劳动，财富就不是印第安人的，该是白人的。这就是“自发秩序”原理的真正逻辑。民主本来是大众性的，但是被资本俘获之后，社会不平等就是必然的结果，社会主义运动也是必然的。

社会主义运动的政体思想。社会主义思想源远流长，但作为一种自觉的社会运动，还是产生于第二次工业革命高峰时期的19世纪中叶。社会主

① 杨光斌．自由主义民主“普世价值说”是西方文明的傲慢．求是，2016（19）：56－58.

义以平等权为基本诉求，因此社会主义民主其实是一种相对于资本民主的社会民主。马克思主义经典作家以及其后的德国社会民主主义者伯恩施坦和考茨基、英国费边社，都是社会主义家族的重要成员。在资本权力主宰的政治制度中搞社会民主，也只能是改良主义的修修补补，没有办法从根本上改变资本主义政治，因此才有革命的马克思主义和改良的马克思主义之分野。

小结：研究欧洲思想史之变，我们有如下发现：

第一，总的来讲，“变”是欧洲思想史的常态。一方面，制度变迁导致花样翻新的各种政体思想出现；另一方面，西方人思想中的“求变”意识也变得越来越强烈。与其他文明相比，欧洲的政体之所以多变，在某种意义上是由“观念塑造世界”这一模式造成的。欧洲的共同体都是“想象出来的共同体”，比如中世纪初奥古斯丁制造的“上帝之城”观念，塑造了近千年的神权政制；而在中世纪的后期几百年，“上帝之城”转化为俗世的“君权神圣”观念并为绝对君主制服务。可以说，西方社会最初的状况产生了最初的理论，这些理论一经产生便反过来改变西方的社会现实，从此西方的观念变迁与制度变迁之间就变成了“鸡与蛋”的关系，既难分先后，也难以稳定。这是任何其他文明体所不曾有的。

第二，从研究方法上看，2 000 年欧洲政治史就是社会制度和政治制度剧烈变革的历史，不从比较政治学的角度研究西方政治思想史或者政治哲学史，这个领域的研究就不会有什么重大进展。

第三，应该看到，尽管在西方“变”是常态，但每一次“变”产生的新思想至少能管若干世纪，比如整个古希腊-罗马时期都是自然主义政体观：“上帝之城”统治欧洲近千年，“君权神圣”主导着中世纪后期，“国家主权”之后兴起的资本主义政体也将近 400 年。而伴随着资本主义的社会主义已经有 200 年的历史，社会主义所追求的社会民主也是人类未来的基本方向。因此，这样一个大历史的轨迹告诉我们，思想之变，其根本目的其实也还是“治”，否则革新后的思想也无法有效支配社会几百年。

第四，西方的“变”中也仍然包含着历史连续性的方面。在自然主义的政制遭遇危机后，处于危机中的人们选择了期望能拯救他们的基督教，神权政治统治了欧洲。但是神权不但可以为教会政体所用，也可以为俗世政体所用，这便是“君权神圣”之后新兴国家的“国家主权”。这些都是基督教借助亚里士多德自然主义理论改造的结果。一度中断了近千年的自然主义在被基督教改造而得以复兴后，演变为近代自然法和自然权利思想，进而催生了基于个体权利的“天赋人权”思想和资本主义。资本主义的不平等性招致追求平等权的社会主义思想和社会主义运动，在某种意义上也是一种对“天赋”权利的追求。因此，贯穿于欧洲思想史中的一个重大线索就是自然主义和自然法。

第五，政体变迁有着内在的历史逻辑，而这个“历史逻辑”其实就是作为政体基因的社会条件。政体条件论一直是欧洲政体思想的核心，比如亚里士多德就从未忽视对各种政体所需的各种具体条件的分析。到了近代，世界被航海技术联系起来之后，思想家们看到各族群的差异，开始强调政体的民族性，比如孟德斯鸠在《论法的精神》中大讲民情，密尔在《代议制政府》中说作为最好政府形式的代议制并不适用于所有民族。在当代，罗尔斯一反自由主义的“普世主义”的傲慢，在其最后一本著作《万民法》中建构了理解那些不具备西方社会条件的非西方社会的政体标准，即不能以西方政体合法性标准来衡量非西方社会政体。政体生长于社会之中，社会条件之重要性、必要性本来就是常识，但是执迷于某种特定制度的学者、政治家往往会忘记这个再简单不过的常识，而盲目求“变”，结果总是适得其反。

二、兼具“建制派”与“革命派”二重性的西方政治学：从论述自己的政体合理性到改变他国的政体合法性

到 19 世纪中后期，西方政治思想史演变为学科规范意义上的政治学。而作为学科的政治学在其诞生之际，研究的对象都是制度现状，并且重点是问题，而不是制度自信。那时的西方各国不仅政治问题成堆，思想意识

领域还有卡尔·马克思与卡尔·施密特这样差异巨大的批判者。但是，进入20世纪之后，世界政治演变为意识形态政治，大有回到中世纪神权政治的味道，于是，本来是论证自己合理性与合法性的理论，一下子转变为改变他国政治体制的工具。

1. 建制派：当下政治制度合理性的政治学说

西方政治学是伴随着欧洲民族国家的出现、经过几百年的成长而最终在19世纪中后期才成为今天学科意义上的政治学的。按照其基本内容，西方政治学的基本框架可以归纳如下：

国家论（国家学）。政治学长期被称为“国家学”，因为其起点是建设现代国家。西方近代的起点是文艺复兴时期，这一时期最重要的政治思想成就就是马基雅弗利的《君主论》（《论李维》及其他著作的影响力都无法与之相比），其核心论题是如何把群雄割据、纷争不断的亚平宁半岛整合起来，并似乎有呼唤兼具狮子和狐狸性格专制君主的嫌疑。马基雅弗利也因此被认为是将政治与伦理分置的第一人。欧陆的这一思想诉求在英国革命时期催生了同样也是呼唤秩序的霍布斯的《利维坦》，霍布斯创造了一种全新的主权构建模式。在霍布斯那里，任何秩序都比无秩序要好。这一思想影响深远，亨廷顿的保守主义思想显然与之有关联。虽然马基雅弗利、霍布斯以建构秩序为其根本诉求，但这似乎并不妨碍个人解放和个人自由，所以他们也被认为是自由主义的先驱。经过几个世纪的发展，“国家学”在马克斯·韦伯这里得到集大成式总结，那就是韦伯著名的国家是在特定疆域合法地垄断暴力的论述。流行的国家四要素（领土、人口、政府、军队）说正是由此而来。

权利论（宪政论）。马基雅弗利与霍布斯并没有真正巩固君主的主权，反而使得个人主义观念迅速兴起，自由宪政理论也由此而发展起来：自由对应的是个人权利，宪政约束的是国家权力。自由宪政理论的先驱无疑是洛克，《政府论》（下篇）最核心的主张无疑是财产权。因此洛克的主张被麦克弗森总结为“占有式个人主义”，是少数人的特权，因此其实质是寡头制。如果说洛克的思想为资产阶级的统治奠定了理论基础，那么苏格兰启蒙运动和法国启蒙运动所完成的就是对这一统治模式的进一步巩固。以休谟、亚当·斯密为主将的苏格兰启蒙运动，为新兴资产阶级提供了更加系统的政治哲学和政治经济学说；法国启蒙运动则为资产阶级的统治创造出了道德上的正当性。唯有如此，“财产权”才能从“权利”最终演变为控制国家的“权力”——“国家只不过是资产阶级的管理委员会罢了”（马克思语）。

政府论（代议制）。无论是洛克所主张的“议会主权”，还是孟德斯鸠以及美国建国者所倡导的“三权制衡”原则，都是代议制政府的具体形式，其实质都是为了维护资产阶级的统治。代议制的根本实现形式是多党制与选举制，无论是议会制还是总统制都是如此；竞争性选举必定使得政党与政客最终接受资本权力的控制，因此自由宪政理论最终变成了阶级统治的理论。

旧制度主义时期的政治学（19 世纪后期至 1945 年）研究的基本上是上述各类政治体系以及相应的宪法与法律。政治学的“法条主义”传统的基本前提是：合法律性（legal）的国家、政府、政党等政治组织，具有韦伯所说的合法性（legitimacy）。所以说，这一时期的政治学属于标准的“建制派”，其根本目的在于论证既定制度的合理性乃至神圣性。但是，资本主义政权并没有因为这些“建制派”理论而变得让人尊敬并服从，反而渐有风雨飘摇之势。

2. 批判政治学

如前所述，西方国家的政治实践以及制度变迁似乎很符合“自发秩序”逻辑，然而这一说法完全无视充斥欧洲近代历史的恃强凌弱、以众暴寡的事实。这种鸵鸟政策是不可能有助于问题的解决的，它只能坐视问题演化为危机。危机的根源就在于代议制民主的“名不符实”。作为寡头制的代议制民主有两个难以克服的难题：一是资本操控公共权力，二是民主共和逻辑本身的双重困境。

针对第一个难题，最著名的政治学说当然首推马克思的社会批判理论。马克思的唯物史观是分析资本主义社会绕不开的方法论。后世关于民主与不平等的研究，都是基于马克思的基本命题，即：政治上一人一票的平等与经济上的不平等，必然使得政治与经济分裂的资本主义社会中的人陷入人格分裂，而走向“自由王国”的必经之路便是无产阶级革命，并建立巴黎公社那样的无产阶级共和国。尽管巴黎公社失败了，但马克思的革命理论却最终催生了一个新世界，在帝国主义世界体系之外建立起了一个社会主义阵营。受社会主义革命的鼓舞，民族解放运动至少是从政治上葬送了殖民体系。

第二个难题的具体表现，一方面是托克维尔所讲的“多数的暴政”问题，著名保守主义者埃德蒙·柏克、意大利精英主义者如莫斯卡等人以及法国的勒庞等人基本上持有相同的观点，另一方面，“大众”本身就不符合“民主”的要求。德国著名宪法学家卡尔·施密特（又译施米特）认为，民主的前提首先在于“同质性”。他说，“民主首先要求同质性，其次要求——假如有必要的话——消灭或根除异质性”①。这才是真正的民主。果然，不顾条件推行代议制民主的魏玛共和国，根本无力“决断”异质性所带来的分裂与纷争，最后导致希特勒上台。对此，凡是能够认识到“大众”复杂性的学者，都会把大众民主放在社会经济条件中去考虑。

事实上，英国是在“同族”内搞的选举式民主，美国人则不但没有和印第安人分享选举权，甚至还对他们实施了种族灭绝——这成为后来希特勒政权灭绝犹太人的研究案例②。基于魏玛共和国的教训和动荡不堪的法国政治，即使在冷战时期，将选举式民主论证为西式政治合法性基础的李普塞特，也特别强调“均质文化”这个前提性条件③。成功的西式民主都发生在均质文化中，而且是经济水平达到一定程度之后才搞的大众选举式民主，比如：英国第一次宪政改革是1832年，此时距“光荣革命”已有近一个半世纪；美国大部分白人拥有选举权是19世纪30年代，此时已经是建国60年之后，而所有民族都获得选举权则发生在美国建国将近两个世纪之后的20世纪60年代。

但是，二战尤其是冷战之后，西方开始向非西方国家推行自己从未实

---

① 施米特．当今议会制的思想史状况//施米特．政治的浪漫派．上海：上海人民出版社，2004：165.

② 曼．民主的阴暗面．北京：中央编译出版社，2015.

③ 李普塞特．政治人：政治的社会基础．上海：上海世纪出版集团，2011：49－50.

践过的制度：在经济落后、没有法治传统的异质文化社会强推选举式民主即党争民主。自大的《纽约时报》专栏作家弗里德曼这样指点江山，他认为：对中东地区恐怖主义和冲突的解决办法是“多种族化、多元化和自由市场民主”[①]。英美自己不但从来没有实行过这种社会条件下的民主，而且其推销的去国家化的自由市场经济，也早在100年前就被它们自己抛弃了。有学者一针见血地指出，“强加给非西方国家的目前的这种自由市场民主的方案，即放任自由的资本主义及普选制的双管齐下，是一种从没有任何西方国家在任何历史时期采用过的方案”[②]。

也就是说，代议制民主本身在西方内部就是问题的根源，而把这种带有结构性难题的方案带给社会条件完全不同的非西方社会，结果可想而知。我们要思考的是，曾经为“建制派”的西方政治学为何执意要以自己都成问题的方案改造他国？

3. 充当“革命派”的西方政治学：从“现代化”到“民主化”

政治学的古老使命就是实现“最高的善”或“最可能的善”，即如何在一国之内实现良政。但是，冷战的爆发使得世界政治仿佛重新回到中世纪的神权政治。冷战时期，苏联在世界范围内搞“世界革命”，推广的是苏联式的共产主义；美国则是打着“自由民主”的旗帜，把世界变成“自由世界”，最后美国打赢了一场没有硝烟的战争。

美国赢在意识形态的战略与战术。意识形态领域是冷战的“主战场”[③]，因此冷战开始后美国就全力开启了意识形态机器，社会科学则成为其中最重要的组成部分，其“中立”“客观”的“科学性”发挥了至关重要的作用。但是，这种所谓的“科学性”并没有改变冷战的性质，实际上，是意识形态战争反过来完全改变了社会科学的性质，“社会科学”几乎完全变成了“政治”。今天流行的诸多影响人们思维方式的概念，诸如自由、民主、宪政、公民社会、市场经济、合法性等，主流方法论如理性选择主义、制度主义等，基本上是冷战时期的产物。所以说，西方思想虽

---

① Thomas L. Friedman, “Today's new Quiz”, *New York Times*, 20-11-2001, A21.

② 蔡美儿．起火的世界．北京：中国政法大学出版社，2014：227.

③ 杨光斌．意识形态与冷战的起源．教学与研究，2000（3）：29-34.

然源远流长，但是对当今人们的思想有着直接影响的却是冷战时期的社会科学家的思想，而不是柏拉图、亚里士多德等的古典思想，他们的思想只被用来作为陪衬或思想底色。

比较而言，中国的古典思想则一直不曾掉线，在今天中国人的生活中依然无处不在。在这个意义上，西方文明传统是断裂的而非连续的，不但有欧洲中世纪基督教文明与古典文明之间的断裂（这一点众所周知，虽然基督教文明把古典思想当作资源之一），还有现代思想与冷战思维造成的断层。也就是说，在政治理论上，不但古典思想只不过是冷战思想的陪衬，就是近代以来的自由主义寡头制思想，也被改造成政治理论上的自由主义民主制理论，把马克思、卡尔·施密特等人严厉批判的思想和制度，当作捍卫自己并改造他国的好思想、好制度。需要指出的是，断层的是政治理论传统，其经济基础并没有发生根本改变，500 年来都是典型的资本主义，只不过从 16—17 世纪的农业资本主义，演变为 18—19 世纪的工业资本主义，再到 20 世纪之后的金融资本主义。

关于冷战与美国现代社会科学学科发展的关系，已经有权威的研究表明，美国中央情报局的指令要以自由为核心而建构作为“心理战”的社会科学①。这样，社会科学变成了旨在影响各特定群体的思想和行为的“宣传战”②。

（1）研究现代化的结构功能主义范式。

在这场宣传战中，先锋队就是美国政治学。1953 年成立的美国社会科学委员会下属的比较政治学委员会，旨在推动当时美国社会科学委员会所追求的“行为研究”使命。阿尔蒙德说，基于老欧洲形成的“政治科学的概念体系已经逐步丧失了它的能力，甚至无法应付西欧政治的现象”，因此必须寻求替代性术语，比如以“政治体系”代替“国家”，以“功能”代替“权力”，以“角色”代替“职责”，以“结构”代替“制度”，以

① 桑德斯．文化冷战与中央情报局．北京：国际文化出版公司，2002：5，105.

② 西方人总是把自己的社会科学当成“科学”，殊不知，美国的官方文件曾明确规定其社会科学就是“宣传战”的一部分。“宣传战”是二战时期发展起来的行为科学，政治学家拉斯韦尔是其奠基人。

“政治文化”和“政治社会化”代替“民意”和“公民训练”，而“当我们把新的术语和旧的术语加以比较时，就会有这种建立一个新的概念统一体（范式——本文作者注）的冲动”①。

到1959年，“概念统一体”工作取得了预期效果，即以统一范式（一种共同的框架和一种相同的范畴）研究“国外政治体系”也就是非西方国家政治，这个“概念统一体”就是阿尔蒙德的结构功能主义。结构功能主义的7要素（输入项：政治录用、利益表达、利益综合、政治沟通，输出项：法规制定、法规实施、法规裁决）成为常识，阿尔蒙德等人认为所有政治体系都有这7项功能，因而都应该在这个框架和范畴中得到解释。果然，在《发展中地区的政治》中，非西方国家的政治，包括东南亚地区、南亚地区、撒哈拉以南非洲地区、近东地区、拉丁美洲地区，都被套在结构功能主义的“概念统一体”中加以解释。

什么是教条主义的意识形态？比较政治学委员会让国际社会科学开了眼，以一个范式解释所有地区、不同国家的政治问题。就是这样一个“概念统一体”，硬是影响了美国政治学将近30年，从20世纪50年代到70年代，结构功能主义统治着美国比较政治研究。换句话说，“现代化”是美国社会科学（乃至历史学）的研究主题，其内在逻辑是“发展带来民主”即现代化，而支撑这一逻辑的就是结构功能主义范式，相信只要按照这7项功能去解释并改造“国外政治体系”，现代化的结构就指日可待。在“现代化”这个大主题下，现代化的性质是“民主现代化”，因此在这一时期，民主化已经被包含在“现代化”之中，比如比较现代化的著名研究如巴林顿·摩尔的《民主与专制的社会起源》，其主题就是民主化道路问题。但是，事实上，发展不但没有带来现代化和民主，反而导致了亨廷顿所说的“政治衰败”，这种残酷的现实对于乐观的自由主义者不啻当头一棒。“发展带来民主”的乐观主义方程式，完全是一种违背世界政治之历史与现实的假说，建立在这种假说基础上的结构功能主义范式必然逐渐式微而成为明日黄花。

① 阿尔蒙德，等．发展中地区的政治．上海：上海人民出版社，2012：1－2.

一般认为，结构功能主义范式具有非历史性的西方中心主义特征。所谓的非历史性，就是不顾各国历史文化的差异，甚至不顾西方政治本身的历史进程而直接炮制理论，因为这 7 项功能并不是美国与生俱来的，美国政治即使存在这 7 项功能也是长期历史演化的结果，因此这 7 项功能是终端性的“模式”，而非历史演化的“政治过程”。比如，美国在独立后的七八十年，还不是一个现代国家，直到内战才打出一个现代国家，有了现代国家却还没有现代政府，现代政府的一系列建制如食品药品管理局等直到进步主义运动时期才出现。在政府功能上立什么法？谁去执法？美国有自己的国家史，非西方国家难道就能一步到位？

另外，和结构功能主义一样，很多西方理论的所谓的“西方中心主义”只是一种笼统的说法，更具体地说就是“美国模式”或者“西方模式”，以“美国模式”或“西方模式”而解释并改造“国外政治体系”。比如，政治录用讲的是“公民文化”和“政治社会化”，但问题是美国在建国、国家成长中的“公民文化”在哪里？“利益表达”不过是利益集团政治的另一种说法，其结果即使是在美国又如何呢？“利益综合”不过是多党竞争而已，在落后的发展中国家推行多党制的结果又会如何？“法规制定”和“法规实施”是典型的“政治-行政”二分法，如前所述，美国现代政府直到进步主义时期才形成，才有所谓的“法规执行”功能，而几乎所有非西方国家的立法-执法体系都一直是一体化的。凡此种种，结构功能主义其实就是以“美国模式”衡量“国外政治体系”，其意图就是要把非西方国家改造成“美国模式”——其核心是公民社会、利益集团政治、多党政治、代议制政治。

因此，结构功能主义看上去是一套研究地区政治的路径，其实是在推广一种政治模式。向非西方国家非历史地推行“美国模式”，失败是必然的结局。道理很简单，从古典时期到近代，所有的思想家、理论家都要讲政体的社会条件。结构功能主义的“非历史性”特征意味着，冷战时期以及冷战之后，社会条件已经不是西方政治学者关注的重点。不讲条件地推广自己的政体，结果只能是从失败走向失败。步结构功能主义命运后尘的是推广民主化的转型学范式。

（2）推广民主化的转型学范式及其终结。

“现代化”命题本身就包含了转型学的意向，“现代化”就是从传统社会向现代社会的转型，只不过现代化研究是一种类似国家建设一样涉及太多变量的研究，因而还谈不上所谓的转型学范式。在现代化研究衰落之际，美国政治学就开始设计非西方国家的转型研究，其中最有代表性的是威尔逊国际学术中心的长达 7 年（1979—1986 年）的专门针对南美的转型研究，该研究成果共有四卷，最后一卷是理论总结性的《威权统治的转型：关于不确定民主的试探性结论》。在这个结论性研究中，作者奥唐奈和施密特将“转型”定义为从一个制度向另一个制度的过渡，具体而言就是“转型是以威权主义制度开始解体而启动的，在另一端则是某种民主制度的建立、某种形式的威权统治的回归，或者革命的出现来界定的”[①]。也就是说，各式各样的威权主义统治必然会转型，但既可能转向民主制度，也可能是其他制度诸如回归威权或者导致革命。应该说，这种结论还是相当审慎的，没有断定威权主义必然向民主制度转型。但是，民主转型的倾向是显然的，书中谈的都是自由化、民主化、社会平等化等民主转型的关键问题。但是，正如威尔逊国际学术中心主任在该书的序言中所言，这本书没有讨论制度巩固的过程，这是一个缺憾，因为只有成功的转型才是有意义的[②]。其实，当这个转型项目研究结束时，被亨廷顿称为“第三波民主化浪潮”的大幕还没有拉开，当时还只有 1974 年伊利比亚半岛的转型案例。在“第三波民主化浪潮”中，亨廷顿适时地给出了成功转型的标准，那就是“熊彼特式民主”的两次政党轮替。从此，民主转型与巩固研究铺天盖地，而研究路线图就是所有国家都将实行福山在《历史的终结及其最后之人》中所说的代议制民主（是“人类最后的，也是最好的政府形式”），不管其社会条件是什么，威权统治都将转型为竞争性选举及多党制民主。对此，美国卡内基国际和平研究所副总裁卡罗瑟斯（Thomas Carothers）总结为“转型范式”：所有威权主义国家都将转型为民主国家，

---

① 奥唐奈，施密特．威权统治的转型：关于不确定民主的试探性结论．北京：新星出版社，2012：5－6.

② 同①序言．

转型是有序的，选举是决定性的，社会条件不再重要，最后是民主巩固即社会团结、国家正常运转①。

作为理想类型的转型范式很丰满，但是作为现实政治的民主转型却很残酷，残酷到就连当年开启民主转型研究的菲利普·施密特在2010年也不得不伤感地说："现实存在的民主都是令人失望的"，"过去25年来大多数的政体变迁确实导致了质量低下的政体，枉费了当年为此而付出的斗争和牺牲。""这种幻灭并不仅仅限于新的民主政体。在已经建立的民主社会里，类似病态征兆也是到处泛滥。"这些病态"确实预示民主制度和实践确有一些基因上的缺陷"②。卡罗瑟斯也公开断言"转型范式的终结"。

确实，当年一些国家在民主转型中"拿来"了选举制度，但实行的却是"选举式威权主义"或"竞争性威权主义"。说选举式民主产生希特勒只是个案，这种说法纯粹是不懂历史，选举完全可以从一开始就与权威政治挂钩，比如拿破仑三世就是以选举政治来强化自己的权威统治，以全民公决的方式将共和国改制为第二帝国的。这一点在韦伯的《经济与社会》中都有论述，韦伯认为这样的选举只不过是为了强化威权人格。这大概算是最早的有关"选举式威权主义"的论述了，但是后来的熊彼特、李普塞特、达尔以及萨托利等却非要说选举式民主才是合法性政治，而当选举政治产生了大大小小的威权政治家之后，人们又猛然发现，原来在"第三波民主化浪潮"之后，选举权竟然主要是被用来强化威权政治的。这就是选举式民主与威权政治的恩恩怨怨。**由此不难推导出关于选举式民主的第一定律，选举式民主既可以用来论述所谓民主政治的合法性，同样可以用来增加威权政治的合法性。**

如果施密特教授在2011年的"阿拉伯之春"后再为其民主转型理论做回顾性总结，大概会更加突出包含了诸多"基因"的社会条件与民主政治的关系。作为现代性政治的大众民主形式可以是同一性的，诸如选举式民

---

① 卡罗瑟斯．转型范式的终结//杨光斌．比较政治评论：第2辑．北京：中国社会科学出版社，2014.

② 奥唐奈，施密特．威权统治的转型：关于不确定民主的试探性结论．北京：新星出版社，2012：106-107.

主，但是文化基因这个最为根深蒂固的社会条件（历史文化传统）则是难以改变的。选举式民主靠政党来组织，而政党背后是族群、教派和不平等的社会结构，这样选举式民主自然演化为“党争民主”。选举式民主要有序运转，需要一系列的同质化条件——国家认同、共享信念、大致平等的社会结构等①，否则，“阿拉伯之春”也只能演变为“阿拉伯之冬”，乌克兰的“颜色革命”也只能导致内战和分裂。不仅如此，从较长历史时段来看，近代以来的几轮世界政治冲突，都与民主化有着直接关系，而“第三波民主化浪潮”又刺激了“文明的冲突”②。**由此可以推导出关于选举式民主的第二定律：选举式民主可能增加单一文明国家特定政体的合法性，但却会刺激不同文明类型的政治体之间以及多元文明政治体内部的文明冲突。**也就是说，选举式民主并不必然带来稳定与和谐。

无论是推动现代化研究的结构功能主义，还是推广民主转型的转型学，其根本问题都是自大地认为民主政体可以脱离特定的社会条件而独立、有序地运转，以这类理论为指导的实践必然只能从失败走向失败。如果说冷战政治学将自由主义寡头制改造为理论上的自由主义民主制，是一次为战争需要而人为制造的“文明断层”，则出于同样目的但罔顾自古以来的智识成就而将政体置于空气中，就是典型的“唯理主义”政体决定论了，这是对政治学经典传统的背叛，其结果必然是自欺欺人。这样的政治学没有为“最高善”做出什么贡献，而是把一个又一个国家带入了绝望的深渊。现实告诉我们，从威权主义走向党争民主的发展中国家是没法回头的，是良治无望的。原因很简单，发展中国家本来就落后，而党争民主却是用来“分蛋糕”的，“蛋糕”都没有，何来的“分蛋糕”？更重要的是，大多数发展中国家，尤其是大型国家，都是异质性文化，党争民主只会刺激并加剧国内的政治冲突。二战以来，没有一个新兴的发展中国家因为实行党争民主而走向发达序列。非西方转型国家的实践，尤其是“普世价值”政治给欧洲带来的难民危机和特朗普当选美国总统，都事实性地终结了作为转型范式的“历史终结论”。如今的美国已经很难再扛起这杆大旗

① 杨光斌．几个流行的民主化理论命题的证伪．北京日报-理论周刊，2014-03-14.

② 杨光斌．民主与世界政治冲突．学术界，2014（8）：5-25.

了，特朗普政府已经宣布放弃“价值观外交”，美国宣布退出应对全球气候变暖的《巴黎协定》，意味着人类价值或“普世价值”对美国而言不值一文，特朗普只不过比较“诚实”地说出来了而已。过去，美国总是按照自己的价值观给其他国家贴上所谓“流氓国家”（the rogue state）的标签，如今美国不顾人类共同价值和全球安全的行为已经让美国主流经济学家和主流媒体也不得不承认美国自己才是“流氓国家”①。

改革开放之后，恢复了政治学学科的中国政治学基本上是按照美国政治学的路子发展起来的，美国政治学所产生的概念、研究范式、研究方法，都是很多中国学人膜拜的对象。然而，面对美国政治学的一次又一次的范式失败，面对美国政治学从最初的欧式“国家学”，到行为主义革命所引发的政治学的“社会学化”，再到今天沦为几乎已经与现实（包括美国的现实）脱节的学术游戏②，中国政治学又将何去何从？作为一门“入世”的社会科学，面对中国今日之世界政治地位，中国政治学难道不最应该有所贡献吗？中国的崛起彻底揭开了历史现实与理论之间的巨大落差，这也正是产生新理论的时间“窗口”与“风口”。

三、“世界时间”中的中国政治学：百年之变的得与失

凭借工业革命的力量，西方列强在19世纪建立起了庞大的殖民体系，而对这一体系的“反向运动”则催生了20世纪由意识形态主导的世界政治。在不到一百年的时间内，人类见证了放任自由主义的失败以及由此而引发的法西斯主义、社会主义运动和民族民主解放运动，如此急剧的变化在人类文明史上前所未有。自19世纪中叶第二次工业革命以来，中国卷入

① Joseph Stiglitz, Trump's reneging on Paris climate deal turns the US into a rogue state, *New York Times*, 03-06-2017.

② 爱抛头露面的美国政治人物，唯独不参加美国政治学学会的任何活动，并且国会也取消了对政治学学会本来就少得可怜的预算支持。在美国政治家看来，美国政治学已经变成了纯粹的学术游戏，与现实毫无关系的量化模型游戏。

世界政治的程度不断加深，中国政治与世界政治的同步性日益增强，因而世界政治的变局势必影响中国政治的发展，是为“世界时间”中的中国。

在这场世界性的巨变中，中国遭遇了“三千年未有之大变局”（李鸿章语）。在鸦片战争中失败的中国精英们，最初还是有文化自信的，张之洞提出了“中学为本，西学为用”用于指导“洋务运动”；但是，甲午战争彻底击碎了中国读书人的信心，泱泱大国居然败给了一直以自己为师的学生，慈禧太后对义和团的支持以及《辛丑条约》的签订彻底让清政府的声望破产，中华文明传统也遭到了深刻的质疑。这就是张灏先生所说的中国思想的“转型时代”：“所谓转型时代是指 1895 年至 1925 年前后大约 30 年的时间。这是由传统过渡到现代思潮承前启后的关键时期”①。在这个持续了 30 年的“转型时代”，中国传统政治思想被彻底矮化甚至被妖魔化，西方各种政治思潮登陆中国，由此开启了中国思想界至今仍未消停的“西化”与“现代化”之辩。不仅中国思想界莫衷一是，“世界时间”中的中国更面临着向何处去、改良还是革命这样的现实政治道路之争；即使在革命一方，也还有关于革命主体的争论，是蒋介石所依靠的工商地主阶级，还是毛泽东所一直主张的农工阶级……政学各界一片混乱。从北洋政府到南京国民政府，派出去的留学生学的基本上都是欧美政治，或者经日本转手的欧美政治学说，民国时期的大学课堂上讲授的基本上都是欧美政治学。但是，人们都忽视了这套学说与中国政治局势格格不入的严重缺陷，当时不仅存在军阀之间、军阀与国民党之间、国共之间的斗争，更有日本入侵招致的亡国之危，来自欧美政治学的关于“国家”或“政府”的解释，只能成为一部分学者的“纯粹知识”。相反，不能在课堂上讲授的马克思主义革命政治学，其学说体系却落实在政治道路的实践中，并在最后赢得了政治道路之争。

1. 追求巨变的革命政治学——马克思主义政治学及其学科命运

伴随着马克思主义在中国的传播，作为学科的马克思主义政治学说体系在中国也逐渐建立起来，20 世纪二三十年代，大概出版了五六本马克思

① 张灏．中国近代转型时期的民主观念．二十一世纪，1993（8）：18.

主义政治学概论[①]，其中最具代表性的是 1928 年出版的邓初民的《政治科学大纲》(昆仑书店出版)。邓初民建立了马克思主义政治学的“六论”体系：方法论、阶级论、国家论、政府论、政党论、革命论。难能可贵的是，其方法论不但讲唯物史观，还强调要在政治过程意义上认识国家的变化。每一部分的内容，都是对当时世界政治的理论化研究，比如在“政府论”部分，除了关于政府的一般原理，还讲了政府类型，如议会政府、法西斯独裁政府、苏维埃政府和中国政府；“政党论”部分不但讲资产阶级政党、无产阶级政党和中国政党，还专门探讨政党的一般特性，尤其是政党斗争的方式；在“革命论”部分，既有资产阶级革命，也有社会主义革命，更有中国革命历史与前途的分析。因此，这本“新政治学”，完全不同于当时流行的围绕抽象的国家理论而展开的民国政治学，堪称“政治战略学”。正如邓初民在该书的“总结论”部分所言：“科学不是单纯理论的游戏，政治科学亦然，所以专门研究客观世界运动法则的科学主要服务于我们对这个世界的活动，服务于我们的实践……所以我对于这本政治学不是把它当作一般的政治学来处理，而是把它当作政治家、革命家的政治的战术战略或革命的战术战略来处理的。”[②] 这样写“新政治学”，体现了邓初民对于政治理论性质的深刻理解：“政治理论对于我们的意义，不仅是一种思想、学说、真理、理论，而且是丝毫不必掩饰的社会运动、政治战斗的武器，政治的战略战术。”[③] 因此，可以说，邓初民的“新政治学”，虽然关于中国的阶级、国家、政府、政党和革命的分析是“以三民主义的最高原则为准绳”[④]，但却最彻底地继承了马克思主义政治学说的使命，是一种“革命政治学”。

“革命政治学”在中国新民主主义革命胜利之后似乎就已经完成了它的使命。确实，在 1952 年的学科、院系大调整中，政治学、社会学、新闻学、法学都被废除了，原来意义上的社会科学为三大学科所取代，即马克思主义哲学、马克思主义政治经济学和科学社会主义，其中与政治学关联

---

① 王冠中．中国马克思主义政治学学科初建探讨．政治学研究，2008（3）．

② 邓初民．新政治学大纲．北京：商务印书馆，2011：402－403.

③④ 同②自序：2.

较大的科学社会主义，讲授的都是经典作家的著作和国际共产主义运动史。

1980 年，中国恢复政治学以及其他社会科学学科。但由于在近 30 年的时间里只有意识形态而无社会科学，有轰轰烈烈的政治运动而无政治学研究，恢复建制的政治学概论也只能在民国时期马克思主义政治学教科书的基础上书写，所以由北京大学组织的、有 25 所大学参加编写的中国大陆第一本《政治学概论》（1983 年由北京大学出版社出版）就是在邓初民的“六论”基础上加上了一个“民族论”。这本教材是 1980 年代的“统编教材”，其主体内容的阐述基本上来自经典著作。

马克思主义政治学的主要原则是坚持人民的主体地位，因而是与“资本政治学”相对应的“人民政治学”，这是马克思主义政治学生命力之所在，是时代的一种最强音。但是，人民主体地位的维护，说到底要通过经济发展而让民众获得“自由”（各种实质性权利），因此“人民政治学”在不同的时期必然有不同的旋律。“革命政治学”在制度上奠定了人民的主体地位，但是人民主体地位的个体化体验则需要“建设政治学”，这就要求建设出一个现代化的中国。因此，在整个 20 世纪 80 年代，政治学和其他社会科学的主旋律事实上是现代化理论。

2. 国家建设的政治学：现代化理论的传播与研究

洋务运动启动了中国实质性的现代化进程，1974 年中国政府又明确提出“四个现代化”，因此现代化是中国人不懈追求的目标。1978 年的改革开放掀起了新一轮的现代化大讨论，这时候的“现代化”就是物质上的富裕、发达的代名词，其政治维度远远不是关注的焦点。打开国门的中国突然发现中国相对于西方世界已经落后，因此不但是刚刚恢复的政治学渴求现代化理论，全社会都热衷于此。20 世纪 80 年代的研究主题是“如何实现现代化”，而“现代化”恰好是西方政治学 20 世纪 50 年代至 20 世纪 70 年代的研究主题，其中大量的理论成果对于理论匮乏的中国思想界而言无疑极具诱惑力。

在传播现代化理论方面，有几套丛书的贡献不能不提。首先是四川人民出版社出版的由金观涛主编的“走向未来丛书”，1984—1988 年共出版了74本书，涉及社会科学和自然科学，其中有中国作者的著作，也有译著。有不少现代化与发展理论的经典作品被翻译过来，比如罗马俱乐部的《增长的极限》、布莱克的《现代化的动力》、英格尔斯的《人的现代化》、森岛通夫的《日本为什么成功》。中国学人现代化研究的初步成果主要有钱乘旦的《走向现代国家之路》和《第一个工业化社会》、杨百揆等人的《西方文官系统》、金观涛的《西方社会结构的演变》、李平晔的《人的发现》、周其仁等人的《发展的主题》等。应该说，这一套大型书系虽然启迪了人们关于未来的即现代化的想象和观念，但还没有形成系统的现代化理论。

第二套丛书是华夏出版社出版的一套“黄皮书”（二十世纪文库），主要是西方现代化研究的成果，让广大中国学人第一次接触到了西方现代化研究的路径或者范式，其中影响最大的有摩尔的《民主与专制的社会起源》、亨廷顿的《变革社会中的政治秩序》、亨廷顿和威尔逊的《艰难的选择：发展中国家的政治参与》、伊斯顿的《政治生活的系统分析》、迪韦尔热的《政治社会学》、古德诺的《政治与行政》等。这让中国学人第一次感受到中国政治学与西方政治学之间在学科化水平上的距离。

第三套丛书是上海译文出版社出版的一套“黄皮书”（当代学术思潮译丛），其中的一些现代化研究的经典作品对中国政治学产生了巨大的影响。其中有影响了整个20世纪90年代并使得结构功能主义范式在中国也流行起来的阿尔蒙德和小鲍威尔的《比较政治学：体系、过程和政策》，达尔的《现代政治分析》则开启了中国学者对政体类型的思考。这套丛书还有现代化研究的经典作品，比如布莱克的《比较现代化》和亨廷顿等人的《现代化：理论与历史经验的再探讨》。

应该说，20世纪80年代以现代化为主题的研究议程所结出的硕果主要不在政治学界，而是在史学界，比如北京大学现代化与世界史研究中心罗荣渠教授在其《现代化新论》中提出的“一元多线”现代化历史观，以及北京大学历史学系钱乘旦教授关于现代化研究的一系列重要成果。中国政治学界在接受了现代西方研究范式之后并未过多纠缠中国的政治史问题，而是本着传统儒家士大夫“经世致用”的传统，将研究重点放在了改革开放后的中国政治上，这一时期研究的主要对象包括“一国两制”、政府职能等问题，其中一些重要研究得到了决策层的重视，并最终成为实际的政策，例如有关干部制度改革等问题的相关研究①。中国政治学的政治意义也慢慢得到承认。

3. 多元化研究方向中的政体变迁学说——自由主义民主政治学

20 世纪 80 年代之后的 30 年，中西方政治学界在研究主题上已经实现了同步。苏联解体、东欧剧变一度让福山的“历史终结论”获得了一时无两的风头，直到今天西方仍有一些人相信，代议制民主就是人类最好的也是最终的民主形式。1990 年之后，尽管中国政治学逐渐呈现出以“治”为本的多元化发展趋势，但其中一个不容忽视的倾向就是部分学者对自由主义民主基本理论的笃信。在这一基本倾向的影响下，现代化理论框架下重要而复杂的国家建构内容反而变成了次要方面。这股强大的思潮与国际政治思潮具有同步性与同构性。

1990 年之后的中国政治学态度更加开放。80 年代中国已经基本完成了古典自由主义政治学名著的汉译工作②，到 90 年代以后，“民主”研究成为显学，而“自由主义民主”研究更是占据了中国政治学界的主导地位（见表 1-1）。

表 1-1 1990—2015 年国内学术期刊与“民主”主题相关的论文

（单位：篇）

	1990—1995	1996—2000	2001—2005	2006—2010	2011—2015	合计
民主	12 742	16 599	28 159	47 890	53 498	158 888
民主化	658	1 047	2 788	4 303	4 516	13 312
公民社会	27	62	568	2 580	2 663	5 900
自由民主	140	113	283	589	835	1 960
选举民主	10	90	139	401	555	1 195
民主转型	2	13	33	168	351	567

① 王沪宁．中国政治学研究的新趋势（1980—1986）．政治学研究，1987（2）．

② 到 20 世纪 80 年代中期，商务印书馆的“汉译世界名著丛书”中洛克、霍布斯、孟德斯鸠、卢梭、小密尔等人的代表作全都问世了。

续表

	1990—1995	1996—2000	2001—2005	2006—2010	2011—2015	合计
民主巩固	2	3	10	54	82	151
人民民主	981	943	2 140	3 206	3 001	10 271
社会主义民主	2 419	4 718	6 538	7 722	6 127	27 514
中国特色社会主义民主	107	180	222	629	803	1 941
中国式民主	5	11	23	181	220	440
协商民主	72	241	257	1 169	3 978	5 717
基层民主	74	661	1 145	2 478	2 407	6 765
党内民主	470	1 157	1 687	4 847	3 132	11 293
治理民主	0	0	2	19	71	92

注：检索来源为中国知网学术期刊数据库，检索方法为主题检索（发表时间为 1990 年 1 月 1 日至 2015 年 12 月 31 日，专辑导航为社会科学Ⅰ辑、社会科学Ⅱ辑），检索时间为 2017 年 6 月 5 日。

20 世纪 90 年代以来，国内几大出版社对冷战时期形成的新自由主义即自由主义民主学说保持了长久的热情，关于民主的译著大量出版，这也使得熊彼特、达尔、萨托利等人的相关理论的讨论成为潮流（见表 1 - 2），竞争性选举被认为是民主的本质所在，错误地以为民主只有一个模式，那就是竞争性选举或者说党争民主。相应地，国内政治学界的研究议程也很随波逐流，“民主转型”“民主巩固”“公民社会”“宪政民主”等关键词，成为民主研究的“时髦”词汇，这使得所谓的自由、民主等概念牢牢占据了道德的制高点，对之进行反思（更别说批判）的研究，往往直接就被贴上不道德的标签。

表 1 - 2　1990—2015 年国内学术期刊对熊彼特、达尔、萨托利的引用

（单位：篇）

	1990—1995	1996—2000	2001—2005	2006—2010	2011—2015	合计
熊彼特	96	409	1 493	3 089	3 218	8 305
达尔	11	43	351	335	539	1 279
萨托利	8	78	558	1 202	1 258	3 104

注：检索来源为中国知网学术期刊数据库，检索方法为主题检索（发表时间为 1990 年 1 月 1 日至 2015 年 12 月 31 日，专辑导航为社会科学Ⅰ辑、社会科学Ⅱ辑），检索时间为 2017 年 6 月 5 日。

今天人们终于不得不承认，按照西方推广的自由民主的指数去转型，国家只能走向万劫不复的深渊。国家建设所涉及的权力关系如此复杂，怎么可能有了“个人自由”和“竞争性选举”就万事大吉呢？何况，作为一种“存在”的国家，和人的成长一样，有“时间性”即时序问题，不可能忽视时间性而“一刀切”地按照一种政治方案去解决所有国家的难题。西方所谓的“经济学人指数”“政体指数”等，都是以数据化的形式传播自由主义民主的手段。

大概到2010年左右，国内的民主观念终于开始复杂起来，或者说成熟起来。主导中国思想界30年左右的“选举式民主”（形式民主），大有被“实质民主”（以治理、民生为标准）与“协商民主”取代的趋势①。对民主观念与民主形式多样化的认识，标志着中国人对民主的认知正在走向成熟②。

不仅如此，中国政治学的主流并没有停留在“民主”这个关键词上，而是开始回归中国固有且一直在发挥重要作用的“致治”传统，这一路向的研究已取得很大成就——这是其他国家政治学人不可能有的幸运。**中国“治”学传统为中国政治发展和政治建设作出了历史性贡献，过去这一点一直被忽视，现在是反思总结的时候了。**

四、找回“致治”传统：以国家治理研究为核心的中国政治学

中国人是与生俱来的“治理主义者”，公元前8世纪，中国就有了专门用于国家治理的政治经济学，卷帙浩繁的二十四史，绝大部分内容是国家

① 黄晨．从“人民民主”到“中国模式”：当代中国民主观念的演变（1978—2008）．北京：中国人民大学，2016.

② 杨光斌，等．中国民主：轨迹与走向（1978—2020）．北京：中国社会科学出版社，2015.

治理，不但有治理实践的记录，还有丰富的治理思想。端赖于此，中国才有一代又一代、一个又一个的“盛世”，才有5 000多年不绝的中华文明。正因为中华文明基因中蕴含了无比丰富且经得起考验的治国理政理念，比如“大一统”“官天下”“大同世”“小康世”“重农抑商”“贤能理政”“以民为本”等，中华文明共同体才得以历经磨难而“其命维新”。这是许多西方理论家无法理解的经验，“传统-现代”的二分法根本无法处理中国的历史，但遗憾的是今天仍然还有不少人沉迷于这种过时的方法。

秉承了“致治”文明基因的当代中国政治学，虽然“拿来主义”思潮一度咄咄逼人，但**中国大学中政治学专业的研究，其主流事实上还是在“国家治理”这个主题词之下开展的关于各个层次实际治理情况的研究。**这体现的是中国人早已融化在血液中的求真务实态度。治理研究的前提是对流行的概念与观念保持理性的警惕与怀疑，决不迷信盲从。

1. 探索自主性政治学话语体系

20世纪80年代到90年代是中国政治学必要的学习阶段，否则我们根本听不懂西方同人在讲什么。但是，社会科学的性质决定了，中国政治学不能永远满足于“学徒期”。社会科学是特定国家特定历史阶段的特定经验的理论化工作，在本质上是一种地方知识，用一种地方知识指导另一个地方的政治发展，灾难性的案例处处可见。因此，从90年代开始，中国政治学在学习西方的同时，一些学者就开始批判、反思西方政治学中的流行话语了，这样的反思最终汇成了一个不可忽视的思潮，其终极诉求乃是建立具有自主性与自觉性的理论话语体系。

90年代中期，潘维就开始批判“民主迷信”①；王绍光则以比较政治研究的视角，全面介绍了西方民主研究中的问题②。到2010年之后，中国的民主观念逐渐走向成熟，这一时期出现了一系列关于选举式民主的新认识，笔者的相关研究试图展示出社会条件的根本重要性，它包括一系列的“同质化条件”，如国家认同、共享信念和基本平等的社会结构等。与民主相关的其他基本概念包括公民社会、合法性等，也在此基础上得到“重

① 潘维．法治与“民主迷信”．香港：香港社会出版社有限公司，2003.

② 王绍光．民主四讲．北京：生活·读书·新知三联书店，2008.

述”，例如公民社会这个概念，它在不同的“民情”中具有完全不同的意义和政治效果①；把选举授权视为民主合法性的基础，既不符合历史，也不符合现实，否则就不会有什么“选举式威权主义”“竞争性威权主义”的概念了②。

在这一反思浪潮的推动下，中国人在民主观念上逐渐回归中国自有的求实传统，并开始寻求建制性理论以替代否定性理论，其中最重要的变化是协商民主理论转向，协商民主也成为政府青睐的政治建设路径。这推动了协商民主理论的研究热潮，相关论文的发表量迅速超过了自由主义民主。其中，林尚立的研究最为系统，他认为，协商政治是中国政治传统中根深蒂固的形式，因此协商民主有着强大的生命力③。在对中国政治决策过程的研究中，王绍光发现了一种共识型的决策模式④，而这实际上就是政治过程中以协商的方式达成共识的“共识型民主”⑤。笔者认为，基于协商-共识的民主模式，是一种替代以党争为核心、不可治理的自由主义民主的“可治理的民主”，只有可治理的民主才是可欲求的⑥；可治理的民主实现的是效果导向的“民本主义民主”，正如作为实践模式的选举式民主实现的只是价值导向的自由主义民主⑦。王绍光将“民本主义民主”称为“代表型民主”⑧，其中的关键是作为“逆向政治参与”的群众路线⑨。

民主模式之争的背后是思维方式问题，西方人注重政体的形式，而中

---

① 杨光斌，李楠龙．公民社会的“民情”与民主治理的复杂关系．河南大学学报，2014（3）；王绍光．“公民社会”祛魅．绿叶，2009（7）．

② 杨光斌．合法性概念的滥用与重述．政治学研究，2016（2）：2－19.

③ 林尚立．协商政治：对中国民主政治发展的一种思考．学术月刊，2003（4）：19－25；林尚立．协商政治：中国特色民主政治的基本形态．毛泽东邓小平理论研究，2007（9）：17－26；林尚立．协商民主：中国的创造与实践．重庆：重庆出版社，2014.

④ 王绍光．中国式共识型决策．北京：中国人民大学出版社，2013.

⑤ 杨光斌．中国政策过程的共识型民主．社会科学研究，2017（2）．

⑥ 杨光斌．超越自由民主：治理民主通论．国外社会科学，2013（4）．

⑦ 任锋，杨光斌，姚中秋，等．民主与民本：当代中国政治学的话语重构．天府新论，2015（6）：55－65；杨光斌．民主的价值模式与实践模式．中国人民大学报刊复印资料《政治学》，2015（8）．

⑧ 王绍光．代议制民主与代表型民主．开放时代，2014（2）．

⑨ 王绍光．超越“代议制”的民主四轮驱动．社会观察，2012（8）：20－24.

国人则注重政道与治道[1]，基于治道的思想和思维方式讲究的必然是实质民主而非政体意义上的程序民主。房宁在对亚洲多个国家的比较政治研究中发现，民主政治进展的一般规律都是以开放权利对冲政治权力，在这个意义上，中国民主已经取得了实质性进步[2]。至此，**相当一部分中国政治学者已经从思维方式上摆脱了西方“冷战政治学”的藩篱，并初步建构起具有自主性的民主话语体系。**

与“民主”相联系，**中国思想界也基本上形成了自主性治理话语体系**。作为天然的治理主义者的中国人，对“治理”理论有着天然的敏感性。20世纪90年代初“治理”概念被世界银行经济学家们发现之后也迅速地成为中国思想界的流行词。但是，西方人讲的治理，仍然只是当时思潮的一部分，它事实上不过是“民主化”的另一种表述，其核心仍然是“去国家化”，丝毫没有逃脱社会中心主义的理论脉络。而中国人骨子里认同的却是“国家治理”，在党的十八届三中全会提出“国家治理体系和治理能力现代化”之前，包括徐湘林和笔者本人在内的很多学人研究的事实上也都是国家治理[3]，徐湘林提出了作为研究范式的“国家治理范式”，其中包括价值、政治认同、公共政策、社会治理等几个方面[4]。当“国家治理”成为官方术语之后，国家治理与西方治理的区别被明确下来。王浦劬敏锐地指出，“社会主义国家的国家治理，本质上既是政治统治之‘治’与政治管理之‘理’的有机结合，也是政治管理之‘治’与‘理’的有机结合。因此，在马克思主义国家理论话语体系中，‘治理’是社会主义国家政治统治与政治管理的有机结合。”他同时提醒我们，对国家治理的认识需要注意避免两种认识偏差：一是不可简单运用西方“治理”概念来套我国全面深化改革的目标，二是不可简单认为“治理”概念只是西方当代

---

① 王绍光．中式政道思维还是西式政体思维．人民论坛，2012（12）：64-66.

② 房宁．亚洲政治发展比较研究的理论性发现．中国社会科学，2014（2）：62-78.

③ 杨光斌．制度变迁与国家治理：中国政治发展的理论与经验研究．北京：人民出版社，2006；杨光斌，郑伟铭．国家形态与国家治理：苏联-俄罗斯转型的经验研究．中国社会科学，2007（4）：31-44.

④ 徐湘林．转型危机与国家治理：中国的经验．经济社会体制比较，2010（5）：1-14；徐湘林．中国的转型危机与国家治理：历史比较的视角．复旦政治学评论，2011（1）.

政治理论和管理理论的专利①。在中国的传统语境中，政治统治一直都是治理的前提。因此笔者提出，国家治理体系的核心是处理好国家各项权力之间的关系。具体而言，就是要认识并在战略上把握经济权力、军事权力、意识形态权力和政治权力的关系。在此基础上笔者提出了“关于国家治理能力的一般理论”，把国家治理能力分为体制吸纳力、制度整合力和政策执行力三个方面，这是一种基于比较政治研究而建构的具有去价值化、系统性、层次性、非对称性等特点的治理理论②。目前，中国的治理研究已呈现规模化的发展趋势，国内很多大学都成立了以“国家治理”为主题的研究机构，比如北京大学、中国人民大学、清华大学、华中科技大学等都设立了国家治理研究中心或者研究院。

当前的建制性政治理论探索是以中国的历史与实践经验为出发点的思想活动，是在与“拿来主义”思潮的对话中逐渐发展起来的思想运动，因此也可以说是当代中国走向“政治成熟”的一个象征。近 30 年的世界政治已经证明，中国的经验乃是具有世界历史意义的巨大贡献，中国的制度与实践正受到来自世界各国越来越多的羡慕与嫉妒。

当前的建制性政治理论探索中的核心问题毫无疑问是中国道路或者中国模式问题。21 世纪初，伴随着“北京共识”，一批中国学者开始提出“中国模式”命题③，有学者认为中国模式的核心就是混合型的民主集中制政体④。

2. 以“治理”研究为核心的中国政治学

治理研究热潮。如前所述，治理研究一直是中国政治学的重要组成部分，近年来已经迅速形成热潮。就治理、国家治理、政府治理、地方

---

① 王浦劬．全面准确深入把握全面深化改革的总目标．中国高校社会科学，2014（1）：4－18.

② 杨光斌．关于国家治理能力的一般理论．教学与研究，2017（1）：3－22.

③ 潘维．中国模式：解读人民共和国的 60 年．北京：中央编译出版社，2009；张维为．中国模式的几点概括．人民论坛，2008（24）；丁学良．争论中国模式．北京：社会科学文献出版社，2011；郑永年．中国模式：经验与困局．杭州：浙江人民出版社，2011.

④ 杨光斌，乔哲青．作为中国模式核心的民主集中制政体．政治学研究，2015（6）．我国的政体是人民代表大会制度，本书使用民主集中制政体的表述是为了凸显民主集中制是我国政治制度的组织形式这一特色，以此与代议制民主政体做以区分。

治理、社会治理、基层治理等关键词而言，有关治理的论文数量堪比民主的论文数量（见表 1－3），足见“民主”和“治理”是这个时代的最强音。

表 1－3　1990—2015 年国内学术期刊与“治理”主题相关的论文

（单位：篇）

	1990—1995	1996—2000	2001—2005	2006—2010	2011—2015	合计
治理	2 731	4 364	13 159	37 329	76 301	133 884
国家治理	14	34	288	635	8 873	9 844
政府治理	3	23	481	1 755	3 530	5 792
社会治理	10	24	357	1 582	10 709	12 682
地方治理	4	5	79	460	1 002	1 550
基层治理	0	5	54	527	3 265	3 851

注：检索来源于中国知网学术期刊数据库，检索方法为主题检索（发表时间为 1990 年 1 月 1 日至 2015 年 12 月 31 日，专辑导航为社会科学Ⅰ辑、社会科学Ⅱ辑），检索时间为 2017 年 6 月 26 日。

表 1－3 的数据告诉我们，治理理论自引进国内学术界以来，相关的研究论文以每五年翻一番的速度稳步增长；国家治理的研究于党的十八届三中全会以后迎来高峰。以“国家治理”为主题词的论文，2013 年为 545 篇，2014 年猛增至 3 780 篇，这个数字比 1990—2010 年 20 年间发表篇数的总和的三倍还多。与之类似，社会治理也在 2013 年后迎来研究波峰（党的十八届三中全会公报首次用“社会治理”替代以往的“社会管理”），以“社会治理”为主题词的论文，2013 年为 709 篇，2014 年猛增至 3 782 篇，这个数字比 1990—2010 年 20 年间发表篇数的总和的两倍还多。与政府治理、基层治理、地方治理相关的研究成果稳步增长，变化幅度不大。

国家建设的理论与政策成果。国家治理必然发生在明确的权威秩序之中，因此国家治理研究的前提是国家建设。首先看有关国家建构模式的社会科学理论。在学科归类上，国家建设研究属于历史社会学。西方历史社会学依据主要国家的建构进程，分别得出了社会中心主义和国家中心主义的社会科学研究路径。但是，这两种路径都无法解释中国的案例，因为辛亥革命之后的“国家”陷入了碎片化，是政党完成了国家的重新组织，因此在国家建构理论范式中应当有政党中心主义的一席之地[①]。这一概念目前已经在中共党史研究与比较政治研究中得到广泛的认可与应用。

其次看国家建设的“结构-时序论”。流行的国家理论几乎都以国家-社会的二分法为基本前提，其中的“国家”很明确，但“社会”是谁却并不清楚。市值几万亿的阿里巴巴和卖烧饼的个体商户能是一个社会属性吗?曾毅认为，现代国家的基本结构是“政治权力-资本权力-社会权力”的三维结构[②]。并且，三者之间的关系是“时间性”的，即先有作为国家权力的政治权力，然后是政治权力所保护的资本权力的诞生，最后则是社会权力；即使在社会权力的关系中，其中的个人基础性权利如财产权和人身权、以选举为标志的政治权利和以社会保障为核心的社会权利，三者也不可能同时到来，在早发国家和后发国家的组合秩序也有巨大差异，但受制于早发国家的后发国家，往往容易受到早发国家的组合秩序的影响，导致现代国家建设产生困扰[③]。这是比较政治研究的发现，也是西方政治思想史研究的成果。中国学界关于国家建设的结构维度和时间性维度的复杂性认识，并不逊色于流行的西方人所谓的秩序论，诸如福山所谓的“强国家-法治-民主问责”。

在事关国家建设的政治权力关系研究中，最具政策性意义的当数胡鞍钢与王绍光的《中国国家能力报告》[④]，这项研究重塑了中国的财税体制，这乃是中央-地方关系的命门。在当时民主化几乎压倒一切的语境中，在“去国家化”的国际社会科学潮流中，呼唤政府能力，实属一股清流[⑤]。

政府治理研究。国家治理的核心是政府治理，政府治理主要包括政府自身结构的合理性、政府职能的转变与优化、政策过程的科学化、政府产业政策的科学性。

在政府类型即权能类型的判定上，“企业型政府”被重新定位为“服

---

① 杨光斌．政治变迁中的国家与制度．北京：中央编译出版社，2011：182－243.

② 曾毅．现代国家建构理论：从二维到三维．复旦学报，2014（6）：161－169.

③ 曾毅．“现代国家”的含义及其建构中的内在张力．中国人民大学学报，2012（3）：119－126.

④ 胡鞍钢，王绍光．中国国家能力报告．沈阳：辽宁人民出版社，1993.

⑤ 王绍光．有效的政府与民主．战略与管理，2002（6）：89－101.

务型政府"，这是行政管理学的贡献。但是，"服务型政府"在实践中混淆甚至搅乱了国家权力与市场的关系，为此，鉴于党的十八届三中全会的改革决定，有学者提出了"有能力的有限政府"概念：国家有能力、权力有边界、权力受约束①。

作为国家性政策研究部门的中国社会科学院政治学研究所，以房宁为主的研究团队长期以来专注于政府需求供给，进行了系统的社会调查，建立了若干调研基地。该团队的研究报告为国家决策提供了重要参考。可以想见，政治学所在政府治理上的研究是全方位的。

在政策过程研究上，中国政治学正在通过案例研究而逐渐揭开决策过程之谜。理解决策过程是理解一个国家政体性质的关键，而理解决策过程的前提是理解决策体制。周光辉认为，改革开放后，决策体制的改革呈现出的基本趋势是：从个人决策向民主决策、从经验决策向科学决策、从决策组织高度集中向决策组织结构分化、从封闭式决策向开放式决策、从被动参与决策向自主参与决策、从决策非制度化向决策制度化的转变。这种转变使得中国政府能够成功应对中国由经济和社会迅速变迁所带来的各种挑战②。王绍光和樊鹏基于对医疗体制改革和"十三五"规划的制定过程研究指出，中国的决策过程是一种充分的"共识型决策"③。笔者检视国家决策、部门决策、地方决策，发现中国的决策过程属于"共识型民主"④。马骏开创了"预算政治学"的新领域，打开了预算政治过程尤其是省级预算政治的"黑箱"⑤。这无疑有助于推动中国预算民主化，而政治过程的民主即行政民主，是民主政治的关键一环。

在中国政府权能研究上，朱光磊及其团队取得了一系列具有明确政策价值的研究成果。其"大部门体制不能包治百病"的观点，应该说是给一

① 杨光斌．一份建设"有能力的有限政府"的政治改革清单：如何理解"国家治理体系和治理能力现代化"．行政科学论坛，2014（1）：33－36.

② 周光辉．当代中国决策体制的形成与变革．中国社会科学，2011（3）：101－120.

③ 王绍光，樊鹏．中国式共识型决策："开门"与"磨合"．北京：中国人民大学出版社，2013.

④ 杨光斌．中国决策过程中的共识民主模式．社会科学研究，2017（2）.

⑤ 马骏．中国公共预算改革．北京：经济科学出版社，2011.

度盛行的大部门制改革打了一针清醒剂①；其公务员占人口的合理比例的研究（合理比例为1%）准确指出，中国的问题不是公务员规模问题，而是公务员体制内部功能和结构的问题②；在政府职能上，朱光磊等人提出，应突出政府的管理和服务职能，并对政治行为做“社会化处理”，这不是一般性的调整策略，而应当内化为中国最基本的执政理念并完成具有战略眼光的整体设计，最终体现在政府工作的各个方面③。

在政府的特定政策研究上，北京大学独领风骚。王浦劬主编的“国家治理研究丛书”集中了各个领域的政策研究成果，如行政信访问题、户籍制度改革、流域水污染治理、义务教育等。在产业政策研究上，最具政策意义的成果无疑是路风关于高铁、大飞机项目的成功与汽车市场的失败的研究④。这些有关具体政策的扎实研究，对理解中国道路尤其是中国模式大有助益。

地方治理与社会治理研究。中国的“地方”是一个模糊的概念，它既可以指中央以下的所有层级的地方政府，也可以指省政府之下到乡级的范围，因此在中国，地方治理是一个总体性说法，它包括了城市治理和社会治理。

关于地方治理之社会治理，基于增量改革的说法，俞可平提出了“增量民主”，并在借鉴国外治理理论的基础上提出了“善治”概念，它的基本特征是参与、公开、透明、互动、责任、法治、合法性⑤。善治的主体应该是“社会”，因此“善治”理论应该视为社会治理理论。据此，推出了善治的指标体系⑥，一般认为和世界银行的治理指标多有相似。在社会

① 朱光磊．“大部门体制”不能包治百病．理论参考，2008（5）：48-49.

② 朱光磊，李利平．公务员占人口的适当比例问题刍议．中国行政管理，2008（9）：68-74.

③ 朱光磊，于丹．论对政治行为的“社会化处理”．天津社会科学，2015（1）：92-98.

④ 路风．我国大型飞机发展战略的思考．中国软科学，2005（4）：10-16；路风．运10败在航空工业管理体制．中国改革，2005（4）：50-53；路风，封凯栋．造中国自己的汽车．商务周刊，2004（6）：25-30；路风．冲破迷雾：揭开中国高铁技术进步之源．瞭望，2013（48）：30-32.

⑤ 俞可平．增量民主与善治．北京：社会科学文献出版社，2005.

⑥ 俞可平．国家治理评估：中国与世界．北京：中央编译出版社，2009.

治理理论的基础上，俞可平、何增科推动的“地方政府创新项目”持续了10年，以学术研究来评估地方政府的创新行为。该团队认为，头5年地方政府的创新冲动显著，后5年很多项目则不再具有创新意义。

北京大学中国国情研究中心是国内量化政治学研究的领头雁，其长期专注的关于中国公民意识调查的资料，对于社会治理和政府治理的相关研究来说是必不可少的①。

关于地方治理之城市治理，具有特色的研究成果来自郁建兴及其团队，他们利用区位优势而研究浙江省城市社区的治理模型、政府与商会（行业协会）的关系②，对于人们认识中国发达地区的基层政治经济关系，提供了鲜活的案例和理论启示。

基层治理与乡村治理。以徐勇及其团队为代表的乡村治理研究，已经形成“华中学派”（“华中乡土学派”）。“华中学派”的贡献体现在学术研究路径和政治建设研究两个方面。在研究路径方面，该团队从20世纪90年代初开始的农村问题研究，推动了中国政治学自上而下的转型，“社会”从此成为中国政治学的重要研究对象。基于对农民的长期研究，徐勇提出“农民理性”概念，改变了长期以来农民保守的印象，这也成为理解“中国奇迹”的一个重要视角③。在政治建设研究方面，基层群众自治制度成为宪法规定的基本制度，与中国共产党领导的多党合作和政治协商制度、民族区域自治制度并列为中国基本政治制度。“华中学派”对土地私有化的态度是鲜明的，这是基于历史分析而得出的政治性结论。对于土地确权制度的改革，“华中学派”的发现是，在珠三角地区，以土地入股而组成的股份公司，事实上变成了势力强大的利益集团，坐地起价从而阻碍了城市化进程，并导致“乌坎事件”的发生④。可以说，在中国政治学界，要

① 沈明明，等．中国公民意识调查数据报告（2008）．北京：社会科学文献出版社，2009.

② 郁建兴，陈奕君，彭朱刚，等．让社会运转起来：宁波是海曙区社会建设研究．北京：中国人民大学出版社，2011；郁建兴，宋晓清．商会组织治理的新分析框架及其运用．中国行政管理，2009（4）：59－64.

③ 徐勇．农民理性的扩张：“中国奇迹”的创造主体分析：对既有理论的挑战及新的分析进路的提出．中国社会科学，2010（1）：103－118.

④ 贺雪峰．农村集体产权制度改革与乌坎事件的教训．行政论坛，2017（3）：12－17.

真正理解农村，需要借助“华中学派”的研究成果。

中国共产党研究与国家治理。在中国所有层次和领域的国家治理中，中国共产党都是不可能绕开的核心研究对象。因此，在研究路径上，过去流行的“国家-社会”二分法应当由“政党-国家-社会”三分法所取代。在笔者看来，三分法还只是一种说法或者主张，这种路径很难取得突破性进展。鉴于苏共的教训，不少研究者开始推动所谓的“转型”研究。中国共产党的诞生与发展壮大离不开由列宁创建并领导的第三国际，它们之间的共性毋庸置疑；但是，即使是同一属性的政党也无法脱离各自的历史与文化背景，因此它们之间必定存在差异。差异性应当成为研究的重点方面。在潘维看来，中国共产党最根本的特点是“人民性”，实现它的根本之道是去科层化，让党组织回到人民中去，为人民办好各种“小事”，而科层化的党组织专长是“办大事”①。我们不但无法按照西方政党理论来看待中国共产党，甚至既有的马克思主义政党理论也难以解释中国共产党的特殊性，这就需要中国政治学界“解放思想”并重新认识中国共产党的属性及其与国家的关系，否则就很难理解中国治理成就的内在机理。前文提到的“政党中心主义”就是关于这一议题的一个重要的阶段性成果。

小结：作为建制性力量的中国政治学。仅仅在国家治理的光谱上检视中国政治学，我们发现中国政治学已经是国家政治建设的一支非常重要的力量，主流研究是建制性的。这是一个值得重视的“发现”，政学之间本来也应当形成良好的互动关系与相互信任，没有这样的关系，执政队伍建设和学科建设都会受到损害。笔者认为，中国政治学应该发挥更大的建制性作用，在这方面可以学习一点美国同行的做法，学者们能够大致尊重有关的研究范式②，比如以国家治理为核心的研究取向；同时，要弄清作为政治学知识来源的特定社会的性质，这是推动国家治理研究的前提与

---

① 潘维．中国共产党的民本“新路”．人民论坛·学术前沿，2012（2）：66－73；潘维．信仰人民：中国共产党与中国政治传统．北京：中国人民大学出版社，2017.

② 政治学是一门观念性很强的学科，因此学科内部的争议和分歧自然很大。杜鲁门在1964年就任美国政治学会主席时指出，让我们放弃分歧，和经济学界共同遵循理性选择主义一样，政治学界也要遵循共同的研究范式，以推动政治学学科的滚滚向前。他们确实做到了，那就是结构功能主义范式在美国政治学界的长达20年的主导性地位。

基础。

五、余论：研究真实的“社会”，建构可用的治理理论

概念和观念是人们认识世界的路线图，在某种意义上，人类文明的图景是概念拼图或者观念联结的结果。但是，很多理论来自地方经验，往往由于国家的强大才得以普遍化。这样的理论并不一定是放之四海而皆准的真理。就此而言，要更好地推进国家治理研究，就应当重新正视“文明”问题，而文明的基本构成是语言、宗教和社会性质。就与本题关系而言，“社会性质”是可以把握的变量。必须重新认识各种“社会”的性质，因为在流行的国家-社会关系理论中，“国家是必要的恶”就意味着国家是天然的坏，“社会”则是天然的好。然而讽刺的是，在思想家们说国家是“恶”的工业革命时期，国家正在保护弱者，侵害社会的恰恰是社会中的资本权力，没有国家保护，农民和底层阶级的处境只会更加不堪。社会自治（林肯所说的“民有、民治、民享”）完全是农业社会的命题，这也是中国自古以来皇权不下县的“民治”的农业社会形态。到工业社会，这个“民治”已经演化为“资本权力的统治”，它甚至能主宰国家权力。很多人不问语境、不问概念的“时间性”和“地方性”，直接把“好社会坏国家”当作前提拿来就用，这至少是不够严谨的。比较研究发现，有好社会，也有坏社会，不同国家的社会，其性质差异巨大，因此，基于某种抽象建构的社会（如公民社会）而制造出的理论是不能被直接拿来当作“天条”的，更不能拿去指导国家建设、国家治理和处理国家与社会之间的关系，那样做必然带来南辕北辙的结果。

笔者在写《发现“社会”，建构能治理的治理理论》的过程中发现，整个世界范围内，基于社会平等的社会自治（所谓的公民社会）已经非常罕见。美国社会早已变成典型的利益集团社会，其政体必然也已变成寡头性质；南美被亨廷顿总结为“普力夺社会”；非洲则是米格代尔所说的

“强社会”；印度仍然是种姓社会；大中东是伊斯兰社会……在这些“社会”中直接使用基于公民社会假设的治理方案，即主张个人中心主义或社会中心主义，能有什么好结果？自治是谁治？它如何不变成不受制约的特权呢？这与“公民社会”的基本假设能相符吗？

美国的利益集团社会以及由此而产生的国家-社会关系，属于美国人自己所说的“社会统合主义”（其实哪里能统合得起来？能统合就不会出现“否决型政体”），普力夺社会、强社会和种姓社会，当然不属于所谓的“国家统合主义”，因为国家根本组织不起来，这种现象可称为“社会分利主义”，这样的社会形态与公民社会有什么关系？所以，把凿空生造的公民社会理论（治理理论）运用于非西方国家的形形色色的社会，这些国家还能得到有效治理吗？只能是以“好概念”（公民社会）的名义，行了坏政治（私民社会）之实，这只会使它们获得更多对抗国家的力量，而国家则更加碎片化，这就是二战以来包括治理理论在内的各种发展理论完全失效的根本原因。不仅如此，在历史上，发达的公民团体也曾为法西斯主义的产生提供了条件，法西斯意大利和纳粹德国的产生都来源于活跃的社团组织。这就意味着，即使在西方社会，社团组织也具有两面性，它既能促进民主发展，也能产生反民主的结果。社团组织应当被看作一个中立的、可好可坏的政治变量（因变量），其发挥积极或消极作用要视政治环境而定①。这无疑是一个令人沮丧的发现，但却是真实的历史存在。

因此，我们认为，基于对社会性质的认识，**社团组织并不是“自变量”，社会性质本身才是一个难以改变的“自变量”——社会性质决定了社团主义并不总能等同于公民社会。**这并不是不鼓励研究社会自治并推进社会自治，而是说无论如何必须首先认识特定社会的根本属性，再强大的力量都不可能将社会塑造成想要的模样；一旦出现“自治”不当引发的混乱局面，唯一能解决问题的始终是国家，而不是所谓的公民社会。因此，我们更需要的是能提升国家治理能力的理论②。

---

① Heri Berman, “Civil Society and the Collapse of the The Weima Republic”, *World Politics* 49 (April 1997), 401 - 429.

② 杨光斌．关于国家治理能力的一般理论．教学与研究，2017（1）：5 - 22.

中国正在推动“一带一路”建设，其中最大的问题就是以“社会分利主义”为主要特征的社会带来的问题，比如中国在印尼的高铁项目（雅加达—万隆）曾一度搁浅，原因在于土地私有制、地方势力之间的恶斗和碎片化的政府权力，这使得印尼中央政府没有任何办法①。不研究非西方国家的社会性质就无法制定相应的应对措施，我们的“一带一路”建设就难以顺利推动。可见，研究作为社会制度基础的社会性质，不仅是国家治理理论的需要，更是全球治理的战略性任务。政治学是治国理政之学，不加分析地滥用所谓的“好概念”，不仅浪费了学术资源，更会直接导致政治性危害，危害国家治理乃至全球治理。

① 刘天中．印尼高铁搁浅的制度分析．北京：中国人民大学，2017.

第二章
什么是历史政治学

在关于政治学研究范式的著述中，我们指出，中国政治学一直被“求变”的政治学所支配，从马克思主义政治学到自由主义民主政治学，都是旨在改变政治现状的政治学；中国现在迫切需要的是以“求治”为导向的政治学[①]。然而，“求治”的政治学仅仅拥有国家治理理论是不够的，国家治理理论的背后还必须有相应的分析工具。正如马克思主义政治学的出发点是阶级分析，自由主义民主政治学的出发点是理性人假设，那么国家治理理论的出发点在哪里呢？各国都在谈论治理，但为什么不同国家的治理能力和治理水平有天壤之别？这里面必然有历史基因问题。换句话说，“求治”的政治学也必须有其产生于特定的历史文化基础上的研究路径或研究范式。“历史”很重要，“历史”就是“求治”理论的出发点。因此，支撑“求治”的政治学，非历史政治学莫属。考虑到中国自古以来的“致治”传统，历史政治学才是中国的政治学，至少是发展中国政治学的一条新路。历史政治学不但能够联结中国历史与政治科学，也能够重建世界历史与政治科学的关系。在坚持历史唯物主义和汲取人类优秀文明成果的基础上，历史政治学一定能开花结果，对国际社会科学作出中国政治学的贡献。

一、政治学范式的困境

当流行的研究范式与现实严重脱节时，就是新范式或新研究路径诞生

① 杨光斌．政治学研究范式的转型：从“求变”到“求治”．中国政治学，2018（1）．

的节点[①]。首先，如何解释当代中国的政治发展是中外政治学研究的重大议程，也是对既有政治学理论的重大挑战。70 多年来，西方一直在以自己的观念乃至研究范式去判断中国的前途，结果都是一错再错[②]。仅此而言，政治学界就需要寻找新的解释范式。

其次，西方处于深刻的政治危机之中。亨廷顿的“谁是美国人”表达了美国人最深层的危机感——国民性危机[③]，因此才有“特朗普现象”。与此同时，英国“脱欧”公投的成功、欧洲难民危机，这些问题的根源来自自由主义民主，因此它们必然不是自由主义民主理论所能解决的难题。

最后，在非西方转型国家，自由民主诱发普遍性国家治理失效，第三波民主化国家出现民主回潮，“阿拉伯之春”演变为“阿拉伯之冬”。为此，有务实的美国学者呼吁“转型范式的终结”[④]。

中外政治的现实状况表明，作为“终结历史”的自由主义民主理论已经陷入深度危机之中，这其实是西方政治学的危机。这场危机意味着什么呢？在我们看来，这无疑是对西方政治学赖以存在的基础构成了挑战。自由主义政治学乃至整个西方社会科学，建立在理性人假设基础之上，这源自霍布斯。在他看来，国家的最基本成分是人，要认识国家，就要首先分析国家的成分，而国家的最基本单元就是人，因此认识国家首先要认识“人性”，理解了人性，一切问题就迎刃而解了。霍布斯这样总结道，“我首先将之作为全人类共有的普遍倾向提出来的便是，得其一思其二、死而后已、永无休止的权势欲。造成这种情形的原因，并不永远是人们得陇望蜀，希望获得比现已取得的快乐还要更大的快乐，也不是他不满足于一般的权势，而是因为他若不多求就会连现有的权势以及取得美好生活的手段也保不住”[⑤]。也就是说，人是自利的利益最大化的理性人。这样的“人”被霍布斯隐喻为战争状态下的人性，其实是市场社会中的人。因此，成长

---

① 库恩．科学革命的结构．北京：北京大学出版社，2012.

② 黄明翰，黄彦杰．西方“中国观察”的沧桑历程．联合早报，2013-04-08.

③ 亨廷顿．谁是美国人．北京：新华出版社，2010.

④ Thomas Carothers, "The End of Transition Paradigm," *Journal of Democracy*, Vo. 13, No. 1, 2002, pp. 5-21.

⑤ 霍布斯．利维坦．北京：商务印书馆，1997：72.

于资本主义市场社会的人，自然把“理性人”当作科学的假设，因为经济生活充满了个人的理性计算。

福山的“历史终结论”就是基于理性人假设演绎而来的。在福山看来，黑格尔关于“承认”的哲学是人类进步的动力，而价值性承认又来自霍布斯的理性人假设①，“正义和公正的概念对于霍布斯来说，都建立在对自我保存的理性追求之上”②。

霍布斯基于理性人假设的“政治科学”完全是非历史的，既偏离了西方自己的古典政治学传统，也与很多非西方国家的政治传统无关，基于霍布斯理性人假设的“历史终结论”因此才有今天的命运。如果说理解了“人性”就使得国家学即政治学成了科学，“政治科学”就应该是人类秩序的“路线图”，奉行科学的人类就不该有那么多非理性的政治灾变。如前，理性人假设可以在一定程度上解释以个体为主体的经济生活，但即便如此，还是出现了“市场失灵”这样的反例。理性人假设很难解释以群体为行为主体的政治生活，个体的理性之和不等于群体的理性行为，群体行为往往是非理性的，因此才有美国白人对印第安人的事实性种族灭绝，才有选举产生的墨索里尼和希特勒，才有各种大屠杀的发生，也才有英国的“脱欧”公投成功。

在国际关系理论中，现实主义的“无政府状态”假设被认为来自霍布斯的“自然状态”假设，但现实主义理论家并不接受霍布斯的“理性人”之说。华尔兹（又称沃尔兹）论道：“如果人是完全彻底的理性动物，那么他就会一直按照绝对戒律行事。但他不是。冲突和暴力由人的世俗天性而起。”“蜜蜂和水獭的行为在不能支配下呈现出有规律的模式和可预言的结果。另一方面，纯粹理性世界的公民将按照事先制定的计划行事。鉴于人类行为不属于这两类中的任何一类，‘系统规律的人类历史’看来是不可能的。”③

常识是，基于理性人假设的“政治科学”，既不能解释人类经历的种

① 福山．历史的终结及其最后之人．北京：中国社会科学出版社，2003：172－184.

② 同①177.

③ 华尔兹．现实主义与国际政治．北京：北京大学出版社，2012：5，9.

种政治灾难，也不能解决现实中的政治困境，更不能为人类的未来指点迷津。这些困难不能以所谓的“有限理性”去辩护，只能从历史的视野去分析。但是，基于理性人假设的政治科学完全抛弃了历史，尤其在二战之后，行为主义政治学、理性选择主义政治学大行其道，“科学化”变本加厉，基于理性人假设的各种量化模式研究如今变成了让人看不懂的、与重大现实问题无关的符号游戏，以至于政治学研究偏离了国内政治现实和世界政治现实。

中国在改革开放之后恢复了政治学，西方政治学尤其是美国政治学开始被大规模地引进中国。美国政治学是对来自欧洲的政治学的“革命”，在主题上从国家、宪法等“高政治”研究转向社会、利益集团乃至个人等“低政治”研究，在方法论上形成了非历史性的结构功能主义，以此来研究不同文化、不同地区的政治现代化①，其非历史特征达到无以复加的程度。到 20 世纪 70 年代，结构功能主义式微，这批学者又适时地转向理性选择主义，一种更加非历史的、信仰理性人假设的政治学开始流行。非历史的方法论遇上了“第三波民主化浪潮”，人们普遍相信，理性的、自利的人追求民主化成为必然，因而“转型范式”开始流行。在这种“大势”下，最讲究历史思维的一些研究者似乎也开始不那么自信起来，把自由主义民主当作“普世价值”去追求。“普世价值”就是无条件的可行性、适用性。在汉斯·摩根索和亨廷顿看来，把自己的民族主义文化当作“普世主义”，其实是帝国主义才会有的逻辑。

基于理性人假设的“政治科学”陷于深重的危机之中。政治学怎么办？政治学的出路何在？

对于“理性人”假设的“政治科学”，学界早有深刻批判。新马克思主义者哈贝马斯说，亚里士多德代表的古典政治观强调的是实践的情境性即历史性，霍布斯则是现代政治观的代表，而现代政治观的第一原则就是非历史性，霍布斯“以科学为依据的社会哲学的要求，其目的是一劳永逸地指明正确的国家秩序和社会秩序的条件。它的论断将不依赖于地点、时

① 阿尔蒙德．发展中地区的政治．上海：上海人民出版社，2012.

间和情况而发挥效力，并且可以不考虑历史状况建立永久性的共同体"①。哈贝马斯认为，起源于历史的社会哲学却忘却了历史，社会科学起源于古典政治学，但它已经明显地偏离了古典政治学，因此社会科学的发展需要找回历史传统。在哈贝马斯那里，社会科学是历史、理论、实践的"三统一"，而不是简单地回答理论与现实的关系②。在哈贝马斯看来，"历史"就是社会科学的哲学基础。

保守主义者施特劳斯从另一个角度批判了行为主义政治学。施特劳斯指出，基于理性人假设的"政治"从此变成个体的"科学化"游戏，"政治"的根本性质因此被消解于数学化的政治学。首先，团体理论事实上是把政治事务还原为政治上中立的事务，还原为社会学团体，进而把这些团体还原为个人理论，把政治问题降低为社会问题，结果对于政治科学或者学者而言"重要的东西不是政治上重要的东西"③。

理论和方法论的价值在于其对现实政治的解释力。自由主义政治学自身也必须寻找新的出路，美国政治学开始呼吁"把历史带回来"④，著名历史社会学家蒂利在其晚年的《历史为什么、如何重要》一文中认为，如果不依赖精细的历史分析，解释性政治科学就很难取得进展，因为每一个重大政治现象都鲜活地存在于历史中，因此政治解释必须以历史为背景⑤。其实，早在 20 世纪 80 年代就出现了反抗主流理论即理性选择主义的历史

---

① 哈贝马斯．理论与实践．北京：社会科学文献出版社，2010：33.

② 同①30.

③ 施特劳斯．古今自由主义．南京：江苏人民出版社，2010：251.

④ 2000 年，美国政治学界"改革先生"（Mr. Perestroika）的公开信引起巨大反响，他批评了《美国政治学评论》的过分"科学化"倾向，因此美国政治学界开始关注历史的作用。其中，有的把历史当作一种背景资料以丰富其量化研究，有的研究提倡"历史转向"，比如《比较政治学研究》2010 年第 8－9 合卷中，Giovanni Capoccia 和 Daniel Ziblatt 提出了"民主化研究的历史转向"，参见"The Historical Turn in Democratization Studies"，*Comparative Political Studies*，Vol. 43，No. 8/9，2010，pp. 931－968. 但是美国的研究环境决定了"历史"很难成为美国政治学一般学者的研究议程。

⑤ Charles Tilly，"Why and How History Matters"，in Robert E. Goodwin and Charles Tilly eds.，*The Oxford Handbook of Contextual Political Analysis*，Oxford：Oxford University Press，2006，pp. 417－437.

制度主义[①]。

而对于中国人而言，历史非常重要。第一，浸染于悠久文明史中的中国人，几乎是与生俱来的历史学家，“历史地看问题”是浸透于中国人血液中的思维方式。第二，在新中国成长起来的学者，也基本上是天然的历史唯物主义者，从经济角度看政治问题是中国人的一种朴素政治观。也就是说，中国历史构成了中国人成长的“环境”，历史唯物主义是中国人的思维方式。由此可以说，基于历史的政治学与基于理性人假设的政治观有很大的不同。

政治学的一个鲜明特征就是其时代性。中国学人所面对的时代性重大理论问题是，依靠来自历史的实践智慧和制度自主性而累积起来的中国道路、中国模式，显然是西方基于理性人假设的理论体系和研究方法所不能回答的。因此，需要新的研究路径去解释中国道路、中国模式。我们认为，中国历史下的中国道路、中国模式本身也蕴含着丰富的历史政治学，应用历史政治学去打通中国历史与政治科学的联系。

二、政治学的传统：以各自历史传统为方法

从政治学学科史的视角看，几大文明体或者各个时期的一流大国竞相供给具有明确方法论特征的政治学知识产品，而且这种方法论都是各自历史传统的自然延伸，或者说以历史传统为方法。其中，中国政治学在近百年来却一直充当知识消费者的角色，使得拥有悠久文明史的中国未能提供与自己国际地位相匹配的政治学学科意义上的知识产品。这种残缺不全的“政治学生态”需要修补。

晚清-民国时期（1900—1949年），中国政治学学科学习和引进的政治学无疑是旧制度主义方法论的欧洲政治学。第一个政治学系虽然诞生于美

① Sven Steinmo and Kathleen Thelen eds.，*Structuring Politics*：*Historical Institutionalism in Comparative Analysis*，Cambridge：Cambridge University Press，1992.

国哥伦比亚大学，但这一时期美国政治学的对话对象主要还是源自欧陆的制度主义政治学，美国人去欧陆留学的多而不是相反，因此在世界上影响最大的政治学说是欧陆而非美国。旧制度主义政治学就是以法条主义研究国家、政府、议会、政党等“高政治”问题，这一时期的政治学和法学是纠缠在一起的。白芝浩的《英国宪法》和威尔逊的《国会政体：美国政治研究》都是这一时期的制度主义代表作，描述的都是行政、议会（国会）以及二者之间的法律关系，比较的都是议会制与总统制的优劣①。显然，民国时期的中国政治学引进的就是源自欧陆的旧制度主义政治学。

新中国第一个 30 年（1949—1979 年），中国政治学几乎没有发展。1952 年，中国大学的学科和院系大调整，废除了政治学、社会学、法学和新闻学等学科。今天看来，这种做法有迫不得已的原因，因为这些学科的学科体系知识体系与社会主义新中国格格不入，甚至大多是反社会主义反新中国的，新政权必然要建立捍卫新政体合法性的大学和学科。在学科与院系调整的大背景下，中国人民大学成为新中国各社会学科诞生的摇篮，苏联专家手把手地传授马克思主义三大原理：马克思主义哲学、马克思主义政治经济学和科学社会主义（马克思主义政治学）。科学社会主义就是新中国的政治学，其方法论就是历史唯物主义指导下的阶级分析。因学说上的阶级分析与政治上的阶级斗争纠缠在一起，作为社会科学不可或缺的阶级方法因而在此后的中国政治学研究中曾一度被“冷藏”。

新中国第二个 30 年（1980—2010 年），中国政治学受美国政治学影响较大。改革开放不但是经济上的，也是思想上的。各种思潮扑面而来，其中对中国政治学影响最大的当然是美国政治学。美国政治学固然是多元化的，但其最大的流派则是基于个体主义本体论而形成的强调个体权利的理性选择学派，从研究现代化（1950 年代—1970 年代）的结构功能主义，到研究民主化（1980 年代—2010 年代）的转型学，都是以社会中心主义或个人中心主义为基调的政治学。1953 年，美国比较政治委员会成立的时候，少壮派阿尔蒙德自信满满地说，美国人来了，基于老欧洲经验的政治

① 白芝浩．英国宪法．北京：商务印书馆，2010；威尔逊．国会政体：美国政治研究．南京：译林出版社，2019.

学该让让位置了[①]。经过几代人的努力，二战后美国人建立起自己的包括政治学的以个体主义为方法的社会科学体系。

讨论上述各流派的方法论之长短不是本章的任务，但毫无疑问的是，各方法论都留下了其应有的遗产，也都有其结构性难题而不能解释现实政治生活，个人权利政治学甚至成为制造世界性政治难题的根源。本章感兴趣的两个问题是：为什么是这些方法论，谁提供了具有方法论特征的政治学知识产品。

关于第一个问题，笔者认为，方法论是政治传统的一种延续，或者说以历史传统为方法，而与本国政治传统相悖的方法论是难以流行的。换言之，历史是方法论的基础。制度主义方法论显然是欧洲千年传统的产物，因为自政治学在欧洲诞生就是政体论传统；阶级分析是革命的传统，从欧洲国际共产主义运动到第一个社会主义国家的诞生，再到新中国的成立，都是阶级运动、阶级革命的历史，因此阶级分析法很容易成为理解这种历史与现实的方法论乃至思维方式；个人主义是美国根深蒂固的政治传统，基于个体主义本体论的政治学就很容易建立起来。但是，这些方法论与中国政治传统是什么关系？自先秦便形成了“致治”传统，即治道重于政道，用今天的话说，治理能力更重要，治国理政堪称中华文明最重要的传统；之后主宰中国 2 000 多年的儒家文明是一种以“仁”为本的集体主义文化。显然，中国需要发掘一套与中国政治传统相适应的方法论。

与第一个问题相关联，为什么是这些国家提供了政治学的知识产品？与经济学、社会学不同，每个时期流行的政治学说发出的似乎总是那个时期最强国家或地区的声音。从中国政治学学科史的视角看，最强者先后是欧陆、苏联和美国，因此特定时期的一流大国或地区的政治学说总是中国政治学的学习对象。在这个意义上，政治学似乎有一个“国家身份之问”，即谁最有资格提供政治学的知识产品。答案是显而易见的，当然是各个时期的一流大国。发展到今天，规模巨大且历史悠久的中国当然有资格成为政治学知识产品的供应商。中国人虽然不可以像美国人那样傲慢地说出

---

① Roy Macridis and Richard Cox, “Research in Comparative Politics. Seminar Report,” *American Political Science Review*, Vol. 47, No. 3, 1953, pp. 641 – 657.

“中国人来了”“基于政治传统的政治学该让让位置、腾出空间”之类的言辞，但至少政治学生物圈里应该有中国的物种，而这个物种的生长必须以中国历史传统为方法。

三、历史与政治社会理论

不仅各时期流行的方法论都源自特定国家的历史传统，甚至几乎所有的政治社会理论都是特定国家特定历史经验的产物。当然更全面地说，政治社会理论是理论研究、实践研究、历史研究的统一体，政治理论资源来自既有理论研究、实践研究与历史研究。

关于理论发明，霍布斯在《利维坦》中假设，如果弄清楚了人性，就能理解国家。沿着这个去历史化、去情境性的理性人假设，美国社会科学做了大量努力。尤其是二战后的行为主义和理性选择主义政治学，无不认为政治（政制）可以脱离历史社会条件而独立地、以普遍化的形式而存在，“历史终结论”就是人性论的绝对化表达，是企图以人性论而建立的“一神教”。然而，“历史终结论”的终结就是对这种理论抱负的毁灭性打击，基于理性人假设的“一神教”式国家治理更是让疫情中的美国焦头烂额。其实，早有代表性美国政治学者这样评论，基于理性人假设的行为主义和理性选择主义，一直以来寻求对政治的科学化解释，这无疑是找错了方向、走错了轨道，因为政治世界本身的特点使企图追求普适性、可预测性的政治科学难以实现其宏大意图①。这个政治世界就是由完全不同的社会条件所构成的，因此即使是罗尔斯这样的自由主义政治哲学家，最终也以不同的社会条件而构建起不同的政治合法性标准②。很简单，理性人说

① Paul Pierson and Theda Skocpol, “Historical Institutionalism in Contemporary Political Science,” in Ira Katznelson and Helen V. Milner eds., *Political Science: State of the Discipline*, New York: W. W. Norton & Company, 2002, pp. 692 - 721.

② 罗尔斯．万民法．长春：吉林人民出版社，2011.

到底受制于各自的社会条件，思想家对此多有论述。

相对于政治学，西方主流经济学更加无视历史，更加迷信“理性人”能解释一切，因此以“理性人”假设而建构起知识体系和各种精美的模型。即使科学化的数学模型再精美，当经济学忘记历史的时候，经济学就不再是科学而是意识形态信条；当经济学不去研究源自历史的现实性社会结构之于经济的作用时，以数学模型支撑的经济学也不再是科学，因为如此重大的“要素”不被纳入模型，这个模型就是假的。比如在经济史上，为什么西欧的资本主义早于中欧东欧，显然与社会结构有关；比较中国和印度，不比较中国的平等化社会结构和印度的等级制，中印经济比较研究就是没有意义的。历史之于经济学的意义尚且如此，对根植于历史社会结构的政治学就更不用说了。

我们熟悉的那些伟大思想，其实都是“历史中的思想”，是历史的比较政治学即思想者对其时代的重大政治社会问题的思考，而不应该被当作“思想史中的思想”[①]。笔者所说的“历史中的思想”并不是剑桥学派的“语境主义”即历史地理解某个概念，而是把某个概念置于历史语境中去理解，而且更要把思想家的整体性、关键性思想置于比较制度变迁中去理解，以明白这些思想家不仅是思想者，更是当时的治国者或者策论家，因此“历史中的思想”是一种事实性历史比较政治研究。从这个角度看西方政治理论，或许会有许多新发现。相反，“思想史中的思想”研究容易把既有理论当作政治理论的全部，而且容易偏执化——把某个人或者某种流派的思想当作“圣经”，从而偏离了治学之道。

对于既有理论的研究，中国社会科学界已经较为充分地掌握了主要是来自西方的各种理论，尤其是政治理论。期望从中找到能够解释当下中国政治实践的既有西式政治理论是很困难的；或者说，按照既有的西式理论去解释中国政治实践，中国政治必然存在合法性问题。而事实上中国之治使得中国政治的政治信任度又是如此之高，因此这必然是既有理论的问题。期望从既有理论找到解释中国的理论答案，无疑是水中捞月。根本原

---

① 杨光斌．政治学研究范式的转型：从求变到求治．中国政治学，2018（1）．

因在于，西方政治理论（“诸神”）也主要是历史研究的产物，即源自西方的历史。

实践研究总是丰富和发展既有理论的好途径，亚里士多德就关于158个城邦的比较研究而提炼的政体论，是“实践出真知”的最早典范。同样，中外马克思主义的几乎所有重大概念，都是在汲取前人智慧的同时而针对现实问题提炼出来的，比如国家理论、革命理论、政权理论、政党理论等。流行的政治学概念比如合法性、选举式民主，也是基于捍卫现实性政治制度而提炼出来的。社会科学的使命就是研究和回答重大现实问题，实践研究也因此是产生理论的最重要路径。

但是，实践从何而来？实践又向何处去？实践当然会诱发制度创新与制度突变，比如社会主义革命之后成立新政权。但即便如此，社会主义制度如何运转，运转得如何，依旧离不开各自的历史文化传统。现实中的实践无不来自各自的历史。近代以来，世界政治中的民主大概可分为三大类型：西方代议制民主、发展中国家的代议制民主、社会主义民主。其中，西方代议制民主源自中世纪的代议制，只不过选举权的扩大使得原本称为寡头制的代议制被改称为自由主义民主①；代议制民主到了非西方国家，其实是西式政制与古老社会结构的一种嫁接，事实上是封建制民主而不是所谓的自由民主②；社会主义民主看上去与各自的传统决裂了，但运行的内在逻辑还是离不开自己深远的文化传统，比如协商民主与协商政治的密切关系。

另外，实践变化很快，何况今天的实践又很快成为明天的历史。因此，没有历史观的实践研究不可能研究出好的理论。现实中，实践研究还容易出现碎片化取向，盲人摸象几乎是普遍现象，从而导致中国政治学实践研究公共管理学化，变成策论，并误把现实中的问题当作理论议题，很难产生概念性的理论，这大概是由没有历史观的实践研究所致。故此，公

① Jørgen Møller, "The Medieval Roots of Democracy," *Journal of Democracy*, Vol. 26, No. 3, 2015, pp. 110 - 123.

② 何家丞．论封建制民主：菲律宾的民主模式及其在发展中国家的普遍性．世界经济与政治，2020（1）．

共管理学界也在提倡历史研究的重要性①。

这样，包含着实践研究的历史研究就成为发现政治理论的最重要途径，几乎所有的政治理论都可以被认为是历史政治理论。我们的说话方式乃至思维方式基本上都是比较历史分析的产物，“在概念发明的意义上，比较历史研究者贡献出了社会科学重要概念中的很多指导性定义，包括但不限于威权主义、资本主义、统合主义、民主、发展、封建主义、意识形态、非正式经济、自由主义、民族主义、革命、社会主义和福利国家。在概念的类型学意义上，比较历史研究也形成了很多重要的概念性辨别，诸如政体的类型（如民主的、威权的、极权的）、革命类型（如政治的、社会的、反殖民主义的）、国家类型（如强国家、弱国家、掠夺型国家、发展型国家），以及福利国家制度（基督教式的、自由主义的、社会民主的）。上述列举只不过是管中窥豹”②。

历史研究发现理论，而理论的解释力和适用性反过来又取决于历史条件。然而，理论在传播过程中非历史化了，从而产生非预期结果。比如，以代议制、多党制为核心的代议制民主，其实是党争民主，党争民主的基本社会条件是文化的同质化，即同文同种者的游戏，这是英美长期以来党争民主还有效的基本政治逻辑。这套理论来源于英美历史。但是，党争民主在异质化条件下，就自然变成政治分裂、否决型政治的制度安排，在美国，曾经的同质性文化已经演变为异质性文化，由此导致美国政治的僵局。可见，即使在英美，历史条件变了，理论本身的价值也不一样了，对于历史社会条件完全不同的非西方国家，理论的适用性就更值得警惕了。在非西方国家，很多国家都是异质性文化，民族矛盾、宗教冲突、意识形态对立等问题较多，在这种条件下，党争民主的结局可想而知③。

必须回答的问题是，既然流行的概念都来自历史研究，那么历史政治学还有“中国性”吗？还能为“中国学派”贡献什么吗？各个国家尤其是

① 何哲．公共治理研究：历史为什么是重要的？．中国行政管理，2020（6）．

② James Mahoney, “Comparative Historical Methodology”, *Annual Review of Sociology*, Vol. 30, 2004, p. 93.

③ 杨光斌．观念的民主与实践的民主：比较历史视野下的民主与国家治理．北京：中国社会科学出版社，2015.

文明体，都有自己的历史，以历史为基础的方法论不就失去“中国性”了吗？确实，英国从一开始甚至到今天，依然秉承的还是政治学与历史学不分家的传统；历史不那么长的德国还产生了以洪堡、兰克为主要代表人物的影响重大的“德国历史学派”；二战后，美国历史社会学的“摩尔学派”就是基于历史研究历史社会科学。其实，20 世纪 30 年代之前的美国历史学和政治学的共同典范都是“历史政治学”，研究的都是美国国家的起源和宪制的历史渊源，只不过历史学偏向历史研究的现实主义关怀，而政治学偏向现实研究的历史主义关怀。但是在宪制问题得到共识性确认后，美国政治学主流开始转向具体问题的研究，诸如政党政治、立法政治、选举政治、利益集团政治、城市治理、行政效率等，二战期间则直接变成战场上的“舆论战”“宣传战”“心理战”，这些研究确实需要科学化，离不开心理学、统计学、社会调查等学科和方法。这样，“科学主义”就开始主导美国政治学，二战之后演变为轰轰烈烈的行为主义革命和理性选择主义。在行为主义革命中，美国政治学也有两次历史转向并分别作出重大理论贡献，但依然难以根本性扭转已经成为美国政治学传统的科学主义①。笔者认为，其中的根本原因还在于大家都在回避宪制议程。

不仅如此，基于理性人假设的科学主义本来是用来研究非宪制的行政事务性的具体问题，但“科学主义传统”驱使美国政治学将“理性人”用在宪制这个最根本的问题上，进而诞生了石破天惊的“历史终结论”。以抽象的人性而非历史为基础的“历史终结论”，终究还是绕不开历史的关键性作用，“历史终结论”的发明者福山亲自宣告“历史终结论”的终结。2020 年美国大选期间的热门话题是“社会大分裂”，但都是在谈党争导致的分裂这种表面现象，避而不谈社会分裂的宪制问题。笔者认为，美国要真正地理解这个问题，就得历史地回到诞生于独立战争结束之后制定的美国宪法，它正是诱发多元主义文化和大众政治时代的分裂政治的根源。

“历史”在欧美政治学发展历程中所展现出来的重要性，更加坚定了我们重视历史研究的决心。历史并不悠久的国家尚能产生基于历史的社会

---

① 释启鹏．当代美国政治学的两次历史转向：反思与展望．教学与研究，2020（8）．

科学，中国不更有资格生产出包括历史政治学在内的历史社会科学吗？而且中国史研究必然会有“中国性”的政治学。

虽然都是“历史”研究，但不同国家不同的历史属性决定了历史研究会产生不同的流派，因此历史研究必然具有“国家性”。首先，每个研究者都是“本国中心主义者”，即所谓的历史研究首先是研究自己的历史。“德国历史学派”主要基于德国历史而形成；“摩尔学派”的研究对象也以西方历史为主；诺思研究经济史而制造的“新制度经济学”也不过是以欧洲主要国家的经济史为案例。中国明清经济史并不支持诺思的理论，而且基于欧洲经济史的“新制度经济学”恰恰是导致当下非西方国家不发展的根源——“有效产权”即私有产权是很多发展中国家不能得到发展的根本性宪制。其次，也是最为重要的是，虽然都是“历史”，但此历史非彼历史，历史属性具有天壤之别，这种差异性禀赋必然导致政治学研究的“国家性”。

政治理论谱系中的很多概念很少是以中国历史为基础的，或者说中国历史成为比较历史研究的“例外”。在概念供应上，中国人所提供的政治理论显然与自己的历史不相匹配，中国历史的属性意味着应该能产生更多的概念性的政治社会理论。那么，中国会提供什么样的以自己的历史传统为方法的政治学？中国政治传统存在于“历史”中，具有“中国性”的政治学必然是从历史出发的方法论。

四、历史本体论：历史政治学的关键词

那么，到底什么是历史政治学？历史政治学与历史社会学有密切联系，但历史政治学首先是中国语境下的一种研究路径，因而又有着自己明确的范畴和路径特性。简单地界定，历史政治学是寻找重大现实问题、重大理论问题的历史渊源与历史性因果关系的政治学。历史政治学重视本体论意义上的“历史”的重要性；在认识论上，来自历史的政治理论意味着

它们都具有地方知识的特征；在方法论上，和历史制度主义一样，强调时间的重要性和制度变迁中不可避免的路径依赖。

不同于传统的政治史研究，历史政治学有了发现概念和理论的分析框架或知识论图式。首先是历史本体论概念。这个概念意味着历史有社会史和政治史之分，不同属性的历史，其制度变迁方式完全不一样，从而衍生的政治理论也有天壤之别。简单地说，“历史本体论-制度变迁方式-历史政治理论”就是发现概念和理论的知识论原理，诸多现存的流行的概念也可以放在这个框架下进行甄别。不仅如此，历史本体论的发现还可以直接作为分析工具来进行案例研究或者比较历史分析。比如，中国历史上的众多少数民族政权为什么自我“中华化”？历史本体论就是一个重要的分析角度。在历史政治学的本体论层次上，入主中原的少数民族的历史更多地属于社会史，正如历史上的周秦之变从社会史演化为政治史，这些处于社会史阶段的少数民族面对无比发达的由政治文化和政治制度所构成的辉煌的政治文明，归于政治史是一种必然的抉择。

其次是历史连续性概念。这个概念包括长周期历史、历史节点、时序等分析工具。比如，用在比较历史分析上，中国为什么长期领先于世界，为什么又落后于世界，为什么能再度复兴？笔者认为，周秦之变后中国已进入政治史阶段，而欧洲直到中世纪后期才进入更多的政治史阶段，就是中国长期领先于世界的“组织”因素。而且，进入政治史的时间越早，历史连续性就越强，使得因在关键节点上滞后于世界的中国，在抓住关键节点后又能实现中华民族的伟大复兴。

最后是时间空间化。历史本体论决定历史的连续性程度，进而使得长周期历史制度化或者空间化，从而使得历史构成了当下政治制度、政治文化乃至政治行为的重要因素。比如，自由主义民主其实就是欧洲文明的一种政治表达或者政治翻版①，民主集中制是几千年大一统传统的现代形式，因为民主集中制组织原则不仅是党政关系、中央-地方关系的统一，还是国家与社会关系和政治与市场关系的统一，根本性地实现了大一统传统的

① 杨光斌．扎根于中国大地的历史政治学．光明日报，2020-05-06.

“政民一体”①。

由“历史本体论-历史连续性-时间空间化”所构成的分析框架，可以用作案例分析，或者是案例分析的理论框架；而在此基础上产生的知识论图式即“历史本体论-制度变迁方式-历史政治理论”，有助于把政治史研究成果概念化、理论化，而理论化历史的影响力才会更大、更广。试想，如果西方没有历史社会学对其历史的理论化研究，西方历史、西方思想、西方社会科学该是多么暗淡无光？

我们也清楚，因为“文化大革命”时期将历史过度政治化，改革开放之后的史学界对历史的理论化工作高度戒备。与此类似，在政治学界，因为阶级分析曾经导致“文化大革命”时期的阶级斗争，改革开放后的政治学研究几乎完全摒弃了阶级分析方法。其实，历史的理论化工作从来没有停止过，比如市场经济必然产生不平等，面对不平等的阶级或者阶层，学术研究和公共政策分析必然离不开阶级分析。西方社会科学也有类似的经历，统合主义概念在二战后一度冷却下来，但最终不得不“找回来”。

说到底，学术研究绕不开重大现实问题，而将历史理论化，就是重大现实政治问题。如果历史学家不满足于将自己宏大的才华安放在博物馆里而对现实有所关注，历史政治学无疑是一条重要路径。其实，正如笔者几年来一直强调的，历史政治学正是中国政治学“大传统”和中国人民大学政治学“小传统”的一种迭代升级的学科性概念。中国政治学的“大传统”是政治史类研究特别发达，积累深厚；中国人民大学政治学的“小传统”是其政治史类研究（党史、革命史、中国制度史、近当代思想史、国际共运史、社会主义史）曾在国内独树一帜。没有这样的“大传统”和“小传统”，就不会有历史政治学。也可以说，历史政治学是政治史研究的一种方法论，既可以用来进行政治史的案例分析，也可以作为一种知识论图式而辨别或发现理论。

在讨论历史之于政治社会理论的关系时，我们深感自政治学恢复以来的40多年里，中国人几乎在“守着金饭碗讨饭吃”：把既有的西式政治学

① 钱穆．政学私言．北京：九州出版社，2010.

理论当作政治学理论的全部，在学习、移植外来政治学中忽视或排除了历史脉络，中国政治学的知识主体性得不到彰显。“找回历史”正是一种迟来的弥补，何况“中国史”的属性决定了历史本身包含着更多的政治思想和政治原理，有待我们去“发现”。

幸运的是，在中国政治学界，已经有类似历史政治学路径的研究成果，只不过很多学者尚无明确的研究范式意义上的历史政治学的认识而已。我们相信，基于历史政治学的研究应该并且能够形成学术共同体，其批量成果可以期待。那么，到底什么是历史本体论呢?

历史本体论中的“历史”不仅仅是观念，还是本体论意义上的“存在”，研究这个“存在”的属性即历史禀赋、研究过去与现在的直接关联性并从中提出解释性概念或理论，就是历史本体论意义上的历史政治学研究。历史本体论概念建立在对中国历史的理解上。

第一，中国历史的政治史属性。与其他国家的历史相比，中国历史首先是一种政治史，其中包含政治思想史、政治制度史、王朝史。中国历史中体现出的“政治性”，大概是其他国家的历史难以比拟的，这一点我们将在后面给予系统阐述。那么，作为政治史、国家史的中国历史到底应该怎么理解？在沟口雄三看来，中国由中国独自的历史现实和历史而展开，这体现于漫长的不同时代种种现象的缓慢而连续的变化形成，所以中国的现代应该在现代、近代、前近代的关联中来把握。这种历史观被称为“中国基体论”①。

第二，中国政治史的连续性特征。一个奇特现象是，中国是唯一历经5 000年而不曾中断的文明体，因此中华文明没有“古文明”之说，而其他古文明要么中断、要么消亡了。那么，支撑连续性制度变迁的“基因”有哪些?

在我们看来，中华民族的“基因”至少包括：不变的语言文字与中华民族，国家大一统思想和治国的民本思想，行政体制的郡县制、官僚制和选贤任能，文化上的包容与中庸之道，社会生活的自由与自治，以及家庭

① 沟口雄三．作为方法的中国．北京：生活·读书·新知三联书店，2011：111.

伦理本位。这些都通过“文教传统”而延续，因此“文教”是最为重要的传统。这些“基因”代代相传于、内化于生活在固定疆域内的中华民族血液中，因而构成了延绵几千年的中华文明基因共同体，从而可以称中国为“中华文明基体”，即由文明基因而构成的一个共同体。

给一个简单的概念，所谓文明基体，就是生活在固定疆域的族群，在几千年的历史长河中，因文教传统而形成的恒定的文明信念和生活方式。其中，关键词是：特定族群、不变的文字、固定疆域、共享信念、基因、文教传统、文明共同体。据此，能够称得上文明基体的国家在世界上并不多。“中华文明基体”包含那些已经游离于中华大地的依然按照中华文明基体的文明信念和生活方式而存续的华裔族群。据此，“中华文明基体”的主体疆域是中国，而边界则是世界性的。就政治层面而言，“中华文明基体”的核心要素可以概括为：大一统的国家观、民本思想的政府观、仁爱为本的社会关系以及对外关系上的天下观，它们都通过文教传统而延续。

中华文明传承5 000多年而不曾中断，是世界文明史上的奇迹。因文教传统，即使由少数民族统治，少数民族最后也汉化了，最典型的莫过于北魏孝文帝改革和满族皇帝的自我儒学化，因此根本不存在“新清史”所谓的“非中国性”。其他古文明要么彻底式微，要么已经被彻底改造，只有中华文明历经坎坷而延绵不绝，甚至是一以贯之地延续下来。一直领先于古代世界的中国，在落后100多年后而能再度实现中华民族的伟大复兴，必然与其文明基因有内在关系。

中国人基于“中华文明基体”的认识论暗合了历史制度主义的“时间进程”历史观。历史制度主义研究的对象是人类历史上的重大问题，而重大问题的出现都是长时间演化的结果，因为社会研究中的很多事情都发展缓慢，是一个从量变到质变的缓慢过程，存在所谓的“阈值效应”，即只有到一个质变的程度或跨过这道“门槛”才会发生突然的重大变化。需要强调的是，“时间进程”关怀并不是简单地寻求事件的历史背景，从过去的历史中寻求答案，而是说从过去某个时间点上发生的事件一直在持续性地、以不同的形式发挥作用，关心诸多事件如何不同地发挥作用。这是不同于传统历史分析的“时间性答案”，即将制度变迁视为一个连续性过程。很多重大问题都离不开长时段的宏观历史，尤其是在政治发展道路、国家建构和国家治理这样的重大研究议程上。比如，有了“时间进程”中的“时间性”分析，就可以理解一个国家制度变迁中的千年连续性问题，即使这个国家的政体已经发生了革命性变化。

“时间进程”史观暗合了“中华文明基体论”。中国历史曾经发生的事件以及由此而塑造的非正式制度形态依然在起作用，而且因为其发生时间久，均在千年以上，因此作用越大。

“中华文明基体论”并不是主张中国独特论或中国特殊论，中国不能也不会拒绝现代性政治，而是说现代性政治议程的实现只能以“中华文明基体”为条件。在中国，以大众民主为标志的现代性政治的到来，既有本土资源比如黄宗羲所代表的带有强烈的民主思想的新民本思想，比如“天下非一人之天下”，“有治法而后有治人”[①]，也有中国被动卷入现代化浪潮中而习得的民主思想。但是，无论中国的现代性政治是怎么来的，自由、平等等价值只能基于中国自己的基体来实现，因此“中国的自由、平等不可避免地具有其独特的形式”[②]。不约而同，哈佛大学历史学家孔飞力在《中国现代国家的起源》中也这样说，中国必然要实现作为现代性政治形式的政治议程，但是中国的政治议程的实现只能基于“中国自己的条件”，而不是“我们的条件”即英美国家的条件[③]。这些都是讲的“中国性”问题。

“中华文明基体论”本身就是值得研究的政治学，这是“历史”的政治学意义。那么，政治学研究什么呢？无外乎一个国家的政治价值、政治制度和政治行为（利益选择）。一个国家来自历史文明的基因有强有弱，但几乎所有的国家都必须拥有合适的政治价值、政治制度以及相应的行为方式。就中国政治而言，价值选择、制度设计以及行为方式，无不深深受制于既定的“中华文明基体”。比如，在价值观上，大一统的国家观、民

---

① 黄宗羲．明夷待访录．北京：中华书局，2011.

② 沟口雄三．作为方法的中国．北京：生活·读书·新知三联书店，2011：64.

③ 孔飞力．中国现代国家的起源．北京：生活·读书·新知三联书店，2013：122.

本思想与具有通约性的社会主义核心价值观比较契合；在政治行为上，中国并未像马基雅弗利那样拥抱道德与政治的二元化，反而主张的是道德化政治行为，比如在干部选拔过程中，我们强调的是“以德为先，德才兼备”的原则，这体现了基于集体本位的家国一体化的行为方式，从而与“理性人”假设衍生出的官僚制理论形成明显区别。也正是在这个意义上，历史政治学既是过去的政治学，也是当下的政治学。历史政治学区别于历史社会学的根本所在，就在于其本体论性质——求善治。

第三，时间空间化。在时间进程维度上，历史的连续性意味着，“历史”不再是过去，而是“过去-现在-未来”的连续体，“未来”很难脱离过去的路径而发生，“现在”是过去一系列关键性事件的积累性再现，而越是久远的“过去”所发生的关键时刻的关键事件，影响越是深重，甚至出现路径依赖之上的“路径锁定”。这似乎有点“历史决定论”的味道，但是可以观察到的比较政治的发展似乎就是沿着文明史的轨迹而演进的。基于代议制的自由主义民主是基督教文明的政治表达，民主集中制与大一统民本主义政治具有高度的通约性，而伊斯兰政治具有强烈的伊斯兰文明色彩。作为底色的文明史是各种政治实践形式的模板，比如代议制民主即党争民主是中世纪基督教文明的产物，但用于其他文明尤其是异质化文化之后会结出什么样的果子，比较政治研究已经有了答案——无效民主与无效治理，更严重者甚至是政治动荡和国家分裂。

所以，作为起点的“过去”的性质的差异，决定了人类的不同走向。中国史的起点是大一统而西方是古希腊城邦式的“多统”，由此决定了人类史演进的不同方式及其所产生的不同的权力关系和政治制度。在几大文明体系中，西方文明虽然是文艺复兴的产物即以古希腊文明为底色，但毕竟是一种中断后的“复兴”，作为古典学基础的古拉丁语对于西方人来说已经是一种“外语”，需要专门学习才能掌握；古印度文明的古梵语对于印度人来说更是艰涩难学的“外语”，因此基于梵语的印度文明事实上不复存在；亚述文明、埃及文明、玛雅文明早已经进入历史博物馆了；伊斯兰文明和欧洲文明一样兴起于七八世纪，历史并不遥远。

也正是在比较文明的意义上说，中华文明是唯一未曾中断的大型文明，而且，中华文明的起点就具有现代性。如前所述，秦国堪称世界上第一个具有现代性的国家——世俗而非神权政体、绩效官僚制而非世袭继承，这些都被认为是现代性国家最重要的特征①。

理解了中国史的政治属性和中国史的连续性，就能理解空间意义上的“当下中国”，其实就是时间意义上的“历史中国”的一种叠加——所谓“历史的空间化”，当下中国是几千年历史连续性演化，是政治、思想、文化不断积累、叠加的结果。历史是当下的主角，当下中国体现了历史智慧，历史赋予当下中国能量。比如，历史上，为什么马上得天下的人能立刻马下治天下？其中的奥秘就是“历史的空间化”。刘邦所得的天下不仅是刘邦的，更是先前就有的黄老之学、汉武帝后“独尊儒术”的儒家文明的天下。理解了这一点，就能明白，在当下，虽然具有治国理政意义的中国的社会学科在形式上比西方落后，但“历史的空间化”所赋予中国人的生存性智慧绝不比西方人逊色，所以才能治理好超大规模的中国。反观那些文明底蕴不是那么深厚的国家，什么“好”学什么，国家缺乏战略定力，政治家集团政治认知力差，结果陷于发展的泥淖而不能自拔。

看上去，历史政治学似乎是为研究中国政治而量身定制的一种路径，但并不意味着仅局限于中国政治的研究而不适用于其他国家。比如，自由主义民主的要素几乎是基督教文明的现代翻版或者政治表达，这就是西方的历史政治学。同样，伊斯兰文明对于大中东国家政治的直接影响也无处不在，这是伊斯兰世界的历史政治学。

历史本体论意义上的历史政治学，强调的是文明的差异性。人们不喜欢“文明的冲突”，可是它一千年来从来没有消停过；人们也不应该过分强调历史的差异性，但是没有历史差异，真的就是“历史的终结”。理想归理想，现实还是现实。本体论性质的历史政治学决定了必然有作为认识论的历史政治学。

---

① 福山．政治秩序的起源：从前人类时代到法国大革命．桂林：广西师范大学出版社，2012.

五、认识论维度上的历史政治学

相对于历史本体论的历史政治学的发现理论和求善治的功能，认识论意义上的历史政治学主要是检验理论和概念，即在历史分析的路径中检验概念和理论的真实性以及优劣，或者说流行的概念是否符合相应的历史条件。

哈贝马斯把亚里士多德的政治学的历史性称为情境论，其实也就是我们中国人常说的条件论。中国人常说的“历史地看问题”，就是看问题发生的条件是什么，这就是认识论意义上的历史政治学。实践智慧体现在书本知识上，就是各社会科学学科说到底都是在研究由“条件”所构成的约束机制，对于“条件”的认知程度决定了政策制定的合宜性。在这个意义上，认识论意义上的“条件”又具有实实在在的本体论意义。

亚里士多德提出的三种正宗政体、三种变态政体以及诸多的“亚政体”，都是基于人口结构、产业变化、阶级构成等“条件”或“情境”而分析的，他指出，在一个城邦是最好的政体在另一个城邦就可能是坏政体。近代之后，随着贸易、技术以及文化交流而推动的世界政治的形成，思想家们关于政治的条件论更加丰富了，比如法国人喜欢的“民情论”，马克思著名的“经济基础决定上层建筑”，无不延续着亚里士多德的条件论。

这个问题本来被中国共产党人解决了，但现在又成了新问题。毛泽东在1942年就回答了这个问题，在实践中也解决了这个问题。在《如何研究中共党史》中，毛泽东指出：“研究中共党史，应该以中国做中心，把屁股坐在中国身上。世界的资本主义、社会主义，我们也必须研究，但是要和研究中共党史的关系弄清楚，就是要看你的屁股坐在哪一边，如果是完全坐在外国那边去就不是研究中共党史了。我们研究中国就要拿中国做中心，要坐在中国的身上研究世界的东西。我们有些同志有一个毛病，就是一切以外国为中心，作留声机，机械地生吞活剥地把外国的东西搬到中国来，不研究中国的特点。不研究中国的特点，而去搬外国的东西，就不能解决中国的问题。"①

"以中国做中心"去回答中国的问题，代表了中国共产党的"政治成熟"。在延安时期，中国共产党在这一认识论的指导下，相继形成了自己的国体理论、政体理论，提出了中国的政治道路问题，从而为解放全中国奠定了坚实的思想信念。中华人民共和国成立后，政治学学科被取消，此事虽有争议，但考虑到当时政治学的西学性质，也不是不能理解的。改革开放之后恢复的政治学，在发展过程中受美国政治学的影响很大，尤其是20世纪90年代之后，基于"理性人"假设的自由主义民主政治学在中国得以传播，在许多人看来，中国的问题似乎因此而得到解决，其中"历史终结论"对中国人的影响不可小视。这是中国自己没有话语权的恶果。

其实，即使在冷战时期，美国政治学家比如李普塞特和达尔等人也并不主张"普世主义"的民主政治学。在《政治人：政治的社会基础》一书中，李普塞特虽然鼓吹选举授权带来合法性，但他同时指出，选举式民主需要均质性文化，因为建立在异质性社会条件下的选举式民主是不稳定的。这是李普塞特在比较美国一致性政治文化和法国冲突性政治文化后得出的结论②。李普塞特相信，社会条件比政体本身对民主政治更重要，因此发展中国家搞不了美国式政体③。社会条件比民主政治本身更重要，这是多么重要的思想。

同时代的达尔也有着类似的认识："我一再指出，一个国家特定的基础条件和背景条件有利于民主的稳定，如果这些条件过于脆弱或完全缺乏，那么民主是不可能存在的，或者说，即使它存在，也是极不稳定的。"④ 这就是中国人说的"水土不服"，"基础条件"相当于现实存在的

① 毛泽东．毛泽东文集：第2卷．北京：人民出版社，1993：407.

② 李普塞特．政治人：政治的社会基础．上海：上海世纪出版集团，2011：49－50.

③ 同②56－57.

④ 达尔．论民主．北京：中国人民大学出版社，2012：124.

“土”，“背景条件”相当于历史来源的“水”，因此“水土不服”是在讲历史条件和现实条件。研究转型学的林茨则强调民主的前提是疆域性的，即国家性（stateness），即大家必须都首先有国家认同，否则就是四分五裂[①]。

最讲“条件”的是哲学家罗尔斯，虽然“无知之幕”假设下的“初民”都是一样的。在研究现实性政治的时候，罗尔斯根据完全不同的社会条件，划分出了两种不同的合法性政体。我们知道，《政治自由主义》的主题是西方政治的合法性来源问题——宪政民主，《万民法》的主题则是回答非西方社会的政治合法性。罗尔斯认为，很难用西方社会的合法性标准去衡量非西方社会，对于社会条件完全不同的非西方社会，最可接受的、可以与之共存的便是符合政治正义原则的“合宜协商等级制”（decent consultation hierarchy）——协商、和平、人权，这些人民是“合宜的等级制人民”，他们和西方自由人民一道，构成了“良序的人民”（well-ordered peoples），都是“一个合乎情理的万民社会中遵规尽责的一员”[②]。1999年版《万民法》中的“合宜协商等级制”在1993年版的《万民法》中被称为“合情理的协商等级制”，即和西方自由社会一样都属于“合情理的正义”（reasonably just）[③]。

知识社会学的常识让人感慨万千。当罗尔斯这样的思想家在为非西方国家建构一套基于合情理正义的政体标准时（一套承认非西方国家的政治制度合法性标准），一些人却以绝对主义的姿态、以西方政治标准来衡量中国政治，大谈中国政治的合法性危机[④]。

可以这样说，懂得“水土不服”的道理是中国人的审慎美德，而主张“社会条件比民主政治本身更重要”则体现出实践智慧。“历史地看问题”是一种认识论，“历史”（社会条件）本身是什么，又是需要厘清的本体论

---

① 林茨，斯泰潘．民主转型与巩固的问题：南欧、南美和后共产主义欧洲．杭州：浙江人民出版社，2008：17-39.

② 罗尔斯．万民法．长春：吉林出版集团，2013：46-47. 需要说明的是，该版本将“decency”翻译为“正派”，但笔者觉得此词与中国风俗不符，因此更主张“合宜”的译法。

③ 同②24，47.

④ 杨光斌．合法性概念的滥用与重述．政治学研究，2016（2）.

性质的命题。这里，“历史”似乎具有内在的紧张，“历史地看问题”对很多人而言并不是问题，但“历史”即社会条件是什么则充满争议。这就是社会科学不同于自然科学的地方，自然科学是可控实验的产物，具有客观性；而社会科学则取决于研究者的认知能力和认知程度，具有主观性。对于“社会条件”这样的问题很难用科学实验的方法去研究，只能依靠一个又一个的深度案例研究去增强人们的认知能力。

六、历史政治学的方法论

无论是本体论上的还是认识论上的历史政治学，均需要用历史政治学的方法去加以研究。

历史连续性就是作为方法论的历史政治学的要义。历史连续性是一种历史常识即生活常识，但是，这种历史常识是如何形成的呢？需要回答历史连续性形成的内在机制。在历史制度主义学派诞生之后，人们关于历史连续性的认知更加接近历史真相，历史分析更加逻辑化乃至理论化，这是因为历史制度主义提供了一些分析因果机制的概念。在此之前，历史分析等同于历史哲学研究，即从大历史研究中得出几点历史规律，这不是一般学者所能胜任的。历史规律的发现依然必要，但历史分析不能停留于此，否则就不能普遍地推广历史分析的运用，也不能提高历史分析的研究水平。

第一，历史研究基本上等同于案例研究，案例研究或者用个案研究法，或者用比较方法。然而，历史制度主义的产生使得比较历史分析不再等同于“回到历史”或过去的“过程回溯”式的历史分析，甚至也不能再说比较方法不是理论了，因为历史制度主义中路径依赖范式的运用，不再等同于传统史学的历史研究，从而使得比较分析更具世界观价值和科学方法意义。

第二，案例研究中的“路径依赖范式”。对于案例研究中的路径依赖范式，笔者曾对此有过专门的研究，在此不再赘述[①]。简单地说，首先是“时间进程”范畴下的“时间性”和“关键点”所构成的“时序”概念，在时间性意义上，发生越早的关键性事件，其对后来的制度变迁影响越深远，比如轴心文明时代形成的思想和制度塑造了后来的思想路线和制度轨迹。其次，越早发生的关键性事件会变成制度安排，通过自我强化，结果是报酬递增，最终形成路径依赖乃至路径锁定。最后，历史连续性不仅仅存在于渐进的制度变迁中，即使制度突变，诸如革命和改革，也很难剔除“文明基体论”意义上的制度与思想乃至行为方式，这些是被大量的比较历史研究所证实的，也是一种生活常识。

保罗·皮尔森说，历史制度主义这个词非常好，“它是历史的，因为它认识到政治发展必须理解成是沿着时间展开的过程；它是制度主义的，因为它强调这些时间在当下的主要政治含义嵌入在制度中——不管它是在正式规则、政策结构还是规范中”[②]。然而，“历史制度主义”虽然是一个好概念，但美国同行的历史制度主义研究基本上侧重于“制度”而非“历史”。比较而言，“历史政治学”侧重于“历史”的案例研究并从中提炼政治学概念和理论体系。

七、作为政治学知识增长点的历史政治学

我们的说话方式乃至思维方式基本上都是比较历史分析的产物，这是因为历史是社会科学各学科的出发点和学科存在的基础。正如马奥尼总结的，在概念发明的意义上，很多常识性政治概念都来自比较历史分析[③]。再想想摩尔、斯考切波、蒂利、沃勒斯坦、迈克尔·曼、亨廷顿等学术大师

---

① 杨光斌．比较政治学：理论与方法．北京：北京大学出版社，2016：127－158.

② Paul Pierson, “Increasing Returns, Path Dependence, and the Study of Politics,” *American Political Science Review*, Vol. 94, No. 2, 2000, pp. 251－267.

③ James Mahoney, “Comparative Historical Methodology”, *Annual Review of Sociology*, Vol. 30, 2004, p. 93.

给我们留下的知识产品，无不是历史分析路径的产物。比较而言，二战后美国政治学中如此多的人力、物力投放在行为主义-理性选择主义政治学上，其精神遗产与如此巨大的投入成正比吗？有鉴于此，我们依旧相信：不那么“时髦”的历史政治学将是政治学的知识增长点。

（1）历史政治学与政治思想史研究。笔者在《论政治学理论的学科资源》一文中指出，中国的思想史研究出现了路径上的问题，本来是“历史中的政治思想研究”，流行的却是“思想史中的思想研究”，结果思想史研究难以取得重大进展①。“历史中的思想史研究”，就相当于本书讲的历史政治学，在历史研究中发现政治理论，或者将既定的政治理论（政治思想）置于历史分析中去梳理，从而形成具有时代性的概念与理论。在历史研究中发现政治理论，中国人民大学政治学学科已经取得了一定的进展。姚中秋教授提出“一个文教，多种宗教”的命题②，回答了什么是中国的“中国性”问题——“文教传统”，即儒家不是宗教，是文教。同理，文教传统的中国性决定了中国当然也是“一个文教，多个民族”。清朝皇帝自我儒学化，就回答了他们的“中国身份”和“中国认同”，“新清史”以所谓统治者非汉人而使清王朝具备“非中国性”之说，就是无稽之谈。任锋教授在研究中国思想史中，发现并提炼出“治体”概念——政治的维度，显然可以作为“政体”的替代性概念；无独有偶，“国家治理体系”可以简称“治体”。这就把现代中国和过去的中国在治体概念上联系起来③。这些都是“历史中的思想研究”的典范，或者说是本体论的历史政治学的研究典范。

（2）历史政治学与中国政治研究。在社会科学脉络上，一种研究范式或者研究路径的生命力，大多由基于特定历史文化的研究赋予，比如新制度经济学之于“西方兴起”的研究，理性选择主义基于个体主义文化和选举政治的研究。基于特定历史文化而形成的具有生命力的研究路径，能否同样地适用于完全不同的制度环境和文化环境，显然值得讨论。可以肯定

① 杨光斌．论政治学理论的学科资源．政治学研究，2019（1）．

② 姚中秋．一个文教，多种宗教．天府新论，2014（1）．

③ 任锋．立国思想家与治体代兴．北京：中国社会科学出版社，2019.

地说，历史政治学称得上是为中国政治研究量身定制的一种研究路径，必然会因为中国政治研究而使得历史政治学更彰显其解释力。对于中国政治研究而言，历史政治学中的“历史”首先是一种存在，这种存在对当下中国的影响无处不在，或者说历史文明基因已经渗透到当代中国政治的各个层面和政治过程之中。很可能，基于中国政治研究的历史政治学将是中国政治学对世界政治学的一种贡献。

（3）历史政治学与比较政治研究。比较政治研究的根本方法还是比较历史分析①，而比较历史分析的主要研究对象还是案例研究，个案或者多案例研究都是比较历史分析可使用的研究对象。能够对个案或者多案例进行深入讨论的无疑是历史政治学，从本体论、认识论和方法论的不同层面对特定案例进行深描，从而发现理论或者检验理论。比如，笔者基于比较政治发展的研究，提出了相对于社会中心主义和国家中心主义的政党中心主义概念②。对特定案例进行本体论意义上的历史社会学研究，比如对社会结构、政治文化、政治制度之间的关系的研究，就可以发现一个国家的政治制度的可行性或病灶所在；对一个国家的社会结构进行深度理解，就能揭示其“社会属性”，追问所谓“公民社会”名目下的社会到底是什么样的社会，进而理解政治制度与社会结构的关系、社会结构与经济制度的关系③。这样，很多流行的政治学理论或者经济学理论就能够得到验证。

（4）历史政治学与世界政治研究。世界政治是一个层次性概念，包括历史进程形成的“深层结构”即结构层次、国家行为主体的单元层次和国家层次之下的次单元层次即社会层次④。不同的层次具有不同的“研究单元”，比如沃勒斯坦的资本主义研究单元所建构的世界体系理论、亨廷顿的文明范式研究单元所形成的世界秩序理论。无论是资本主义单元还是文明范式研究单元，其背后蕴含的都是历史路径上的政治理论研究，这是世

---

① 杨光斌．复兴比较政治学的根本之道：比较历史分析．比较政治评论，2013（1）．

② 杨光斌．政治变迁中的国家与制度．北京：中央编译出版社，2011：182－243.

③ 杨光斌．发现真实的“社会”：反思西方治理理论的本体论假设．中国社会科学评价，2019（3）．

④ 杨光斌．世界政治的研究范式：世界政治的层次性与研究单元的多样性．世界政治研究，2020（1）．

界历史意义上的政治科学。就国际关系理论而言，没有世界历史的视野，就很难理解，也难以成立。比如，最重要的现实主义国际政治理论形成于拿破仑战争后的“百年和平”，结构现实主义理论的目的在于“去历史化”即去除现实主义理论中的帝国主义属性①，在“百年和平”时期，欧洲大国之间搞“实力政治”而达成“均势”，但恰恰是这些大国在同一时期对非西方国家大搞殖民政策即帝国主义。可见，离开历史政治学，就不能把握现实主义国际政治理论的本质。

综上，政治学的所有分支学科的发展都与历史政治学有着密切的联系，甚至离不开历史政治学。这就回到笔者开头提到的话题，中国历史的独特性在于其是政治史、国家史，政治史中蕴含丰富的政治原理、政治规律和政治知识——因为史家一般都是政治家，政治家将自己的政治实践记录在册，在著史中阐发政治道理。也就是说，中国历史包含着政治学，或者说历史和政治（学）不分家。这种历史与政治学的亲缘关系使得我们提出了历史政治学，从而使得历史政治学成为一种为中国政治研究量身定制的理论和方法。但是，历史政治学绝不是单纯的“中国学”，但凡有着悠久历史的国家都需要历史政治学。本体论意义上的历史政治学对于不同历史的国家可能有着不同程度的价值，但是作为认识论和方法论的历史政治学对于各国政治研究的价值都是一样的，所以，与历史政治学有着密切关联的比较历史分析才能创造出影响现代人思维方式的诸多概念。

八、历史政治学的几个问题

历史政治学诞生以来，得到国内政治学界乃至社会科学界的高度认可，也产生了不少研究成果，但也并不是没有疑问。我们深切感受到，学术争鸣乃至质疑正是学术发展的动力所在，正是因为争鸣和质疑，才使得

① 杨光斌．重新解释现实主义国际政治理论．中国人民大学学报，2018（4）．

我们更多地、更深入地思考，从而有助于历史政治学的进一步发展。当然，有的问题并不是学术性的，而是政治性的张冠李戴，比如把历史政治学与德国的历史主义挂钩。在中国这样一个以历史为“宗教”的文明国度，基于历史的政治学为什么就不能是自己的而非要是外来的？当司马迁确立历史主义传统的时候有德国的影子吗？西方政治学过去不能回答中国的问题，今后更不可能有答案。痴迷于西方政治学是没有出路的，陶醉在文本主义里也只能是自欺欺人。

在学术争鸣和学科建设的意义上，对于历史政治学的疑问，包括但不限于历史政治学与政治史研究的关系、历史政治学与历史制度主义的关系、历史政治学与历史社会学的关系。在探索性地回答这些问题时，本节还试图探讨历史政治学与全球史的关系。

1. 历史政治学与政治史研究的关系

简单地说，政治史研究是史学范畴，历史政治学是政治学范畴，二者的关系是如此密切但区别又如此显著。政治史研究是历史政治学的基础，没有对政治史的关注和兴趣，就不会有历史政治学。在笔者看来，政治史研究有两类，一是传统的事件史研究，这是典型的史学研究，即根据考古发现或档案文献的发掘而把某个事件弄清楚；二是方向性历史或结果性历史的研究，即学界对某种历史发展的结果有一定程度的共识而对这种方向性历史进行理论阐释。哈佛大学政府系普特南教授的《使民主运转起来》就是典型的方向性历史的研究，他根据一千年来南北意大利的政治史而发现当下南北意大利治理的差异，他并没有陷于事件史之中。

在很大程度上，历史政治学是对方向性政治史的研究，只不过旨在发现概念和理论，而不停留在历史那里——无论是事件史还是方向性历史。我们给历史政治学的定义是：探索重大现实问题或理论问题的历史渊源与时间性因果机制，意图发现概念和理论。从这个定义上就可以看出历史政治学与政治史研究的区别。首先，历史政治学关心的是现实问题，只不过是从历史的角度论述现实；其次，政治史研究主要是把历史事件弄清楚，而历史政治学则主要是在政治史研究的基础上提炼政治概念和理论体系。比如，梁启超第一次把几千年的民本思想提炼为“民本主义”与西方的民主思潮对话，钱穆反对中国历史传统的专制主义定位而提出“士人政府”，这些概念发现就是典型的历史政治学。

2. 历史政治学与历史制度主义的关系

一个被问及较多的问题就是，有了历史制度主义，为什么还要提出历史政治学？其实，介绍了历史政治学的分析框架，就大概清楚了历史政治学与历史制度主义的联系与重大区别。

20年前，笔者曾专注于历史制度主义方法论的研究，发表过历史制度主义与历史唯物主义关系方面的文章①。10年前，笔者从历史制度主义转换到比较历史分析②，个中原因是认为历史制度主义方法论虽然是流行的理性选择主义的一次革命性突破，但有其先天的狭隘性和分析功能上的局限性。

“历史制度主义”是一个较为合理的概念，“历史＋制度”的研究是值得研究者追求的，因为“制度”必然有其历史根源。但是，在既有研究中，依然是以“制度”而非以“历史”为中心。历史制度主义如何研究“制度”？把制度纳入时间中，或者说以时间的维度研究制度，这无疑是西方政治学的一次重大革命。西方政治学万变不离其宗，那就是制度主义，无论称之为政体论、旧制度主义、新制度主义，甚至理性选择主义，前提条件也是制度主义。制度分析的一个毛病就是其静态性质大大削弱了其解释能力，比如西方政治学历史上几次关于总统制与议会制优劣的争论，完全是静态主义的文字游戏。

但是，历史制度主义在制度分析中加入了动态性的时间概念，历史制度主义可以称为“时间性制度主义”。皮尔森说，历史制度主义这个词非常好，它是历史的，因为它认识到政治发展必须理解成是沿着时间展开的过程；它是制度主义的，因为它强调这些时间在当下的主要政治含义嵌入在制度中——不管这个制度是正式规则、政策结构还是规范。显然，“历史”是时间概念而非作为存在的历史，是时间而非结构性的历史，这就使得制

① 杨光斌，高卫民．历史制度主义与历史唯物主义．马克思主义与现实，2011（2）：142－148.

② 杨光斌．复兴比较政治学发展的根本之道：比较历史分析．比较政治评论，2013（1）．

度主义如虎添翼。作为时间概念的历史有两个内涵，一是时间进程上的历史长周期，二是由关键节点、时序、路径依赖等构成的时间性（timing）。这两个内涵使得制度分析能更多地找出制度变迁的因果机制而非传统的因果律，科学性大大增强。

"时间性"是当代历史制度主义的核心特质，这在2016年出版的《牛津历史制度主义手册》的定义中可见一斑，即"关注时间中的进程与事件是如何影响那些统御政治经济关系的制度的缘起和流变的"①。历史制度主义主要对话的是那些将"历史"抽离的政治学研究传统，如定量研究、形式模型以及最近兴起的大数据和实验法等。不同于将历史视作可有可无的背景材料，历史制度主义强调"历史"本身是形塑政治场域的关键因素，研究者应该重点探讨关键时刻的制度选择、不同次序的历史事件，抑或是长时段历史演进是如何对最终的结果产生决定性影响的。也就是说，历史制度主义主要是在分析工具的层面去理解历史。如果说这一传统在最开始兴起的时候还关注理论层面的话②，那么他们如今则更多地聚焦于以"时间性"为核心的方法论范畴。21世纪之后美国政治学界兴起的"历史转向"浪潮，大致也是在历史制度主义的脉络下展开的③。

介绍完历史制度主义之"历史"的时间性概念，就应该清楚历史政治学与历史制度主义的联系与重大区别。在方法论上，历史政治学借鉴了历史制度主义的时间性概念，这是二者的相似之处；在本体论上，历史政治学偏重历史属性之于制度变迁的研究，社会史或政治史演绎的制度变迁逻辑完全不一样，而历史制度主义中的历史本体论色彩很淡，因此这是二者之间的重大区别。历史制度主义不问"历史"的性质，即使加入了时间变量，依然不能回答具有相同的时间性的很多国家，比如北美与南美，民主制度的差异性为什么如此巨大。这显然是历史属性所演绎的制度变迁方式所决定的。北美的基督教文明与南美的天主教文明、北美的资本主义经济

① Orfeo Fioretos, Tulia G. Falleti, and Adam Sheingate, eds., The Oxford Handbook of Historical Institutionalism, Oxford: Oxford University Press, 2016, p. 3.

② Sven Steinmo and Kathleen Thelen, *Structuring Politics: Historical Institutionalism in Comparative Analysis*, Cambridge: Cambridge University Press, 1992.

③ 释启鹏．当代美国政治学的两次历史转向：反思与展望．教学与研究，2020（8）．

结构与南美的封建世袭制经济结构，才是它们存在差异性的根本原因。

另外一个区别是，历史制度主义更多地聚焦于历史上公共政策本身（比如福利政策）和关键时期制度变迁本身（比如苏联解体）的解释，重在对事件发生学的解释（explain）。这无疑有助于人们理解人类制度变迁的内在逻辑，也是一种智慧增量的学术活动，但似乎并不追求从中发现理论，事实上我们看不出这几十年来历史制度主义的政治理论贡献。相对而言，历史政治学更倾向于对现状性结果（结构）的理解（interpret），寻找现行政治（制度与理论）的历史渊源研究，并从中发现概念与理论，关注政治合法性与国家治理问题。显然，二者的侧重点有所不同，对事件发生学的解释具有更多的客观性成分，当然这里的“客观性”也是主观建构的结果；对现状性结构的理解具有更多的主观性成分，当然这里的“主观性”也并非没有客观存在的历史基础和历史逻辑。

假以时日，随着历史政治学的推进，历史政治学对历史制度主义的超越将更加显著。

3. 历史政治学与历史社会学的关系

西方学者感兴趣的问题是，有了历史社会学，为什么还要提历史政治学？笔者与国际关系理论的英国学派代表人物布赞有过交流，他认为历史社会学已经是约定俗成的说法，言外之意是很难再接受历史政治学之说。国内学术界并不是没有这样的疑问。但是历史社会学的代表学者赵鼎新教授的看法很有意思，他三年前说他还说不清历史政治学与历史社会学的区别，但直觉告诉他历史政治学是一件大事。

笔者自己的疑问是这样的，中国学者了解历史社会学已经有 30 多年了，摩尔的《专制与民主的社会起源》其实就是历史社会学的定义性作品——研究重大现实性问题的社会历史起源。当摩尔 1968 年出版该书的时候，正是冷战的高峰时期，那时最重大的现实政治问题就是民主—非民主之争。问题是，摩尔的历史社会学研究一方面很受国内学术界重视，是各大学政治学专业和社会学专业的必读书，但几十年来中国的历史社会学为什么只在社会学界的很小范围内受到重视，政治学界为什么少有人涉足历史社会学？或者为什么依然停留在译介阶段？与此形成鲜明对照的是，为什么历史政治学一提出来，就成为“现象级”现象，以至于政治学界之外的其他学科也关注历史政治学?

今天我们有了比较简洁明了的答案。第一，历史社会学的意义主要体现在研究路径或方法论上，而历史政治学不但具有认识论、方法论上的意义，更具有历史本体论上的意义，即历史政治学中的“历史”不仅仅是认识论上的观念，还是一种不同属性的历史存在。比较而言，历史社会学中的“历史”主要是认识论、方法论意义上的观念。这是在已经存在成熟的、发达的历史社会学的前提下，我们提出历史政治学的根本原因。

各国历史都是多面向的，比如宗教史、文化史、国家史（政治史)、民族史、社会史等，中国也一样。但是，比较而言，比如与欧洲史和印度史相比较，中国的政治史更为系统、更为发达，从西周开始的史官制度使得中国政治史、国家史最为完整地记录下来。除了史官制度外，历朝历代中国史的书写者基本上是从政者，将其治理经验作为历史加以讨论。之所以如此，是因为中国历史几乎一开始就是“政治的”，先秦时期的管仲《轻重篇》和商鞅《商君书》，都是当时的政治经济学即治国之道；事实上，春秋战国时期的齐国、秦国都开始了编户齐民制度。如果以西方的国家理论即以官僚制为标准而衡量国家的诞生，秦国当然是福山所说的第一个现代性国家。中国的国家史是如此之悠久，要比西方国家早上 1 800 年。

如果说中国历史主要是政治史，西方历史则主要是社会史——因为国家出现得如此之晚，历史的主角必然是地方诸侯和城邦式国家。正如布罗代尔所言，“历史只能有两个一般的平面，一个是政治平面，另一个是社会平面”。“对于中世纪来说，只有一种历史，即社会史。它吞噬和消化了一切；国家分解成我们已经说过的各种实体：城市、领地、村社。”①

仅就这一历史属性的根本性差异，虽不甚严谨但可以望文生义地说，从历史研究中研究社会科学在西方被称为“历史社会学”研究，而在中国很难找到“历史社会学”，中国的社会史非常不完整而构不成历史社会学。不问历史属性的根本性差异而把基于中国历史的研究称为历史社会学，是

① 布罗代尔．论历史．北京：北京大学出版社，2008：143－144.

一种主体性缺位问题。

中国历史主要是政治史或国家史，从政治史研究中探寻重大现实问题的历史渊源，理所当然；从社会史的角度研究中国的制度变迁，南辕北辙。相反，西方历史的社会史属性很强，重大政治现实问题的历史渊源其实就是社会历史的理论研究。其实，中国也有学者试图从社会史的角度研究中国制度变迁，比如萨孟武先生的《中国社会政治史》（四卷本），尽管“社会”置于“政治”之前，但通篇少见社会史，更多的还是政治史①。中国人民大学有历史学者曾一度热衷于中国社会史研究，结果发现此路不通，重回政治史研究，因为中国历史的答案都在“政治”这里。所以，有了大家熟悉的历史社会学后依然提出历史政治学，并不是为创新而创新，而是由历史本体论所决定的。

第二，作为本体论意义上的历史政治学具有政治功能，具有功能主义的价值取向，这是与历史社会学的重大区别。它包含着历史与当下政治的关联性，即作为存在的历史对当下政治价值、政治制度和政治行为的影响，或者说当下政治价值、政治制度和政治行为的来源问题，回答的是政治合法性的历史观问题。显然，历史社会学不具备这样的“政治功能”，其宏大主题的研究主要是为了发现理论和检验理论，对于治国理政的政治实践没有直接助益，即使可能有认识论上的启示。比如，沃勒斯坦的资本主义范式所形成的世界体系理论，对于认识中国道路、中国模式的意义有某种启发，但不会对政策制定这样的政治实践有帮助。作为观念表达的社会科学，很多理论或研究范式都具有其相应的政治功能，比如新制度经济学、理性选择主义之下的“阿罗不可能定理”，都是为自由资本主义论说的经济学。经济学尚且如此，没有政治功能的政治学理论到哪里去找?

因为其政治功能，我们对待历史政治学要格外审慎，不可像诺思的新制度经济学那样简单粗暴地追随某种意识形态，仅用产权、国家、意识形态几个变量来解释国家的兴衰。在讲到历史政治学的政治功能的时候，历史与现实政治之间的因果机制就特别重要，不可望“历史”而浮想联翩。

---

① 萨孟武．中国社会政治史．北京：生活·读书·新知三联书店，2021.

另外，历史政治学的政治功能也意味着，各国的历史是不同的，把历史放在什么位置上？如何处理“不同”？这也是需要慎重处理的问题，至少不能因历史不同而搞成封闭排他的历史政治学，毕竟现代性带来了很多的同一性或相似性，比如，中国承认作为“共同价值”的自由、民主、法治、正义等。因此，历史政治学的政治功能是其长，也是其纠结之处。认识到这一点至关重要，至少让我们更加审慎，在发挥其功能价值时，要时刻不忘历史政治学的分析性价值。话又说回来，研究历史而产生的永恒性、分析性作品并不多见，否则为什么每一代人都要书写自己的历史呢？因为史观变了。所以才有诸如“新清史”之类的“新发现”，从中就能看出历史分析的政治功能。

历史政治学可以从历史社会学那里学到很多东西，二战后早期的历史社会学即我们所说的摩尔学派，尤其值得学习。这是因为，首先，在研究议程上，摩尔学派关注重大现实政治问题，这秉承了政治学的传统——治国理政的大关怀。其次，摩尔学派是一种结构主义的分析，历史社会学中的“历史”和“社会”，都是结构分析，这显然是继承了马克思和韦伯的历史社会学大传统。结构主义有些僵化，但制度变迁说到底就是社会结构和政治结构的变革。比较而言，后来的历史社会学研究越来越技术化、精致化，比如《利维坦的诞生》，加入了历史制度主义的技术化概念而且把这些技术化概念运用到极致，把历史社会学中的“历史”当作时间性概念去分析，事实上把历史社会学视为“时间＋结构”的研究。虽然看上去比老一代的历史社会学研究更规范化了，但恰恰是这个规范化，大大地限制了历史社会学的想象力和解释力，所以《利维坦的诞生》这样的作品的生命力就很有限。

历史社会学的技术化、精致化路线导致其自身的衰竭，事实上给我们提出了反思性问题——研究者到底在追求什么？是追求学术的精致化还是思想的进步？二者的境界完全不一样。而且，普遍性的学术精致化路线必然导致思想能力的式微。这种现象已经在中国学术界出现，而且在有些学科特别严重。技术化、精致化的学术作品容易发表，但结果是整体性学术能力的下降。比较而言，历史政治学要关注的重大现实政治问题很多，这个阶段，需要更多的思想性作品，而非技术化、精致化的学术写作。

历史社会学研究的两大主题被赵鼎新教授归纳为民族国家的诞生和资本主义工业革命的问题。在笔者看来，如果说摩尔研究的是资本主义及其问题，蒂利则是研究民族国家的诞生，他们分别开创了西方历史社会学的两大传统或者说两大研究议程，为此在西方国家做学术研究的学者不得不与两大传统对话。但是，这是历史社会学的“西方议程”而不是“中国议程”，在中国做历史社会学研究不能与西方学术界对话，因为研究议程完全不一样。“战争制造国家”在先秦已经完成，接下来 2 000 多年的历史都是如何维护大一统问题，因此大一统存续的研究才是中国学术界的真问题，而大一统问题无疑是历史政治学而非历史社会学的议程，所以不能以西方历史社会学的概念去套中国研究议程。与此相关联，资本主义问题在中国历史上虽然很重要，但更重要的则是“中国式现代化”，它与西方作为资本主义性质的现代化有共同之处，比如都要实现工业现代化，都要实现民主、自由等现代性价值，但“中国式现代化”说到底是社会主义性质的人民政治。这样，不同于西方历史社会学的研究议程，中国历史政治学的鲜活议程则是大一统和中国式现代化。

4. 历史政治学与全球史的关系

全球史被称为世界史研究的新史学，自然有其道理。在冷战高峰时的 20 世纪 60 年代，麦克尼尔等美国历史学家规避政治、国家等“高政治”话题，转而研究以物件为主题的“全球史”，如棉花、动物、香料等，因此全球史有点“全球文明史”的味道，有人认为这是史学的去西方中心主义。这种定位值得商榷。以物件为主题的全球史研究既安全又有趣，安全是因为避开了“政治正确”的话题，有趣是因为物件与人类的生活息息相关。如果以国家、政治为主题而撰写世界历史尤其是世界近代史，那简直是一部西方国家欺压非西方国家的血泪史，面对这样的历史，西方国家还怎么站在道德高地上与社会主义国家搞意识形态战争？但是，当代世界结构是什么样的、人类的思维方式（生活方式）为什么是今天这个样子，这些困扰人类的“元问题”，显然不是全球史的任务，只能从政治或曰“我们时代的政治根源”上去回答。这样，人类急需一部世界政治史。

世界政治史必然是一部充满血腥的战争掠夺、极度不平等的“新史学”，这样的历史不可能由施虐者去弘扬，只能由受害者去撰写。这部“新史学”的政治意义不必赘述，在知识体系上，有助于跳出西方中心主义的国际关系史以及由此而“发明”的国际关系理论。那么，撰写的方法论是什么呢？帝国主义理论无疑是一种重要的方法，能够回答世界政治史最本质的问题。然而，为什么是帝国主义？帝国主义与西方民族国家是什么关系？如何认识二战后形形色色的掩盖帝国主义本质的政治学理论和国际政治理论？这些都离不开历史政治学的研究方法。

比如，根据前述的历史政治学知识论图式，西方历史是社会史，社会史的制度变迁方式是“多统”之间的战争，由此而产生的“政治的概念”必然是竞争性资源分配。这里，作为文明观的政治，根本性地塑造了欧美的民族性。由此，我们不但认识到西方内部政治的性质，也同时理解了西方国家的对外政策的行为根源。这样的历史逻辑告诉我们，帝国主义是世界政治史中的一种表现形式，而帝国主义的根源在于其历史本体论塑造的作为文明观的政治的概念。

九、结语

自新文化运动引进西学以来，作为支撑中国政治的政治学原理的经史之学被终结，西方政治学大举登陆，在方法论上先后是晚清-民国时期的制度主义以及20世纪80年代恢复政治学后的理性选择主义。这些方法论是源自西方的历史文化，所论证的史观代议制政府或代议制民主是最好的政府形式。由此，有着西方政治学基因的政治学与现实政治之间存在着紧张关系甚至冲突状态，这是中国政治学发展的瓶颈所在。近十年来，中国政治学开始有了学术自觉和自信，走上了建构自主知识体系之路。中国是世界上唯一连续几千年而未曾中断的大型文明体，历史必然是发展中国社会学科的富矿。中国政治学的“大传统”是政治史类研究源远流长且积累深厚，中国人民大学政治学的“小传统”是政治史类研究曾独树一帜，历史政治学无疑是“大传统”与“小传统”基础上的集成式创新。这是专属于政治学的方法论。一个学科只有有了专属性方法论，其自主性知识体系才可能建立起来。

第三章

历史政治学的知识主体性及其功能

“知识主体性”是中国社会科学的一个重要命题，这是基于世界政治的基本经验教训而言的。政治学乃至整个社会科学都是关于国家发展道路、国家组织方式和国家公共政策的学问，不可以“无问西东”，二战后很多发展中国家因没有自己的知识体系而“无问西东”，盲从“主流理论”、“好制度”和“好政策”，有些国家几乎没有制定过好的公共政策，有些国家则因误入歧途而难以自拔。这是因为，理论-制度-政策的适用性都是就社会条件而言的，而知识主体性就是要建立符合自己社会条件的社会科学。因此，要建立中国特色政治学学术体系，前提是解决政治学的知识主体性问题。

百余年来，作为社会科学学科的中国政治学，先后师从欧洲、美国的政治学，舶来成分居多。这一学科史的重大现象不得不让我们提出这样的问题，欧美政治学凭什么成为“师者”？根本原因就是它们都建立了基于自己社会条件、历史文明乃至政治实践的认识论方法论并据此而生产的知识体系。欧洲政治学的方法论是历史主义与制度主义，这是其千年政治传统在政治学上的呈现；美国政治学最主要的方法论是基于理性人假设的理性选择主义，这是美国个体自由主义政治传统在政治学上的呈现。

欧美政治学的贡献不容置疑，至少为我们提供了一种学科建制的模样，甚至打开了“政治分析”之窗；但由此而产生的问题也不容置疑，欧美政治学是自己历史文化传统的产物，基于此而产生的分析性概念用于解释历史属性完全不同的中国或其他国家，屡屡出现关公战秦琼的尴尬，甚至误导他国的政治发展。这就决定了，中国政治学必须寻找与自己历史文明传统相匹配的方法论，据此而生产、发现政治学的基本概念并重组政治学原理体系。

一、历史研究的知识主体性：不同的历史与不同的知识

《什么是历史政治学?》一文中已经初步回答了为什么是历史政治学方法论①。笔者新的看法是，第一，从历史连续性这个历史哲学角度看，中国历史是最具有历史连续性的，因为中华文明堪称一种文明基因共同体，又被称为“中华文明基体”②，它包括已经存在几千年的汉字、国家形态的大一统、政府层面的民本思想、社会层面的仁爱以及由上述因素而形成的民族大融合即中华民族。这确实是人类文明史上的奇观，以至于两千年前“轴心文明时代”形成的政治思想一以贯之地影响到今天，明天也不会变到哪儿去。这样高度连续性的文明史当然是政治学知识产生的底色和宝库。不要说我们这样的历史，就是历史不那么久远的英国、德国，其政治学也有深厚的历史主义方法论。根本原因在于，政治和历史几乎就是同义词，政治是历史的现时性呈现，历史是过去的政治。

第二，从知识社会学来说，为什么都要从历史出发来发掘政治学知识？社会学科的知识无外乎来自历史研究、实践研究和理论研究。首先，如前所述，理论来自特定的历史，任何宣称具有普遍适用性的理论只不过在传播过程中去历史化了；何况，中国百余年来就是在学习、运用外来理论，这对中国政治学的知识贡献率已经越来越小，更别说有的理论危害很大。这归根到底还是因为产生于异域而不能解释中国历史所演绎的中国政治。其次，实践出真知，实践研究是政治学知识的主要来源之一，正如亚里士多德基于158个城邦国家的比较研究形成著名的政体学说，历史上很多伟大的思想家也因为对其时代的重大现实问题的洞见而形成伟大的思想，如马克思的思想。然而，现实世界中有着突出的实践碎片化问题。一国之内，各式各样的实践问题并存，实践问题所呈现的碎片化态势需要政

① 杨光斌．什么是历史政治学？．中国政治学，2019（2）．

② 杨光斌．中国文明基体论：理解中国前途的认识论．人民论坛，2016（15）．

策性应对，这就是为什么实践研究容易公共管理学化而非重在理论发现的政治学。此外，实践变化太快，实践也很快就成为明天的历史。由此可见，理论研究和实践研究的落脚点或者最大公约数都在于历史研究，这里的“历史”也自然地包含当下的实践。在政治学学科史或者思想史脉络上，诸多重大命题、概念都是历史研究的结晶，诸如自由主义、保守主义、社会主义、民族主义、民主等无限多的、影响我们思维方式的概念①。

既然都重视历史研究，历史政治学又如何能体现知识的“中国性”或主体性呢?

首先，是具有中国政治学学术史的意义。从研究历史出发而认识政治、发现政治学理论似乎并不是什么重大创新，因为这是一个古老的传统，比如梁启超提炼的“民本主义”概念和钱穆提出的“士人政府”概念。但是，就是这么一个中国人最擅长的研究传统，中国政治学需要重拾起来。原因是，第一，不少人把既有的西方政治学理论（包括政治思想史）视为政治学理论本身，认为研究这些就是在研究政治学，或者事实上认为“历史终结”了，这些理论就足够了。第二，实证研究是中国政治学的主流，实证研究要么聚焦于碎片化问题而有公共管理学化的趋势，要么走美国的科学主义道路进行量化模型研究。遗憾的是，恢复了几十年的中国政治学，唯独缺少中国人擅长的研究传统，我们需要“找回历史”。

“找回历史”并不是简单地回到历史学传统，而是要在社会科学脉络上“找回历史”。历史学的理论发现是规律性的总结，但内在的因果关系并不清晰。比较而言，社会科学不但有明确的研究议程，还有研究单元和研究路径。更重要的是，历史政治学不但要回答重大现实政治问题和理论问题的历史渊源与历史轨迹，还要在解释与因果分析的基础上描述历史并发现概念，在研究路径上重视时间性和历史序列。这些大概不是历史学所主张的，有的甚至是历史学所反对的。但是，这种社会科学脉络上的历史研究已经作出了绕不开的重大理论贡献，比如“摩尔学派”的历史社会学研究。

① James Mahoney，“Qualitative Methodology and Comparative Politics”，*Comparative Political Studies*，Vol. 40，No. 2，2007.

其次，是关注历史研究的知识主体性问题。都在研究历史，为什么会得出南辕北辙的结论或者贡献出完全不同的理论化概念？这是因为，不同国家历史的属性是不一样的，中国历史主要是政治史，而西方历史主要是社会史。即使都是社会史，也都包含着政治史或国家史，国家史的程度是不一样的，比如德国与英国就有差异。不同性质的历史演绎出不同的制度变迁路径，由此塑造出不同的史观或历史叙事方式。笔者认为，近代政治理论主要基于主要国家建设历史研究的发现，这种政治理论直接决定了社会科学的不同脉络和分析性概念①。

在英国、美国的建国历程中，商人集团起到决定性作用。西方国家的建国历程离不开贸易和战争两大驱动机，英国资产阶级革命后很多法律，比如最能体现重商主义的《航海法》，是由商业集团直接起草而成的，英国对外战争大多是因贸易纠纷所致，比如鸦片战争。美国也是商业集团由东向西开拓殖民的结果，这个“历史”背景与以财产为核心的个人权利的理论体系极具亲和性，“社会中心主义”的社会科学理论体系也在此土壤中展开。

德国也是来自各自为政的封建制政治的社会史，18 世纪末尚有近 2 000个彼此独立的政治单元，如果按照英国道路去“演化”，就不可能有统一的国家。德国是典型的“战争制造的国家”，官僚制推动的国家权力快速集中化进程让德国后来者居上。这个“历史”诞生了“国家中心主义”社会科学体系，以至于中外政治学无不引用马克斯·韦伯基于德国历史而总结出来的“国家”概念。

但是，对于非西方国家而言，不要说商业集团不可能主导国家建设，就是国家机器本身也瘫痪了，比如第一次世界大战期间俄国沙皇已经指挥不动警察去镇压罢工的工人，中国在辛亥革命后的一个时期内更是进入了“丛林法则”式的北洋政府时期。谁去重新把国家组织起来？政党成为一个新型的国家组织者。也就是说，不要说国家中心主义理论不能解释这种国家建设之路，社会中心主义更不沾边，需要一个“政党中心主义”的社

① 杨光斌．政治变迁中的国家与制度．北京：中央编译出版社，2011.

会科学概念甚至是社会科学体系。

可见，只有研究历史，才能发现不同的概念乃至理论体系。可以说，社会科学知识大多是“地方知识”，试图用产生于一种历史中的概念去分析另一种历史的国情，甚至去指导另一个国家的发展道路和制度建设，比较政治发展研究已经告诉了我们那意味着什么，诸多历史教训还在眼前。20世纪90年代，自由主义民主理论以另一种形式——去政府的治理理论——包装出来，并开始流行，以此来拯救绝望的南部非洲以及很多发展中国家，结果这些国家非但没有得到“医治”，反而病入膏肓。

历史研究产生主体性知识，不能用一种主体性知识取代另一种主体性知识，更不能用基于一种历史而产生的理论去治理历史属性完全不同的另一个国家。教训太多，这个道理似乎很简单了，难的是把主体性知识生产出来。如何生产主体性知识？除了前述的历史研究外，历史政治学的知识辨识功能值得一提。

最后，是重视历史政治学的知识辨识功能。主体性知识需要在历史研究中发现或建构，这是知识增量。但是，对大量的存量知识如何处理而使其成为主体性知识的一部分呢？在政治学理论中，最系统的存量知识有两类：一是西方政治思想史，二是二战以来形成的“冷战政治学”——现代化、民主化、无政府的治理、合法性等概念。

笔者认为，对思想史这种存量知识，有几种研究路径。第一种研究路径是“文本主义”或者“人头主义”，停留在某个人物的作品解读上，这是笔者十几年前就质疑的路径。笔者认为无论是对自由主义者的研究还是对保守主义者的研究，这种研究路径都不可取①。今天，我更怀疑这种研究路径的知识贡献率。这不但是因为中国研究者很难读完人物的全部作品，就是读完了，这个人物在整个知识体系中到底是什么位置，依然不清楚。当然，这种研究路径适合于“知识空白期”，其介绍过来也算是知识增量的贡献。但是，一定要清楚，这些人一旦把道理讲出来，就是常识了，研究这些人没有多大前景。

---

① 杨光斌．文本崇拜：西方政治思想史研究的误区．探索与争鸣，2008（6）．

第二种研究路径是“概念史”研究，有些类似“剑桥学派”的语境主义了。这种研究的重要性已经大大增强了，知识的贡献率也大大提高了。比如，对“自由民主”的概念史研究，显然优于对某个人自由民主思想的研究。概念史研究在我国政治学中已经有相当不错的进展①。当然，概念史研究的概念并不局限于思想史范畴。

第三种研究路径是政治史研究。把思想史研究成主体性知识建构，需要深入政治史之中。每个大人物的思想（论述）都是针对其时代的重大现实性政治社会问题而展开的，也就是笔者说的思想史一定是“历史中的思想”而不能是“思想史中的思想”②。“历史中的思想”是一种“历史的政治学”，而不是简单的语境主义阐释。在历史政治学脉络上比较研究思想家们的论述，一定会得出与前两种路径都不同的观点，甚至会产生主体性知识的研究成果。在研究思想史中发现新的研究议程乃至新概念，比如米格代尔的国家概念就不同于韦伯的概念，这是把韦伯的概念放在不同历史中比较研究的结果③。同样，中国学者把国家、政体、政党等源自西方思想史的概念置于中国历史中，就会发现中国是“文教国家”而不是西方的“民族国家”④，中国政府只能用“治体论”去解释而不能用西式“政体论”⑤，中国政党是国家组织者因而有“政党中心主义”之说，而不是西方社会中心主义下的一个社会性概念⑥。在这个意义上，我们才说历史政治学具有知识辨识功能。

在历史政治学路径上研究二战之后的“冷战政治学”，更容易发现，

---

①　张凤阳，罗宇维，于京东．民族主义之前的“民族”：一项基于西方情境的概念史考察．中国社会科学，2017（7）；郭忠华．20世纪上半期的“人民”语义与国家建构．政治学研究，2016（6）．

②　杨光斌．政治学研究范式的转型：从“求变”到“求治”：政治学学科史的视角．中国政治学，2018（1）．

③　米格代尔．强社会与弱国家．张长东，朱海雷，隋春波，等译．南京：江苏人民出版社，2012.

④　姚中秋．儒家非宗教论．同济大学学报（社会科学版），2013（4）；姚中秋．一个文教，多种宗教．天府新论，2014（1）．

⑤　任锋．立国思想家与治体代兴．北京：中国社会科学出版社，2019.

⑥　杨光斌．制度变迁中的政党中心主义．西华大学学报（哲学社会科学版），2010（2）．

20 世纪 90 年代以来流行的自由民主、治理、合法性等概念，首先是历史的——西方主要国家历史经验的理论化写照，但是在传播过程中非历史化了。结果如前，在政治上，误导了很多国家的政治发展以及国家治理；在学术上，导致非西方国家政治学亦步亦趋，比如起步较晚的中国比较政治学几乎完全跟着这些概念走，研究所谓的“民主转型与巩固”“治理与合法性”等，变成了美国政治学的复读机。鉴于此，中国政治学的研究议程、研究范式亟待转型，需要从以政体论为中心的制度研究转向以治理能力为中心的国家治理研究，这不但是实践的需求，更是历史文化传统的呼唤，因为相对于西方政治学的政体传统，中国政治传统的核心就是“致治”①。事实上，中国政治学的“致治”研究已经成为主流②，只不过需要上升到学科范畴，而不能停留在研究对象的问题层面，需要将实际问题变成研究议程。匪夷所思的是，居然有人把非西方国家建构知识主体性的努力蔑视为“瞎折腾”。

如果在历史政治学的路径上研究“冷战政治学”，比如合法性概念，就会发现，即便是基于西方国家的历史，不同时期的历史也是不同的，因此对合法性的界定也大相径庭，比如维护秩序时期的合法性概念就是民主等于选举，选举授权才有合法性；但是在失序的西方历史时期，比如 20 世纪 60 年代，亨廷顿就提出合法性政府首先是政府能否提供秩序，政府是否有统治能力。也正是针对不同的历史，尤其是不同性质的历史，即所谓的西方国家的社会条件和非西方国家的社会条件，罗尔斯提出完全不同的合法性标准③。但是，中国政治学从理论到理论的习惯，导致把一种合法性概念之说当作合法性理论的全部，并以此来衡量中国政治的合法性问题④，结果必然是诡异的。2008 年是中西政治的分水岭，中国因举办奥运会而让西方人刮目相看，但一些中国学者却开始大谈中国政治的合法性问题；西方国家因金融海啸而开始危机重重，一些中国学者却在用危机国家的政治标准衡量中国。这不能不让人忧虑中国政治学的前途，如果政治学变成了

---

① 杨光斌．巨变时代的中国政治学研究议程．学术月刊，2020（9）．

② 杨光斌．作为建制性学科的中国政治学：兼论如何让治理理论起到治理的作用．政治学研究，2018（1）．

③ 杨光斌．合法性概念的滥用与重述．政治学研究，2016（2）．

④ 曾敬涵．合法性研究：中西方学界看法为何如此不同？经济社会体制比较，2014（5）．

改变政体的“革命学”，不仅是自我边缘化，更是把政治学送进死胡同。

历史政治学的辨识功能也更加证明了历史政治学在中国政治学学术史中的重要性——回到事情本身。本章认为，历史政治学的作用至少有以下几点：回答政治理论的知识来源问题、避免历史研究的碎片化问题、提供国家治理的经验、论述政治合法性。也就是说，历史政治学至少有两大学术功能和两大政治功能。

二、历史政治学与政治学的知识来源问题

作为社会科学基础学科的政治学学科以及政治理论，自然应该是历史、实践、理论三位一体的研究，或者说政治学的知识来源或理论来源应该是历史研究、实践研究和理论研究。

就中国政治学的发展而言，缺的不是理论资源，而是各种理论太多而难以消化并出现超负荷的“富养”现象，并且这些理论和概念几乎全是舶来品。政治理论中的国家理论、政体（民主）理论、政府理论和政党理论几乎都是特定国家特定历史经验的产物，但其中却很少有中国元素。比如，流行的国家概念就是马克斯·韦伯基于16世纪以来欧洲宗教政体向民族国家政体转型的历史经验而总结出来的，即所谓的在特定疆域的暴力垄断机器。这是描述封建制的分散化权力向国家主权转变的历史经验，而且是所谓的“民族国家”即一族一国的历史经验。这样的概念既不能解释当今世界很多国家的多民族现象，也不能解释作为国家前提的国民认同问题，更不能解释很多国家的无效治理问题。再比如，流行的西式民主即自由主义民主理论，讲的是个人权利、法治、代议制和多党竞争，这其实与西方文明的关键因素高度重叠[①]，因此，完全可以说自由主义民主是西方

① 在亨廷顿看来，西方文明的要素有古典遗产、新教和天主教、欧洲语言、精神权威和世俗权威的对立、法治、社会多元主义、代议机构和个人主义。参见：亨廷顿．文明的冲突与世界秩序的重建．周琪，等译．北京：新华出版社，2002：60－63.

文明的政治表述。鉴于此，当西方人讲到政府作用时，必然是作为“小政府”的“有限政府”，强调的是个人权利和社会作用。相应地，政党也只不过是革命之后代议制的产物，是议会中的一个政治社会利益集团。这些教科书式的政治理论在中国十分流行。

然而，对中国而言被视作“理论政治学”的这些概念和理论，对西方而言却属于“历史政治学”的范畴。如前文简单回顾的国家概念、民主理论、政府理论和政党理论，无不来自西方国家的历史与实践，对西方国家来说就是历史主义的，但是对中国和很多非西方国家来说却是非历史性的，甚至与这些国家的历史经验存在巨大张力乃至冲突。这就是为什么虽然现代性意味着统一性或相似性，即越来越多的国家接受现代性概念，如民族国家、政党、民主，但与它们在实践中所展现的国家治理却有着天壤之别。其中的内在逻辑就在于，这些流行的概念及其表达出的制度形式与很多国家的文明基因存在着紧张关系。

这就意味着，在我们拥抱现代性的同时，必须认识到现代性的多元性，而且现代性并不必然从16世纪欧洲的民族国家开始兴起。在这个问题上，福山的洞察力值得重视，他认为秦汉是最早的现代国家①。秦汉之制两千余年，中国因而成为世界上唯一的连续存在几千年的大型文明体。这样的文明体显然不是简单的民族国家理论所能解释的。因此，中国是一个文明型国家，是“文教”高于宗教的“一种文教，多种宗教”的文明型国家②。

认识到中国的“文明型国家性”而非“民族型国家性”，就应该知道，很多以民族国家为基础的政治理论很难解释中国的历史与现实。比如，民主的概念不是讲二元对立的国家和社会之间的关系，而是协商式的社会和谐，所以协商民主理论在中国更受欢迎；政府责任不是有限的，而是民本思想中的无限责任，所以才有全面消除贫困计划；政党也不是西式政党的竞争政权的选举机器，而是如何把国家组织起来和治理好的政治组织，所

① 福山．政治秩序的起源：从前人类时代到法国大革命．毛俊杰，译．桂林：广西师范大学出版社，2014．

② 姚中秋．儒家非宗教论．同济大学学报（社会科学版），2013（4）．

以才有“两个一百年”奋斗目标；等等。

所有这些都意味着，建设自主性政治学或中国特色政治学必须回到中国历史，在研究历史中发现和提炼政治学的概念和理论。中国历史有其独特属性，那就是政治史属性。钱穆先生有言，“中国历史自有其与其他国家民族之不同之特殊性，而最显见者却在政治上。也可说中国民族擅长政治，故能以政治活动为其胜场。能创建优良的政治制度来完成大一统之局面，且能维持此一大一统之局面历数千年之久而不衰。直到今天，我们得以拥有这样一个广土众民的大国家，举世莫匹，这是中国历史之结晶品，是中国历史之无上成绩。”[①] 能够连续存在几千年的政治文明体，自然蕴含着政治学理论的宝贵资源，只不过丰富的政治思想和政治实践未能系统地被表述为学科化、概念化的政治学理论而已。

19 世纪末至 20 世纪上半叶，国运式微，对中华文明自我挞伐之风盛行。但无论是在学术界还是在政治实践中，最终是“中国学派”改变中国命运。在这个过程中，转型后的梁启超第一次把中国传统中的民本思想提升为民本主义，并认为这就是中国的民主思想。钱穆先生则力倡大一统政治的优势，批驳“多头论”，并谓中国之“礼治”就是事实上的法治。有学者认为转向后的梁启超和钱穆是历史政治学的双重源头[②]。这些思想主张在当时中国引起了强烈反响，但真正赢得胜利、改变中国命运的还是以毛泽东为代表的“中国学派”。延安时期的一系列宏论标志着中国共产党的政治成熟，这种成熟尤其体现为“以中国为中心”的世界观、认识论和方法论[③]。上述各家各派价值取向不同，政治诉求差异更大，但共同的基础则是以中国历史为出发点的认识论，或者就是我们所说的历史政治学。历史政治学不但可以用来诠释那个时代的学术纷争，也可以在社会科学脉络中回答中国的国家建设问题。

当下，基于中国历史或比较历史研究已经取得初步的理论成果。有学

---

① 钱穆．中国历史研究法．北京：生活·读书·新知三联书店，2005：17.

② 任锋．历史政治学的双重源头与二次起航：从梁启超转向到钱穆论衡．中国政治学，2019（2）.

③ 延安时期党的重要领导人著作选编：上、下．北京：中央文献出版社，2014.

者基于中国政治史研究，认为协商政治是中国政治中最深厚的政治传统，这回答了“协商民主”为什么在中国能够流行[①]；有学者基于中国政治思想史的研究，提出包括了治理价值、治理维度和治理方法的“治体”概念[②]，这远比西方政治学中的政体概念更有包容性和解释力；有学者立足比较制度变迁研究，提出了相对于社会中心主义、国家中心主义的政党中心主义概念[③]，这一概念被认为是中国政党研究的一个重要概念而受到学界重视[④]。中国学者基于历史研究的政治学概念，无疑丰富了政治学学科的内涵。

未来，要建设作为社会科学基础学科的自主性政治学，需要在政治学原理体系意义上对政治学最基本的概念和方法论作历史政治学的重构。除了需要重新解释政治文化理论、国家理论、政府理论、政体理论、政党理论、民主理论、现代化理论等基本概念外，首先需要结合中国政治史或比较历史重塑“政治”的概念，研究政治学的方法论。当下流行的“政治”概念，是行为主义政治学盛行时期戴维·伊斯顿（David Easton）提出的“对权威性价值的分配”，用哈罗德·拉斯韦尔（Harold Lasswell）的通俗说法就是“谁得到什么、何时和如何得到”[⑤]。这种界定就把政治视为界定宪制结构下的利益分配问题，而且不问政治的目的性价值。事实上，中国政治史和很多发展中国家的历史告诉我们，如何分配只是政治的终端性过程，起始性过程是解决国家性或国家认同这样的根本性问题。基于当代西

---

① 林尚立．协商政治：对中国民主政治发展的一种思考．学术月刊，2003（4）．

② 任锋．中国思想家与治体代兴．北京：中国社会科学出版社，2019.

③ 杨光斌．制度变迁中的政党中心主义．西华大学学报（哲学社会科学版），2010（2）．

④ 诸如，郭定平．政党中心的国家治理：中国的经验．政治学研究，2019（3）；景跃进．将政党带进来：国家与社会关系范畴的反思与重构．探索与争鸣，2019（8）；李新廷．论我国新型政党制度的形成逻辑、制度模式与独特优势：一个政党中心主义的分析框架．中南大学学报（社会科学版），2019（3）；李新廷．社会中心主义·国家中心主义·政党中心主义：西方比较政治学研究视角的演进与中国关照．国外理论动态，2016（2）；张翔．在自由民主主义与专制主义之间：政党中心主义的起源分析．社会主义研究，2015（1）；王衡．印度现代化进程中的政党中心主义．亚非纵横，2015（2）；丁长艳．“政党中心主义”的逻辑与转型：人民政协制度研究．上海：复旦大学，2012.

⑤ 拉斯韦尔．政治学：谁得到什么？何时和如何得到？．杨昌裕，译．北京：商务印书馆，2011.

方历史经验的政治定义，不能用来解释很多国家的历史与现实，这也就意味着这些国家的历史与现实就是理解政治不可或缺的资源。

与政治定义相关的，是如何研究政治的方法论问题。不论是什么样的概念，比如行为主义、理性选择主义，其论证的都是个体主义世界观的合理性乃至神圣性，这是自文艺复兴、启蒙运动以来西方所倡导的个体解放的历史哲学。且不论其自身的政治解释力如何，如果用这套历史哲学基础上的个体主义方法论去解释文明语境完全不同的政治制度与政治行为，必然是缘木求鱼，甚至是指鹿为马。中国社会关系中的集体主义众所周知，可以称为家庭伦理本位，可以称为“仁爱”，也可以称为阶级关系，总之都是彼此相互依存的“关系主义”。可喜的是，无论是中国政治研究还是国际关系研究，我国学者都系统地提出了关系主义的研究方法[①]。

只要回到中国政治史，很多流行的概念乃至方法都需要重新界定。当然，这种历史政治学研究并非狭隘的“本国中心主义”，基于世界史的比较历史分析同样对发展政治学和国际关系理论起着不可或缺的作用。比如，国际关系理论中现实主义理论的历史背景是拿破仑战争之后欧洲列强之间的“百年和平”，产生了所谓“实力政治”“均势”等关键词；但是，“百年和平”的另一面历史是当时的列强对非西方国家的殖民主义掠夺，这就是帝国主义论的历史。

三、历史政治学与避免历史研究碎片化问题

“历史学以人类的活动为特定的对象，它思接千载，视通万里，千姿

---

① 徐勇．关系中的国家：第1卷．北京：社会科学文献出版社，2019；Yaqing Qin，*A Relational Theory of World Politics*，New York：Cambridge University Press，2018；Chih-yu Shih，“Relations and Balances：Self-Restraint and Democratic Governability Under Confucianism，” *Pacific Focus*，Vol. 29，No. 3，2014，pp. 351－372.

百态，令人销魂，因此它比其他学科更能激发起人们的想象力”①。在这本堪称“年鉴史学”的宣言书中，马克·布洛赫（Marc Bloch）展现了历史学何以通过深度与广度彰显其魅力。但在20世纪后期，史学研究者却逐渐背离了揭示人类历史演进的动力与规律的学术主旨，他们反而追求对十分狭小的历史现象的细节作“忠实细微的描述”，垂青于孤僻、艰涩的史料，从而在极度追求“专业化”的过程中导致“史学研究碎片化”②。碎片化的历史研究体现为研究者日益关注那些不为人知的、无关历史进程的琐碎事件或边缘人物，也体现为围绕同一个问题的反复考据乃至大量重复性工作，还体现为在史料运用时任意裁剪、断章取义，史料种类单一且缺乏相互的印证。但总体来看，这一趋势与史学研究的“文化转向”（culture turn）有着密切关系。

20世纪70年代末，历史研究的传统发生了重大转变，“出现了一种对新的文化史的强调，身份、意识形态和心态等方面替代了社会结构、社会组织和社会权力的经济基础”③。这一转变是对当时占据主流的“整体史”的反动。文化导向的史学家认为，以年鉴学派为代表的历史学传统虽重视社会阶层的互动及其经济活动，但在探索宏观结构发展时忽视了对个体行为的描述。为此，他们转而关注历史细节与琐碎事件，探索微观的、文化的与日常生活的历史奥秘，并解析语言、符号、仪式等文化象征的内涵与意义④。当研究者纷纷放弃宏观比较与长时段视角，放弃与理论对话的机会和探索历史规律的兴趣，从而转向对孤立的历史事件或个体行为的“一时一地”的解释时，历史研究就不可避免地碎片化了。

近百年来，史学研究呈现出从政治经济转向社会文化、从权力精英转向普通民众的整体趋势，在此进程中政治史不断衰落⑤。20世纪中叶，年

---

① 布洛赫．历史学家的技艺．张和声，译．北京：北京师范大学出版社，2014：24.

② 古尔迪，阿米蒂奇．历史学宣言．孙岳，程郁，译．上海：格致出版社，2017：52.

③ Lynn Hunt，“Introduction：History，Culture，and Text，” in Lynn Hunt ed.，*The New Culture History*，Berkeley：University of California Press，1989，p. 22.

④ 多斯．碎片化的历史：从《年鉴》到“新史学”．马胜利，译．北京：北京大学出版社，2008.

⑤ Florencia E. Mallon，“Time on the Wheel：Cycles of Revisionism and the ‘New Cultural History’，” *The Hispanic American Historical Review*，Vol. 79，No. 2，1999，pp. 331－351，353.

鉴学派盛行，关注下层日常生活的社会史研究就已经强烈冲击了以国家制度和精英活动为主线的政治史研究。随着新文化史的兴起，政治不再被视作独立的运转机制，研究者认为只有在地方知识和社会文化脉络中才能理解政治的真实意涵[①]。在当下罕有的政治史研究中，充斥着对特定村庄或宗族的民间习俗、生活方式、身份归属和集体记忆的剖析，却很难寻觅到权力、阶级、政党与国家的踪影。政治史没能逃离碎片化的命运，甚至“碎片化到似乎只能是一种地方文化实践的表达形式”[②]。

新文化史往往被称为“人类学的历史学”，研究者广泛借鉴人类学的方法直接处理文化现象。因此在研究方法上，“解读”（interpretation）传统逐渐替代了原有的“解释”（explanation）传统。英国著名史学家卡尔（Edward Hallett Carr）指出：“历史研究是一种因果关系的研究……伟大的历史学家——或许应该更广泛地说，伟大的思想家——是能对新事物或在新背景下提出‘为什么’这个问题的人”[③]。然而，新文化史却掀起了对卡尔所赞扬的那种历史书写方式的批判。正如格尔茨（Clifford Geertz）所言，文化研究涉及的并不是因果解释，而是对意义的诠释[④]。文化研究主张“深描”（thick description），强调研究者应该像面对文本那样直面文化，通过重建具体的历史场景获得对某一历史或文化现象的真切理解。这种方法显然只适用于那些微观现象和个体行为，整体的、宏观的历史研究进一步被侵蚀。

这样一来，“文化转向”的浪潮使整体史让位于碎片史，政治史让位于文化史和社会史，解释传统让位于解读传统，其最终的结果是“历史不再是一门不可分割的知识体系，它破碎得近乎无法挽救”[⑤]。

历史研究的碎片化极大影响了中国的史学研究，不少学者开始把历史

---

① William E. Leuchtenburg, “The Pertinence of Political History: Reflections on the Significance of the State in America,” *The Journal of American History*, Vol. 73, No. 3, 1986, p. 585.

② 于沛，王子今，张国刚，等．理论与方法：历史学与社会科学的关系及其他．历史研究，2004 (4): 10.

③ 卡尔．历史是什么？．陈恒，译．北京：商务印书馆，2007.

④ 格尔茨．文化的解释．韩莉，译．南京：译林出版社，1999: 3-38.

⑤ 艾文斯．捍卫历史．张仲民，译．桂林：广西师范大学出版社，2009: 172.

分割成互不关联的碎片，一味执着于历史的细枝末节，忽视了历史的整体特征乃至时代主题[①]。更严重的是，这种倾向可能对政权合法性造成负面影响。以党史与近代史研究为例，毛泽东曾提出“不是只研究哪一步，而是研究全部；不是研究个别细节，而是研究路线和政策”[②] 的总体要求，但自改革开放之后，碎片化的历史研究使革命史观（唯物史观）受到极大冲击，现代化叙事与社会文化叙事很大程度上取代了革命叙事[③]。村庄习俗、婚嫁丧葬、商业社团、秘密组织等研究确实展现了近代中国更丰富的社会生活细节，但它们从根本上忽视了自鸦片战争以来中国的主要矛盾和时代主题。中国共产党的诞生与发展，正是为了回应这一内忧外患的时代主题。如果我们忽视了这一点，碎片化的历史研究就必然会消解中国共产党在长期革命斗争中形成的合法性基础。

与此同时，历史研究的碎片化强烈冲击了那些以历史为基础的社会科学研究，美国历史社会学的兴衰给我们提供了一个生动的例子。历史社会学素来是发现和检验理论的重要场域，20 世纪六七十年代诞生了摩尔、沃勒斯坦、蒂利、斯考切波等一大批学术巨擘。但 20 世纪 80 年代随着文化主义的兴起，历史社会学迎来了所谓的“第三波”转向[④]。在这次转向中，历史社会学家淡化了对权力和结构的重视，放弃了大结构、大过程、大比较的方法，也不再关注资本主义的扩张与民族国家的形成这类根本问题。相反，新一代的学者愈加迷恋情感、话语、符号，热衷于分析文化向度、情感变量是如何影响历史迭变与社会变迁。由此带来的结果是，历史社会学相较于几十年前退步了，他们无法像前辈们那样为人类发展提供知识启迪与实践智慧。除了形成了一个通过自我建构而沾沾自喜的学术群体之

① 《近代史研究》曾组织学者专门就该问题展开讨论，参见：章开沅，等．中国近代史研究中的“碎片化”问题笔谈：上、下．近代史研究，2012（4－5）．

② 中共中央文献研究室．毛泽东文集：第 2 卷．北京：人民出版社，1993：399.

③ 徐秀丽．中国近代史研究中的“范式”问题．清华大学学报（哲学社会科学版），2015（1）；陈廷湘．从“革命史观”到“社会文化史观”：中国近代史解释体系的演变与趋向．四川大学学报（哲学社会科学版），2018（5）．

④ Julia Adams，Elisabeth S. Clemens and Ann Shola Orloff eds.，*Remaking Modernity*：*Politics*，*History*，*and Sociology*，Durham：Duke University Press，2005.

外，文化导向的历史社会学研究很难说对社会科学的知识产生了实质贡献①。

那么，为什么说历史政治学有能力解决历史研究的碎片化问题呢？我们认为，这是由历史政治学的本体论所决定的。历史政治学有其认识论上的情景论和方法论上的时间性，但历史政治学区别于所有以“历史”为名的社会科学研究的独特之处，在于其本体论层面。“历史”在历史政治学那里不仅仅是观念，还是具有本体论意义的存在，历史政治学正是研究这个“存在”、研究过去与现在的直接关联性并从中提出解释性概念或理论②。因为存在本体性，故而历史政治学不会在各种史观的“诸神之争”中迷失方向。相反，作为一门成建制的学科，历史社会学更多地停留在方法论层面，因此它毫无疑问地如“风中稻草”一般受到各种史学传统的影响：当马克思主义史学风靡一时，以阶级分析为主要特征的历史社会学重新找到了自己的位置；当年鉴学派如日中天，沃勒斯坦为世界体系理论找到了历史基础；当文化主义盛行，美国历史社会学也迎合这一趋势展开了所谓的“第三波”转向。而在历史制度主义那里，“历史”仅仅是一种基于“时间性”的分析工具③。因此，时机、时序、历史关节点、路径依赖等概念虽便于研究者分析历史进程中的因果关系，但历史社会学和历史制度主义的传统却始终在回避“历史到底意味着什么”。

在中国，历史这个“存在”可以被表述为“中国基体”或“中国文明基体”④。承认这个“存在”，是历史政治学研究的前提。以此为起点，要想理解当今世界上唯一历经 5 000 多年而不曾中断的文明体，理解历史与现实的关联，理解改革开放前后的联系，显然是任何碎片化的历史研究都无法做到的。例如，发展经济学往往将财富的积累，即人均 GDP 的增长

---

① James Mahoney, On the Second Wave of Historical Sociology, 1970s - Present, *International Journal of Comparative Sociology*, Vol 47, No. 5, 2006, pp. 371 - 377.

② 杨光斌．什么是历史政治学？．中国政治学，2019（2）．

③ Orfeo Fioretos, Tulia G. Falleti, and Adam Sheingate eds., *The Oxford Handbook of Historical Institutionalism*, Oxford: Oxford University Press, 2016, pp. 2 - 162.

④ 沟口雄三．作为方法的中国．孙军悦，译．北京：生活·读书·新知三联书店，2011；杨光斌．中国文明基体论：理解中国前途的认识论．人民论坛，2016（15）．

视作衡量一个国家发展的重要标志，如果以此为标准，那么改革开放之前的中国似乎并没有实现什么发展。但如果我们放弃这种碎片化的视角，承认历史是一种“恒常”且“延续”的存在的话，我们就必须建立起更广泛的联系和用更长时段的眼光来重新审视这段历史。20 世纪 50 年代至 70 年代，中国变革了社会结构且形成了部门齐全的现代工业体系，并在妇女解放、公共卫生、基础设施、农田水利等方面都取得了巨大成就，这些都是无法以现代经济增长理论所习以为常的人均 GDP 衡量的[①]。与此同时，这些红利为改革开放之后的经济腾飞奠定了基础。正如阿玛蒂亚·森（Amartya Sen）指出的那样，尽管这种投入的初衷并不是协助市场导向的经济增长，但它却创造了在这个国家转向市场之后可以投入动态运用的社会机会[②]。整体而非碎片，延续而非断裂，这是由历史政治学的本体论所决定的。

历史政治学的本体论还决定了它具有鲜明的实践品格，即提供治国理政的经验以及论述合法性来源，我们在下文中将有专门的论述。在这里需要回答的是，哪些历史研究能为治国理政的政治实践提供直接帮助。一方面，历史政治学是一门“建制性”的学科，需要对重大时代问题予以回应，因此它不太可能选择碎片化历史研究中普遍采用的解读传统。另一方面，国家建设是一个多维的复杂工程，尤其是在关乎“上层建筑”的实践中，那些琐碎的、细枝末节的研究自然难以充当有效的知识供给，毕竟很难想象那些在情感、价值与符号中打转的历史研究能够为治国理政提供真知灼见。因此，历史政治学的政治功能同样决定了它探寻的是系统性的、整体性的历史知识。

面对治国理政的现实问题，政治史具有天然的优势。社会史、文化史的“碎片化”和“地方化”的叙事，毕竟代替不了政治在跨地区（整体上）和跨领域（制度上）层面的基础性综论，社会史、文化史的“专业化”和“去中心化”的取向也无法割裂经济、文化、社会生活同政治结构

① 李怀印．历史地认识新中国前 30 年的经济发展战略：与“比较优势”论者商榷．开放时代，2019（5）．

② 森．以自由看待发展．任赜，于真，译．北京：中国人民大学出版社，2013：34.

的相互依存关系[①]。历史政治学无疑是重振政治史的重要路径，尤其对中国而言，历史本身就是包括政治思想史、政治制度史、王朝兴替史在内的政治史，二十四史和《资治通鉴》在本质上也都是政治史。政治史构成了中国历史的“本体存在”，研究这个“存在”其实就是人们常说的“以史为镜可以知兴替”。类似的，聚焦于“过程性结构”的世界政治研究同样需要集成性、总体性的知识，而不是几个国家的历史片段或是某些文化现象的意义阐释。沃勒斯坦等人抓住了“资本主义”这条重要线索，但仅仅立足经济逻辑导致他们的研究对理解国家兴衰依旧存在局限[②]。用历史政治学的思维探索世界政治，我们需要的历史知识是包括世界经济史（资本主义史）、各主要国家政治史、政治思想史、国际社会主义运动史和国际关系史在内的世界政治史[③]。世界政治史的形成必定是社会科学一体化的，而非分支学科、碎片化的拼图。

历史政治学将历史视作延续性、整体性的本体存在，其鲜明的实践品格也要求历史研究能够为理解国家兴衰、助力治国理政提供有效的知识，这两点本体论上的特征都决定了历史政治学能够有效避免历史研究的碎片化问题。接下来，我们把目光从学术功能转向政治功能，看一下历史政治学是怎样为国家治理提供经验，以及如何回答政治合法性这一本源性问题。

四、历史政治学之“求善治”与研究善治的方法论

历史政治学之价值并不局限于前述的两大知识论功能，其知识论功能

① 陈明明．当代中国政治史研究的学科视野与问题意识．浙江社会科学，2017（9）．

② 因为除了不平等的交换关系，国家能力和国家政策、领土大小、人口基数和素质、地缘政治、资源、文化等因素同样会对国家兴衰会产生重大影响。参见：赵鼎新．从美国实用主义社会科学到中国特色社会科学：哲学和方法论基础探究．社会学研究，2018（1）．

③ 杨光斌．论世界政治体系：兼论建构自主性中国社会科学的起点．政治学研究，2017（1）.

本身包含天然的政治实践价值，即研究如何提供治国理政的方案或者理解善治的方法。但是，在过去一个世纪中，包括中国在内的很多国家的政治学研究一直有“求变”代替“求治”的现象①。“变”固然是一种常态，但历史告诉我们，“变”寓于“不变”之中，政治学的研究主题一直围绕政体之“变”而非“不变”之道，即如何治国理政的问题。想当然地认为只要政体变了治理自然就好了，这完全不符合比较制度变迁的一般规律。从20世纪上半叶到六七十年代，“求变”的主题是通过改变资本主义政治制度，或者是催发资本主义制度的内在危机而改变自身；二战后，西方学界在民主理论上成功逆袭，以选举式民主为核心的自由主义民主代替了人民主权的古典民主，成功地捍卫了自己的政治制度并成为改造其他国家政治的革命性理论，引发所谓的民主化浪潮和很多国家的转型。即便是在“第三波民主化浪潮”中兴起的治理理论，鼓吹的也是个人权利、社会权利并以此为基础的去国家化、去政府化方案，因而也是以“治理”之名寻求革命性变革的理论。

“求变”的研究议程自然有相应的研究方式。比如，配合改变资本主义政治的研究范式是阶级分析乃至阶级斗争，配合推广自由主义民主的研究范式是“转型学”和看上去很中性的治理理论。这是世界范围内的政治学的大致走向，中国政治学自然也免不了受世界性思潮的影响。

在全球化进程中，“求变”的理论资源或者思想资源一般是外源性的，即“求变者”期待自己和发达者一样好，这是制度变迁中常见的现象。“变”的结果就是现代性的同一性——大家看上去越来越像了。然而，这些国家的治理水平并未因此得到改善，甚至更加恶化，最甚者招致国家失败，国之不国，比如苏联、南斯拉夫以及仍然处于内战中的一些中东国家，更多的国家长期得不到有效治理。与此同时，中国模式、中国道路和中国方案在世界范围内受到了广泛关注，中国模式更是经受住了20世纪80年代以来的“第三波民主化浪潮”和新自由主义经济思潮的冲击。中国一直在变革，但“变”是在“不变”中发生的。

① 杨光斌．政治学研究范式的转型：从“求变”到“求治”：政治学学科史的视角．中国政治学，2018（1）．

世界范围内的制度变迁和中国的经验给我们的启示是，一直在“求变”的政治学应该回归其规定性即“求治”了。在这个节点时刻，中国共产党之“国家治理体系和治理能力现代化”的命题，把握了时代的脉搏，引领了时代的话语权。

如果说“求变”的思想资源具有横向性、共识性和外源性的特征，那么“求治”政治学的思想资源必然是纵向性的、历史性的和本源性的。比如，转型后的很多发展中国家被称为民主政体，但这个政体名称之下则各有其本源性、实质性的内涵，菲律宾等很多发展中国家是典型的“封建制民主”——选举式民主寓于不变的旧土地制度之中①；作为“封建制民主”的变种，有的叫“新世袭主义民主”②，有的叫“考迪罗式民主”③。即使在发达国家诸如日本、韩国，选举式民主也难改变其固有的派系政治。而在中国，尽管历经一个世纪的革命性变迁，但难以改变的是中华文明基因，而且当代中国政治发展事实上传承着中华文明基因④。

“求治”政治学的本源性资源特性决定了，“求治”政治学研究远比“求变”政治学研究复杂，研究的挑战性更大。这是因为，“求变”以因简单化才能招致变迁，比如个人权利假设就可以号召人们去改变，去寻求“历史的终结”，虽然最终以失败而告终。但是，“求治”政治学必然是各国差异性的个案化的历史文明研究，必须寻求差异化治理方案，意味着不存在“一刀切”的治理方案，这让跨国研究者望而却步。历史的教训是，按照主流理论去治国理政的拉美国家、非洲国家，有几个成功的？相反，历史上的俾斯麦时期的德国、二战后的“东亚奇迹”以及当下的中国，都没有亦步亦趋照搬主流理论。这在某种程度上也解释了为什么“求变”的政治学发达而“求治”的政治学贫困，也能理解异域学者为什么更多地喜欢研究对象国的对外关系而非内政。

---

① 何家丞．论封建制民主：菲律宾的民主模式及其在发展中国家的普遍性．世界经济与政治，2020（1）．

② Daniel C. Bach and Mamadou Gazibo eds.，*Neopatrimonialism in Africa and Beyond*，New York：Routledge，2012.

③ 威亚尔达．拉丁美洲的政治与发展．刘捷，译．上海：上海译文出版社，2018.

④ 杨光斌．历史政治学视野下的当代中国政治发展．政治学研究，2019（5）．

他国学者不敢涉足的领域正是本土学者不可推卸的责任，每个国家政治学研究者对于本国纵向性本源性资源的发掘，就是对世界文明的一种增量贡献。在这方面，中国政治学应该饱有热情地和带着使命感去发掘自己的治国之道，为世界文明作更大的贡献。这是因为，中国历史是政治史和国家史，相对于擅长“政道”之西方人，中国人更长于“治道”[①]。早在公元前7世纪，管仲治齐，运用的就是今天意义上的政治经济学思想，堪称最早的“政策决定论”。比较而言，古希腊、古罗马有政体而几乎没有关于治理的思想，最高的经济思想就是亚里士多德关于分工的观察，之后直至17世纪，西方经济思想一直呈衰败之势。正如奥地利经济学派的研究者所说，古希腊“基本上都是一片经济思想的荒漠”[②]，“在亚里士多德去世以后，经济理论发展走向衰退，到了后来的公元前4世纪至公元前1世纪时期的希腊化（Hellenistic）和罗马时代，经济思想差不多成为空白”[③]。比较而言，中国人是与生俱来的治理主义者。

长于“治道”的中国人的治理成就有目共睹，即举世瞩目的中国模式。但要想解释中国模式，历史政治学不可缺席。中国模式不是横空出世，而是一种文明传承所造就的民族复兴，这就需要回答当代中国政治发展是几千年中华文明的一种连续体，其中的关键要素是大一统国家结构为什么能存续，政治制度、经济制度、民本思想、社会关系中的仁爱、边疆治理等要素与大一统的关系，都需要历史政治学的回答。

“求治”的研究不但是在研究国家治理本身，而且也是研究良政善治的一种方法论。若没有历史政治学的思维方式和世界观，没有本源性的历史政治学的知识积累和理论产出，外源性的“理论政治学”就可能大行其道，以源自异域的一个概念、理论体系去衡量历史文化完全不同的国家治理。一百年来，民国时期的政治学传播的是欧洲政治学，接着是苏联政治学，近几十年来美国政治学大行其道。这些外源性政治理论启迪乃至丰富

---

① 王绍光．中国·政道．北京：中国人民大学出版社，2014.

② 罗斯巴德．亚当·斯密以前的经济思想：奥地利学派视角下的经济思想史：第1卷．张凤林，等译．北京：商务印书馆，2012：29.

③ 同②31－32.

了我们关于政治学的认知，开阔了我们的政治视野，但却不能解释、回答中国的实践问题，有时甚至误导了人们对中国政治的认知，比如在合法性这个根本问题上。

五、历史政治学与历史观

获得政治合法性即让人民认同和服从以实现长治久安，是任何时代的政治统治的最高诉求，也是古今中外政治学的终极关怀。在前工业文明时期，世界的隔绝状态决定了合法性标准的多样性；伴随着工业化推动的政治思潮的全球传播，合法性标准大有一元化的排他性趋势，以自由主义民主为核心内容的“普世价值”被诠释成合法性来源和基础①。如前，自由主义民主其实是发端于七八世纪的西方文明的政治表述，因此作为合法性标准的自由民主其实是西方文明的一种历史延伸，对西方国家而言具有历史性特征。但是，源自西方文明的历史性标准如果被移植到非西方国家，形式上的政体合法性是否就意味着实质性的治理合法性？比较政治发展研究显然不支持这样的结论。这就是为什么很多转型国家又出现了“民主回潮”，进而被西方政治学称为“威权主义民主”、“竞争性威权主义”甚至“无效的民主”；更何况，英国“脱欧”公投以及特朗普总统等一批强人政治现象，都使得西方人不得不讨论西式民主的危机。其实，在 20 世纪末，政治哲学家罗尔斯就西方国家和非西方国家的合法性标准给出了不同的答案，认为如果宪制自由主义是西方政治的合法性来源，“社会条件”完全不同的非西方国家必然有自己的合法性标准，组织良好的“合宜的协商等级制”政治就具有合法性②。

社会条件和政体结构都是约束性制度，但为什么相同的政体结构在不

① 布劳特．殖民者的世界模式：地理传播主义和欧洲中心主义史观．谭荣根，译．北京：社会科学文献出版社，2002.

② 罗尔斯．万民法．陈肖生，译．长春：吉林出版集团有限责任公司，2013：24，47.

同的社会条件下具有完全不同的结果呢？政体和社会条件相适应乃至成长于特定的社会条件，政体是有效的；相反，政体与社会条件存在紧张关系乃至冲突，政体则可能是无效的。显然，具有历时性结构的社会条件是根本性约束制度，而共时性的政体相对于社会条件则具有附属性，二者都对人的价值取向、行为模式产生影响，但社会条件的影响则更为直接且深远，这就是为什么华人在不同的国度中的生活方式都具有高度的相似性。其实，马克思早就揭示了人的行为的历史条件性，“人们自己创造自己的历史，但是他们并不是随心所欲地创造，并不是在他们自己选定的条件下创造，而是在直接碰到的、既定的、从过去继承下来的条件下创造”①。

社会条件的强大作用需要得到深入的解释。在我们看来，社会条件不仅是一种相对容易理解的结构性约束机制，还是一种时间性演化序列。与此同时，这个时间性不但是过去的，也可能是现时性的乃至未来性的，是一种延续不断的时间进程。唯有如此，才可以理解为什么同一种政体形式在不同的社会条件下的结果是不一样的，因为自发性政体和作为“飞来峰”的政体与时间进程的关系完全不同。也正是在时间进程的意义上，才可以理解，合法性政体必然源自社会条件，或者说作为时间进程一部分的政体才具有合法性。这样，论述合法性政治非历史政治学莫属。

历史政治学视野下的合法性政治研究与理性选择主义的“理性人假设”的合法性理论具有根本性差异。在理性人假设中，人的需要都是一样的，因而只要设计一种能满足人的需求的制度，比如选举授权，就是合法性政治。常识是，如果选举授权不能产生对人民负责的责任性政治，甚至还可能导致国家分裂、动荡和无效治理，那这样的程序还是正义的吗？流行的合法性概念已经处于困境之中，就像历史上的合法性概念不断地与时俱进地被改造②，流行的合法性概念也需要得到更改。历史政治学提供了一种不可替代的研究路径，以重新认识合法性的来源和知识基础。

无论是把历史研究作为政治学知识的来源，还是力主政治史研究而防止历史研究的碎片化倾向，以及历史政治学的求善治的政治功能，说到底

---

① 马克思，恩格斯．马克思恩格斯选集：第1卷．3版．北京：人民出版社，2012：669.

② 杨光斌．合法性概念的滥用与重述．政治学研究，2016（2）.

都为理解或者证明合法性政治。历史政治学将为认识合法性政治提供一种全新的知识体系。基于不同的知识体系的观念和理论，对于政治尤其是合法性政治的认知是不一样的。不得不指出，历史政治学不但是分析性的，也是功能主义的。其实，任何流派或研究路径的政治学理论都具有鲜明的功能主义色彩。以追求“科学”为名的行为主义政治学不也是在假设宪制合理性的前提下进行政治行为研究吗？看上去具有科学主义性质的理性人假设，说到底不就是为了论证基于个人权利基础上的资本主义制度的合法性吗？客观地说，行为主义和理性选择主义都有一定的分析性，但都有与生俱来的功能主义乃至对策性功能。同样，历史政治学研究追求客观的分析性，但不回避其政治上的功能主义禀赋。

第四章 历史政治学的理论辨识：新教伦理与资本主义精神

几年前，美国一家著名的音乐学院要在天津建一所分校，当时的天津市市长要求把音乐学院的建筑建成哥特式风格。美国人一听就急了，说这怎么行呢，哥特式建筑是欧洲殖民主义的象征，应该彻底放弃，坚决主张建一个面向21世纪的现代风格的学院。这种“殖民化思维”绝不鲜见。在思想领域，很多被西方人自己都已经抛弃的帝国主义、殖民主义作品，依然被中国人视为“经典”而膜拜，其中马克斯·韦伯的《新教伦理与资本主义精神》（以下简称《新教伦理》）最为典型。2016年，在韦伯的《儒教与道教》发表100周年之际，秋风（姚中秋）教授也曾组织一场专门的“走出韦伯神话”研讨会，围绕《儒教与道教》和《新教伦理》各抒己见[①]。但与会者多为哲学学者或文化学者，而韦伯的著作尤其是《新教伦理》显然是一部宗教学著作，最不应该当作哲学著作加以研究，它也实际上是一本史学著作、一部以学术形式出现的政治著作，可以归于政治史类，很遗憾没有世界史、欧洲史学者参与讨论，因此除秋风教授触及韦伯的史观外，不少人甚至没能认识到韦伯的宗教研究恰恰是韦伯自己都最不自信的部分，多数学者还在纠结于文本本身，没有意识到韦伯的政治身份而只把他当作“价值祛除”的学者，因此很多人依然未能走出韦伯布下的迷魂阵。我们将会看到，韦伯是在通过研究文明中最具代表性的因素即宗教，主张一个民族权力中的最根本的权力——文化。因此，我们不但要理解韦伯著作中的概念、知识，更重要的是如何认识其历史观、文明观问题。在这个不能“无问西东”的最根本问题上，我们应该认识到，西方人自己早已像对待哥特式建筑一样，把韦伯的《新教伦理》也视为文化帝国主义的象征了，但是我们依旧奉为“学术经典”。这里的根本原因是政治

---

① 秋风，等．走出“韦伯神话”后的中国文化自觉．开放时代，2016（3）．

思想史的研究路径出了大问题，国内一般都是沿着“思想史中的思想研究”去研究，结果剥离了人物思想的历史语境。事实上，政治思想史研究更应该沿着“历史中的思想研究”，即历史社会学的路径去发掘思想。《新教伦理》是一部典型的历史社会学作品，但是流行的“思想史中的思想研究”却把它视为政治哲学作品，结果永远跳不出韦伯那些艰涩、繁杂的概念。

著名编年史历史学家布罗代尔质问：“一种文明凭什么始终要比另一种文明更聪明和更合理呢?”韦伯认为“对资本主义的一切解释都离不开西方‘精神’本质和不可缺少的优越性，其实这种优越性也来自历史的偶然和暴力，来自世界范围的‘发错了牌’。为了这个事业或某种解释的需要而**改写历史**（其实同样可以翻译为‘篡改历史’——作者注），这是没有意义的。”[①] 我们将会看到，“改写历史”的韦伯不但是一个学者，还是一个政治人物，其政治身份往好的方面说是自由主义和民族主义的混合，其实就是一个文化帝国主义者，其政治使命是完成“民族帝国主义”[②]。集学者和政治人物双重身份于一身的韦伯，著作《新教伦理》的目的，诚如历史社会学家戈德斯通所言，“这种观点是被用来为西方的扩张主义进行辩护的。直到今天，许多西方人看到伊斯兰国家时，总是认为他们见到一种完全不同的生活方式，这种生活方式有时看起来充满威胁，有时看起来又十分落后。然而，这种东方主义倾向和对西方崛起过程中宗教差异的理解是建立在对历史和宗教的一系列错误认识的基础上的。从当代儒教、印度教及佛教国家（如韩国、印度、斯里兰卡和泰国）的经济体制，以及近代东方国家在技术方面的卓越成就（其中很多都对日后西方的技术产生了重要影响）来看，这种认为亚洲历来就是停滞或落后的观点是很容易被证伪的”[③]。

“改写历史”的作品自然是很容易被证伪的。《新教伦理》如果不是出

① 布罗代尔．15 至 18 世纪的物质文明、经济和资本主义：第 2 卷．北京：生活·读书·新知三联书店，2002：645.

② 蒙森．马克斯·韦伯与德国政治（1890—1920）．北京：中信出版社，2016.

③ 戈德斯通．为什么是欧洲：世界史视角下的西方崛起（1500—1800）．杭州：浙江大学出版社，2010：52.

自韦伯之手而是一个二流学者的作品，早就被人遗忘了。要知道，作为伟大学者的韦伯都对其自身充满政治偏见的宗教社会学研究并不那么自信，也可以说宗教研究理论是他思想体系中最脆弱的部分，甚至因其政治身份、政治目的而成为其学术生涯的污点。在《新教伦理》中，一开始韦伯就把自己当作宗教领域的“非专业人士”，他说：“特别是可使用的真正资源（碑文和古文书）的翻译文本，特别是关于中国的资料，其数量与存世的重要资料相比还是少之又少的。这些因素就导致了我们的研究肯定具有一种**暂时性**，特别是那些涉及亚洲的研究更是如此。”“这些论述注定要被那些具有更重要意义的论述所去掉的，因为一切科学皆是如此。”① 《新教伦理》的最后一句话是：他的这本书只是**研究的准备工作，不能被当成研究的结论**，否则就不能揭示历史的真相②。然而，对于韦伯自己都不那么自信的一种“暂时性的”“准备性的”研究，而且是为帝国主义国家扩张辩护的作品，到现在居然还被很多国人奉为“永久性的”“经典”，实在是匪夷所思。这意味着，要建立中国自主社会科学话语知识体系，至少有两个方面的工作要做：不但要重新认识中国自己，而且要将“去殖民化思维”作为重新认识中国的前提——祛除马克斯·韦伯带给中国政治学人的心魔。

一、韦伯历史叙事的真相：“西方的兴起”

韦伯并非“西方的兴起”历史叙事的始作俑者，但绝对是关键人物。中国史和世界史教授马立博（Robert Marks）这样描述道：“在最初讲述‘西方的兴起’的时候，整个故事如同一场接力赛，有希腊兴起的民主思想传给了罗马人，而后者却丢掉了接力棒（罗马帝国崩溃后接下来是所谓的黑暗时期），但基督教登台，重新捡起接力棒继续向前跑去，在封建时

① 韦伯．新教伦理与资本主义精神．北京：北京大学出版社，2012：18.

② 同②185.

代创造了独具特色的欧洲文化。古代希腊的遗产在文艺复兴时期被重新发现，并在启蒙时期得到阐发，最终在法国大革命和美国革命以及‘西方的兴起’的浪潮中得到完善。”① 这段话我们很熟悉，因为在中国流行已久的西方政治思想史教科书就是这套逻辑。在这套历史叙事中西方是“先进的”“文明的”，非西方是“落后的”“专制的”“野蛮的”。这种西方历史概念化的一个非常重要的人物就是马克斯·韦伯，他集中于西方价值和文化，认为源自新教的理性主义和工作伦理对资本主义的兴起即西方的兴起至关重要。

需要说明的是，即使在文明和价值的意义上，韦伯也并不是一个创始者，其前有赤裸裸的人种优越论者如我们熟悉的自由主义者约翰·穆勒，其后有更加隐晦的制度优越论者，“人种优越论—文化优越论—制度优越论”构成了“西方的兴起”所导致的“历史的终结”的完整的历史叙事②。虽然从韦伯开始叙事方式越来越隐晦，但万变不离其宗，出发点还是原初的白人优越论。**韦伯著述《新教伦理》的时候，正值帝国主义时代的高峰时期，其中社会达尔文主义和种族主义甚嚣尘上，我们将会看到，韦伯是一个典型的种族主义者和帝国主义者。**那么，在《新教伦理》中，韦伯到底是如何展开其历史叙事的呢？虽然被很多人奉为“经典”，但因是中世纪史尤其是宗教史的研究，读懂这本小册子对很多人而言并非易事。

韦伯在《新教伦理》的开篇就宣告：西方赢了！西方文明具有“普适意义”和“普适价值”③。西方赢在哪里呢？韦伯作了列举：第一，只有西方的科学真正达到了可以被当代公众认可的发展程度；第二，中国的历史学虽然高度发达，却没有修昔底德的研究方法；第三，在音乐艺术上，理性而和谐的音乐，只有在西方才有；第四，在建筑学上，哥特式拱顶的空间结构在其他地方也没有；第五，大学制度为西方所独有；第六，公职人员系统为西方所独有；第七，理性的成文宪法为西方所独有；第八，也是结论性

---

① 马立博．现代世界的起源：全球的、环境的述说（15—21 世纪）．北京：商务印书馆，2017：6.

② 杨光斌．论世界政治体系：兼论建构自主性中国社会科学的逻辑起点．政治学研究，2017（1）.

③ 韦伯．新教伦理与资本主义精神．北京：北京大学出版社，2012：3.

的，所有这些都源自其他文明所没有的资本主义组织[①]。而资本主义是怎么来的呢？就是“西方文化独特的理性主义”[②]。

韦伯在亮出观点后，在《新教伦理》的最后一章重申：“不论在何种情况下，就清教徒的立场所影响的范围而言，比起仅仅鼓励资本积累的作用，更为重要的意义在于，它有助于培养一种理性的资产阶级经济生活；在这种生活的发展过程中，清教徒的立场是最为重要的，并且始终发挥着重要的作用。正是它哺育和培养了现代的经济人。”[③]“基于天职观念的理性行为，正是现代资本主义精神乃至整个现代文化的基本要素之一，而这种理性行为乃源自基督教的禁欲主义精神，这便是本文力争要证明的观点。”[④]

从开头到结尾，韦伯叙事的逻辑就是“新教伦理—理性主义—资本主义精神”。“新教伦理与资本主义精神”到底是什么样的关系呢？就连布罗代尔这样的史学大家也说，韦伯的“论证十分复杂，使人无头绪之感。他想找到具有特殊心态的，即具有理想型‘资本主义精神’的少数新教徒，因而需要预设一系列的假定。他在时间上从现在向过去倒着论证，因而使问题变得十分复杂”[⑤]。也就是说，不熟悉中世纪史的读者很难理解韦伯在说些什么。从过去到现在的时间顺序，笔者试图梳理出一个更清晰的新教伦理与资本主义精神的假设性因果关系或者逻辑链：天职—预定论—自律—理性—商业行为—自我救赎（履行天职）。这种由假设构成的逻辑链，真是一种脑洞大开的“自由意志”的异想天开之举。

关于天职。“天职”（the calling，又译为“感召”）似乎是韦伯的最爱，不但在《新教伦理》中，在其他文献中韦伯也多次使用“天职”以表达自己的使命感，比如《政治作为天职》。韦伯给“天职”的定义是“上帝留给人类的任务”。这是路德宗教改革的产物、一种新观念，把履行世俗事

---

① 韦伯．新教伦理与资本主义精神．北京：北京大学出版社，2012：3－15.

② 同①16.

③ 同①175.

④ 同①182.

⑤ 布罗代尔．15至18世纪的物质文明、经济和资本主义：第1卷．北京：生活·读书·新知三联书店，2002：628.

务的责任，看作个人道德活动所能采取的最高形式，“上帝唯一能够认可的生活方式并不是通过隐修禁欲主义来超越世俗道德，而是履行个人在现世中所处位置所赋予他的义务”①。

关于预定论。每个人的“天职”都是注定的，即所谓的“预定论”。韦伯这样描述预定论：

> 对于生活在宗教改革时期的人来说，他生活中最重要的事情就是永恒的救赎，他被迫独自一人跟随他被预定的人生轨迹去面对那个已经为他预旨了的永世命运。没有人能够帮助他。牧师不能帮助他，因为上帝的选民可以通过自己的心灵来理解上帝的预旨。圣礼不能帮助他，因为虽然圣礼是由上帝授命用于增加他的荣耀，每个人因此必须谨慎遵守，但是不能通过这一方式获得恩典，圣礼不过是信仰的一个主观“外在补充”。教会不能帮助他，因为即使人们把“教会之外不得救赎”理解为不真正加入教会就永远不可能成为上帝的选民，但是那些虽然加入了教会心灵却并不虔诚的教徒，也是注定要被罚下地狱的。……最后，甚至连上帝也不能帮助他们。因为连耶稣也仅仅是为了上帝的选民而死，为了选民的利益上帝已经在永世中预旨了耶稣的受难。这完全消除了通过教会和胜利得到救赎的可能性，从而形成了一种与天主教截然不同的决定性差异。②

关于自律。既然命运是预定的，怎么办呢？接下来只能求助于救赎，那么又如何得到救赎呢？过一种自律的生活，“把人们从非理性冲动的影响和对于现世和自然的依赖中解救出来。隐修制度试图让人服从一种意志坚定的无上权威，使他的行为受到持之以恒的自律，从而深思熟虑自己的行为会产生的伦理影响。在客观上，隐修制度把修道士训练成为上帝服务的劳动者，而在主观上，修道士也由此确保了自己的灵魂获得救赎。这种积极的自律构成了圣依纳爵的苦修的目的，也构成了所有理性的隐修美德

---

① 布罗代尔．15至18世纪的物质文明、经济和资本主义：第1卷．北京：生活·读书·新知三联书店，2002：76.

② 韦伯．新教伦理与资本主义精神．北京：北京大学出版社，2012：102－103.

的目的，而对于清教徒来说，这种自律也构成了它最为重要的实际理想”。他还宣称“对寂静自律的尊重”，“在今天依旧可以从英国或美国典型的绅士身上分辨出来。用我们的话说就是，和每种理性的禁欲主义一样，清教徒试图让人能够保持他一贯的行为动机（特别是清教教导给他的动机），并且依照这一动机行事，而不是凭情绪行事”[①]。韦伯知道，禁欲主义在中世纪就是一种行为哲学，那么加尔文教的禁欲主义与之有什么区别呢？“加尔文宗又在其中增添了一种积极的观念，即有必要在世俗活动中证明自己的信仰”[②]，以理性主义精神从事商业活动以完成“天职”并获得救赎。

关于理性。在逻辑上，禁欲主义的自律生活方式会酝酿出理性。韦伯牵强附会地论证道，商业活动的记账簿来自禁欲主义，是“用以一一收录罪恶、诱惑或蒙恩进展的虔诚的记账簿”，并认为所有道德家和神学家都提到过这种记账簿，而资本主义精神的代表人物本杰明·富兰克林的例子最为典型，他的记账簿以图表统计的方式记述了他在各种美德方面的自我提高[③]。韦伯直接把来自教会活动的记账簿与商业活动关联起来，认为清教徒能够理解上帝在生活中所有的细节之处留下的痕迹，因此“这种使生活神圣化的过程几乎可以呈现出一种商业企业的特征了。对整个生活进行完全的基督教化就是这种伦理行为的条理性所产生的影响，与信义宗不同的是，这种条理性正是加尔文宗要求人们遵循的。只有时刻记住这种理性对现实生活具有的决定性影响力，我们才能正确理解加尔文宗产生的影响”。总之，“清教道德所指的正是有条理的理性伦理行为”[④]。这样，“一般人道德行为中那种盲目和非系统化的特征被抹去了，随之这种行为开始受支配于一种作为整体的一贯行为方法”。人的行为就从“自然状态”转化为“蒙恩状态”[⑤]，行为变得理性。

关于资本主义精神。宗教改革之后的“加尔文宗显得与资产阶级-资

---

① 韦伯．新教伦理与资本主义精神．北京：北京大学出版社，2012：118.

② 同①120.

③ 同①123.

④ 同①124.

⑤ 同①116－117.

本主义的企业家那种严格的守法主义和积极的事业进取心具有更为密切的联系”。不但企业家如此，就连普通人也因此有了更多的美德——公职人员、企业职员、工人或仆人的忠诚德行①。韦伯继续说道，资本主义伦理中最为重要的原则是“诚实为做人之本”，“甚至在17世纪的人们看来，浸礼宗，尤其是贵格会所秉持的入世禁欲主义的具体形式，实际上也接受了这一原则。另一方面，我们应当预见到的是，加尔文主义的影响更多的是解放了人们获取私有财产的活力”②。“现在基督教禁欲主义砰地关上了身后修道院的大门，大步迈入生活的集市，开始着手将自己的秩序渗透到日常生活中去，并使之成为现世的一种生活，然而这种生活既不属于现世，也不为现世而存在。”③ 为了谁呢？为了履行上帝的“感召”而在俗世间所完成的“天职”。在加尔文看来，财富不仅不会妨碍神职人员发挥自身的作用，而且还能大大提高他们的威望，劳作创造的财富“增添上帝的荣耀”④，“要像上帝命令的那样，更进一步地把劳动本身当做是人生的目的”，因为“上帝毫无例外地为每个人都设定好一个天职，人人都应该以此为业并辛勤耕耘”⑤；“当获取财富是天职中一项需要履行的责任时，那么它不仅在道德上是被允许的，而且事实上是必须践行的”；“强调固定天职在禁欲主义中的重要意义，为现代专业化的劳动分工提供了伦理依据。同样地，对盈利活动的神意解释也证明了商人活动的正当性”⑥。“当消费的限制与获利活动的解禁相结合，一种不可避免的实际效应就会显现出来：凭借禁欲主义的强制节俭来实现资本的积累。附加在财富消费上的种种限制，使资本流向生产性投资成为可能，而这自然会有助于增加资本。”⑦ 在韦伯那里，人类几乎所有的美德都源自新教伦理。可是，诚实、节俭、勤劳、进取等美德以及劳动分工、再生产性投资等经济行为，难道

① 韦伯．新教伦理与资本主义精神．北京：北京大学出版社，2012：138.
② 同①150.
③ 同①153.
④ 同①159.
⑤ 同①161.
⑥ 同①165.
⑦ 同①174.

不在其他文明中系统性存在吗？

关于救赎。“资本主义精神”的指向何在？韦伯论述道，“蒙恩状态”中的理性主义使得圣徒的生命履行了一个先验的结局，即为完成天职而获得救赎。“恰恰是为了这一原因，他在现实中的生活被彻底地理性化了，并且完全被这种增添上帝在现世中的荣耀的目标所支配。再没什么人能比他们更为严格地奉行‘一切为了上帝的荣耀’这一箴言。笛卡儿的‘我思故我在’被同时代的清教徒借用来进行伦理的重新解释，即人的生命只有在持之以恒的思想的指引下，才能克服自身的‘自然状态’。”[①]“如果这种财富的获得是在履行天职中的劳动中结出的果实”，那么财富越多，“它就成为上帝赐福的象征”，就越能为上帝增添荣耀，这显然是对资本主义的发展具有重要意义的伦理基础[②]。

这种浮想联翩式的逻辑其实是在说，新教伦理培养了资本主义精神，进而出现“西方的兴起”，这一切都是上帝的预旨。作为历经了长期的教会政体的欧洲，无论是先前的基督教政体，还是宗教改革之后的天主教政体与新教政体，无疑会给世人的思想、行为打上一定的烙印，加尔文教之于商业解放的价值更不容忽视。问题是，没有加尔文教就没有商业活动，甚至没有资本主义精神吗？把暂时性的权力转移（“西方的兴起”）论证为上帝的永久性安排，一种天启式的预定论实在不应该是标榜学术研究“价值中立”的韦伯之所为。韦伯的行为犹如中世纪的奥古斯丁、阿奎那等神学家，只不过此时的世界不再处于黑暗时代。也正是在这个意义上，认识不到韦伯神学家身份而视《新教伦理》为“经典”者，事实上依然存活在黑暗时代。

其实，**韦伯自己也知道这项研究的价值性以及由此心虚。如前引所述，从头到尾，韦伯都对自己这样的研究没有信心。**毕竟，“改写（篡改）历史”注定是一项不可能完成的“天职”，哪怕是韦伯这样天才式的人物，也没有资格、没有能力“改写（篡改）历史”。在真实的历史面前，抒写虚假历史的人物都显得如此微不足道。

---

① 韦伯．新教伦理与资本主义精神．北京：北京大学出版社，2012：117.

② 同①172－173.

二、"回到事情本身"的历史政治学：欧洲史-全球史-宗教史下的资本主义精神

学者的精神支柱应该是自己，但中国社会科学的滞后性决定了学者需要"他者"为精神支柱，"文化大革命"之后需要寻找一个新偶像，这就是另外一个德国人马克斯·韦伯。"韦伯命题"必然引发学者的竞相研究，坊间似乎一时间以谈韦伯为荣。众多的研究已经告诉我们，具有政治身份的韦伯为了政治目的，无视世人智商，因而《新教伦理》基本上早已被西方学术界祛魅。韦伯无视自己熟知的欧洲史，在资本主义起源、天主教与新教的性质上，都展开了违反历史常识的假设性论证，更别说全球史观下的"西方的兴起"逻辑的荒谬性。让我们从想象学常识出发，"回到事情本身"而把"韦伯命题"悬置起来，看看韦伯是如何"改写（篡改）历史"的。这里，只把西方既有的研究成果呈现出来就足够了。

欧洲史视角下的资本主义起源。即使在欧洲，经济中心在不停地转移，韦伯把暂时性的权力中心转移当成了事实性的"历史的终结"，即资本主义终结了历史。资本主义组织起源于南欧而不是新教地区的北欧国家。对此，布罗代尔指出：

> 经济中心的这种转移在历史上是经常发生的：拜占庭在伊斯兰面前相形见绌，伊斯兰让位给信奉基督教的欧洲；地中海地区在征服世界七大海的斗争中旗开得胜，但整个欧洲的重心于十六世纪九十年代偏向当时正顺利发展的北欧新教国家。直到那时候为止，也许直到十七世纪的一二十年代，资本主义一词主要适用于南欧，尽管罗马和教廷都在那里。阿姆斯特丹只是崭露头角。我们还注意到，无论美洲、好望角的海路或世界的其他大路，都不是北欧所发现的，葡萄牙人最早到达马来群岛、中国和日本：这些空前成果都应归功于据说懒惰成性的南部欧洲。资本主义的工具也丝毫不是北欧的发明，它们全部来

自南欧；甚至阿姆斯特丹银行也是威尼斯里亚托银行的翻版。北欧大商业公司正是为了对付南欧——葡萄牙和西班牙——而成立了国家垄断组织。①

韦伯的同时代作家松巴特教授（Werner Sombart）写了两本关于资本主义的著作，一本是早于《新教伦理》的《现代资本主义》（1902），一本是批判韦伯的《资本主义》（1930），其关于资本主义起源的研究比韦伯的《新教伦理》更可信，事实上在西方思想界影响更大。在松巴特那里，新教伦理被归因于犹太教精神，这是种族主义者的韦伯所坚决剔除的（后面论及韦伯政治身份时将提及）。松巴特有力地论证道，从 13 世纪起，特别是在 15 世纪，佛罗伦萨是个资本主义城市，不管人们赋予资本主义一词什么含义。松巴特发现，佛罗伦萨人巴蒂斯塔的四卷本《家庭篇》（成书于 1441 年）记载了一种全新的生活气氛：赞扬金钱和时间的价值，必须节俭地生活，所有这些都是早期资产阶级的原则。《家庭篇》指出，金钱是“万物的根本”；“有钱就能有城市住宅或乡村别墅，各行各业的工匠都为有钱人辛苦服务。没有钱就会缺少一切，办任何事都少不了钱”。这和当时基督教流行的金钱代表着堕落的价值观完全不同。在对待时间的问题上，《家庭篇》说过去时间属于上帝一人，出卖时间（借贷时收取利息）也就是出卖不属于自己的东西；而现在，时间是生活的量纲和人的财富，对于人来说，最好不要让时间白白过去。关于奢侈，佛罗伦萨人说“你们应该记住，决不要让你们的支出超过收入”。对此松巴特总结道：“这里不是要把节俭的思想贯穿到勉强能吃饱肚皮的平民百姓的日常生活中去，而是要让富家大户同样接受这种思想。”布罗代尔指出，在马克斯·韦伯看来，现代意义上的资本主义不折不扣地是基督教甚至清教的产物。所有的历史学家全都反对这个精巧的论断，虽然他们无法彻底抛弃它；它不断改头换面地重现在他们的面前。然而，这个论断毕竟是错误的②。

---

① 布罗代尔．15 至 18 世纪的物质文明、经济和资本主义：第 1 卷．北京：生活·读书·新知三联书店，2002：631－632.

② 布罗代尔．15 至 18 世纪的物质文明、经济和资本主义：第 1 卷．北京：商务印书馆，2017：642－644.

资本主义不但产生于韦伯所说的新教国家，更产生于松巴特所说的天主教南欧国家。不仅如此，欧洲以外的资本主义也很多。“如同欧洲一样，世界其他地区几百年来也从事生产、发展交换和加速货币流通。到这类活动中去寻找某种资本主义的征兆或先兆，难道说是荒唐的吗？……在一定程度上，资本主义曾经光顾过社会的所有形态，至少我心目中的资本主义是这样的。”而资本主义的成败“有两大理由可做解释：一方面是经济的或地域的理由，另一方面是政治的或社会的理由”①。诚如马克思所说，在专制权力盛行的地方，资本主义难以发展起来。在中国明朝，市场经济即资本主义市场很牢固，商业网络很发达，诸如地方集市星罗棋布，小工匠和小商贩走街串巷，城市中店铺鳞次栉比，四方商旅来往频繁，但国家机器高高在上地监视一切，它对富人持明显的敌对态度，因此那时的中国只有市民阶级而无资本主义阶级②。

世界史视野下的“西方的兴起”。韦伯错误地将“欧洲的兴起”当成历史的必然和“历史的终结”，因此才有了如此粗暴的文明优越感。远的不说，1000 年到 1700 年之间的世界是什么样子的呢？

经济和技术上的中心在何处就不用说了。“在 1750 年或 1800 年之前，无论人口、工业还是农业生产方面，中心都在亚洲。”③ 至多，“西方的兴起”只是 1700 年之后的事，而且西方的崛起有赖于世界其他地方的各自发展，几乎所有被欧洲人认为是 16—17 世纪欧洲的科学和数学成果，其实都是以 800 年至 1400 年伊斯兰文明对数学、物理、化学和医药的发展为基础的。几乎所有欧洲早期的技术进步都是受到追赶亚洲先进技术激励的结果④；

---

① 布罗代尔．15 至 18 世纪的物质文明、经济和资本主义：第一卷．北京：商务印书馆，2017：646.

② 同①654－655.

③ 马立博．现代世界的起源：全球的、环境的述说（15—21 世纪）．北京：商务印书馆，2017：11.

④ 马立博．现代世界的起源：全球的、环境的述说（15—21 世纪）．北京：商务印书馆，2017：14；戈德斯通．为什么是欧洲：世界史视角下的西方崛起（1500—1800）．杭州：浙江大学出版社，2010：199.

而且西方的崛起是一种带有偶然性、偶合性的独特性的偶然事件[①]。这个偶然事件被书写成历史的必然，“当欧洲一度主宰全世界（虽然只是暂时的）的时候，19 世纪末到 20 世纪初的欧洲历史是由欧洲人写下的。为证明这种主宰地位的合法性，欧洲人试图从他们的历史和国家中寻找出一些能够解释这种主宰地位的证据，并将证据最终指向了欧洲与众不同的宗教，欧洲人（尤其是英格兰的新教徒们）告诉自己，西方的崛起并占据世界主导地位的事实不仅仅是必然的，而且在道德层面也是当之无愧的”[②]。

在政治文明层面，1000 年左右的被称为“黑暗时代”的中世纪时期，其蒙昧、野蛮、血腥，在此无须多言，而 1000 年左右的大宋政治又是什么样的呢？它堪称柏拉图心目中的“理想国”——一种君王和士大夫共治的太平盛世。即使是在西方开始摆脱黑暗政治的时期，即 16 世纪，意大利人利玛窦惊讶地发现，中国的广大区域都是由知识阶层来治理的。他还告诉欧洲人，在中国最终实现这一原则的制度叫作科举制。“科举制”就是其心目中的民主选拔制，由科举选拔成功的大臣辅助皇帝。利玛窦在《中国札记》中说：虽然我们已经说过中国的政府形式是君主制，但它在一定程度上是贵族政体，……如果没有与大臣磋商或考虑他们的意见，皇帝本人对国家大事就不能做出最后的决定。……所有的文件都必须由大臣审阅呈交皇帝。哲学家治理的国度就是柏拉图梦想的“理想国”。

1500—1700 年是多中心主义时代，其中有以中国为主的东亚秩序，阿拉伯人和印度人通过印度洋展开交往，地中海贸易亦开始兴起。世界史是怎么转向的呢？如何从多中心转向世界秩序中的西方中心？世界的中心为什么从东方转移到西方（“西方的兴起”）？转折点当然不是韦伯所说的加尔文教的出现，而是更早的哥伦布发现美洲新大陆（1492 年）和达·伽马的印度之行（1497 年）。这两件事都被亚当·斯密和卡尔·马克思认为是

① 戈德斯通．为什么是欧洲：世界史视角下的西方崛起（1500—1800）．杭州：浙江大学出版社，2010：198－199.

② 同①57－58.

改写世界历史的最重要的大事件。这两次贸易风险之旅也是对异族的血腥征服，将血腥的欧洲内部的“文明的冲突”（中世纪宗教战争）扩展到全球。北美和南美的对印第安人的种族灭绝式屠杀众所周知，在达·伽马的穿越大西洋的印度之行中，第一次登陆失败，随后回去组织了由20条船组成的“无敌舰队”，对当地人大肆屠杀而强行登陆，开始了最早的对东方的殖民征服，也是天主教对伊斯兰教的征服，因此有研究称之为“最后一次十字军东征”。

“西方的兴起”的历史逻辑是，在城邦国家（封建制）到民族国家的形成过程中，民族国家推动了资本主义组织和所谓的资本主义精神，即封建制—民族国家—资本主义组织系统。仅就民族国家形成而言，两个支柱就是远征贸易和战争征服：西欧各国的“东印度公司”既是贸易的先锋队，也是君主的远征军。民族国家的后生德国，在形成过程中更多的是靠战争，要知道《威斯特发里亚和约》签订时德意志地区还有上千个城邦国家，最后的普鲁士之所以坐大，其过程就是国家主义—军国主义—制定法，战争进程中的征粮和税收两大系统将国家组织起来，催生了资本主义组织系统和以民族国家为组织化平台的资本主义精神①。可以说，是贸易和战争的双轮驱动产生了民族国家，民族国家的舞台使得资本主义组织制度发展起来，这是蕴含“资本主义精神”的基本历史结构。下面提及的托尼在《宗教与资本主义的兴起》的结论是：贸易催生了新教伦理的资本主义精神，而不是新教伦理催生了资本主义，亲资本主义的加尔文教只是对资本主义的接受。

显然，博学的韦伯以高尚的文化、文明等概念重写“西方的兴起”尤其是后来者“德国的兴起”，以抹去那些血腥的贸易史、残酷的战争史。不从世界史的角度，而单纯地停留在文本上，就无从认识《新教伦理》之历史虚无主义性质。

天主教的理性与新教的非理性问题。如果说世界历史的转折点是两次大航海，欧洲的兴起则归因于意大利文艺复兴，这两个“关键时刻”都发

① 杨光斌．政治变革中的国家与制度．北京：中央编译出版社，2011：187－218.

生在天主教地区的南欧国家。**按照韦伯的定义，如果没有资本主义精神，天主教地区的国家如何能有如此重大创举？**在欧洲，二战后有大量研究把天主教看作是一种理性且推动资本主义的宗教[①]。其实二战之前就有这样的研究，**托尼在《宗教与资本主义的兴起》**中这样说："如果资本主义指的是资本所有者为其自身谋求金钱利益的实业趋向，以及他们自己建立的在他们和为他们所控制下的领取工资的无产阶级之间的社会关系，那么资本主义在中世纪的意大利和中世纪的佛兰德已经大规模存在了……到了'无敌舰队'时期，正是信奉天主教的葡萄牙和西班牙的经济帝国主义——确切地说不是新教国家的成就——给当代人留下了深刻印象。总而言之，正是主要的天主教城市成了欧洲商业之都，而天主教银行家成了主要的金融家。"[②] 托尼的结论是，"'资本主义精神'跟历史一样古老，却不像有时候所说的，为清教所孕育"[③]。托尼还指出，关于16世纪欧洲社会史的研究成果是，路德宗教改革是世俗的商业精神对传统的基督教伦理的胜利的结果[④]。后来的加尔文也只是"极为严肃地接受了商业文明的主要制度，并且为将要主宰未来的阶级提供了一种信条"[⑤]。换句话说，是商业精神催生了宗教改革，而不是宗教改革催生了商业精神。

更重要的是，科学革命的起点还发生在中南欧的天主教地区，哥白尼、伽利略和笛卡儿都是天主教徒。笛卡儿认为，除了上帝的恩泽之外，理性行为和良好的品行同样能够帮助人们获得灵魂的救赎。这种"异端信仰"使笛卡儿遭受了迫害，不得不流亡他乡，而加害者正是北欧国家荷兰的加尔文归正会，当时的加尔文归正会强力反对自由思潮，不遗余力地维护加尔文主义教条。"在1500年到1700年间，天主教会实际上是非常开放的，对于科学的发展也采取支持的态度。两位天主教徒——意大利的托里

---

① 克拉曼．不由自主的资产阶级：近代早期欧洲的精英斗争与经济转型．上海：复旦大学出版社，2013：336-341.

② 托尼．宗教与资本主义的兴起．北京：商务印书馆，2017：85-86.

③ 同②211.

④ 同②84.

⑤ 同②94-95.

拆利和法国的帕斯卡在大气压研究领域取得了突破性进展；16 世纪和 17 世纪发生的科学革命也并不是在新教的主导下完成的，而是整个的欧洲事件，天主教在其中发挥了重要作用。”① 19 世纪早期英国后来者居上，19 世纪末德国赶上了强国的末班车，“不能把欧洲的进步在整体上简单地归因于西方宗教，更不能片面地归因于新教或者加尔文教”②。

其实，**加尔文教等新教被贴上“理性主义”的标签，事实上迫害笛卡儿之类的非理性行为正是新教所为，中世纪式的对异教徒和其他教派信徒的仇视也屡见不鲜。**除此之外，对于中世纪的迫害“异教徒”的非理性行为，加尔文教难辞其咎。托尼指出，路德把公正置于信仰之首，加尔文把教规置于首位，为此而开展所谓的“生活圣洁化”，把酒鬼、舞女开除教籍，而对异教徒处于死刑，在 60 年内把 150 名异教徒处以火刑③。

客观地说，作为一种文化乃至长期实行过的政治制度的宗教，无疑会有其应有的影响力，新教如此，天主教亦然。但是，非要把发展中的东西如资本主义精神与某种特定的教派联系起来，就是人为地制造“文明的冲突”。**凯恩斯的看法是，“现代资本主义完全是非宗教的，没有内在的统一性，没有很多公益精神”。**托尼的结论是，“在对基督教会和作为资本主义社会实际宗教的对财富的偶像崇拜之间达成妥协是不可能的，就像罗马帝国在对教会和对国家的偶像崇拜之间无法妥协一样”④。

至此，借用《现代世界的起源》作者的话说，20 世纪初所编造的**对“西方的兴起”的解释“似乎是愚蠢的（并且是危险的），但世界上最富裕、最强大地区的许多人却把它作为‘真理’而接受。**毋庸置疑，我们现在可以断定，这些思想与其说是历史的真实还不如说是一种意识形态”⑤。韦伯为什么一定要从新教中的一些因素推导出所谓的资本主义精神这种意

---

① 戈德斯通．为什么是欧洲：世界史视角下的西方崛起（1500—1800）．杭州：浙江大学出版社，2010：56.

② 同①56 - 57.

③ 托尼．宗教与资本主义的兴起．北京：商务印书馆，2017：114 - 116.

④ 同③262.

⑤ 马立博．现代世界的起源：全球的、环境的述说（15—21 世纪）．北京：商务印书馆，2017：159.

识形态呢？不能以所谓的“理想类型”这个概念为韦伯开脱。理想类型可以解释韦伯建构的新教理性主义伦理，但不能解释为什么一定要“改写（篡改）历史”而完全无视信奉天主教的南欧地区对世界历史的转折点性质的贡献。显然，博学的韦伯不是不了解这些历史，而是他的政治身份驱使他变成了一个西方中心论者，甚至是一个偏狭的种族主义者。当政治身份、政治动机盖过学者身份时，“价值中立”就不值得相信了，因为他本人已经把“价值中立”抛在脑后了。

三、韦伯为什么要“改写历史”：作为文化帝国主义者的韦伯

笔者曾多次告诫学生，不要轻易研究西方某个人物，因为中国人所占有的原始文献太有限，不能根据一个人的一两本书而给这个人盖棺定论。比如，如果只读约翰·穆勒的《论自由》和《代议制政府》，结论必然是穆勒是“自由主义宗师”。但是，这只是穆勒的一个面向，如果了解他供职于东印度公司三十余年间的言行，会发现他就是一个典型的种族主义者和帝国主义者；如果看看穆勒晚年的论社会主义与民主的书籍，他又有社会主义情愫。很多人都是多面向的，穆勒所崇拜的托克维尔也是如此。托克维尔是自由民主主义者，但也是一位帝国主义精神导师。也就是说，我们对一个西方人的理解严重地依赖于我们所能获取的文献。近年来，关于韦伯的中文文献丰富起来，尤其是德国著名历史学家亲自操刀的《马克斯·韦伯与德国政治（1890—1920）》和韦伯《政治著作选》的中文版的问世，有助于我们不再停留于那几个文本（《经济与社会》《新教伦理》《儒教与道教》《马克斯·韦伯思想肖像》）认识韦伯。新文献告诉我们，马克斯·韦伯的思想也是其时代的产物，甚至已经严重滞后于其所处的时代，这样一个人物的“伟大性”本身就值得质疑。

第一，是学术服从政治的韦伯。1892 年，已近不惑之年的韦伯在给发小的信中说道，**“我根本就不是个……真正的知识分子”**，即便有大学教职

以后，精力充沛的韦伯还一心仰望政治[①]。一般认为，1895 年就任弗莱堡大学政治经济学教授时发表的就职演讲，是韦伯关于德国政治的宣言书。在就职演说中他这样界定政治与学术的关系："政治经济学是一门政治的科学。它是政治的仆人，而这里所说的政治并不是某些人、某些阶级碰巧在某一个时期进行统治的日常政治，而是整个民族的永久性权力政治的利益。"[②] 这应该清楚地说明了韦伯所界定的学术研究的"价值中立"是有前提的，而且其很多研究就是为了政治，为了他的终极价值追求——民族权力。

第二，是作为种族主义者的韦伯。在同一个就职演说中，韦伯指出，**"民族的永久性权力政治"**就是民族国家，一种民族权力的世俗性组织。"在这种民族国家中，经济政策的终极价值标准就是我们眼中的'国家的理由'"，"国家的理由"意味着，"我们民族的经济权力与政治权力的利益及其支撑者，应当在德国经济政策的一切问题上拥有最终的决定性发言权"[③]。由于毫不妥协地支持强国目标，韦伯被描述为在向德意志民族灌输"钢铁时代的新马基雅弗利主义"[④]。

韦伯不是一个温和的民族主义者，而是一个狭隘的种族主义者。19 世纪中后期流行的赤裸裸的白人优越论（其实是盎格鲁-撒克逊民族优越论）依然有其遗迹，这一点完整地体现在韦伯身上。在 1895 年的就职演说中，他说："在西普鲁士，高水准的经济文明和较高的生活水平，与德国的民族和特性（德国民族性）是完全一致的。"[⑤] 而德国东部为什么经济落后？韦伯归咎于"下等民族"波兰人："迁出具有高度文明水准地区的主要是德国零工，而在文明标准低下的低劣的地区不断增多的是波兰农民。""德国人和波兰人此消彼长的过程，最终都是基于同一个原因：那个斯拉夫民族或许是天性使然，或许是历史进程的作用，在物质和精神两个方面对生

① 蒙森．马克斯·韦伯与德国政治（1890—1920）．北京：中信出版集团，2016：36.
② 韦伯．政治著作选．北京：东方出版社，2009：14.
③ 同②14.
④ 同①47.
⑤ 同②4.

活标准的期望值较低”①，因此，德国农民和零工生存境况是“在于一个下等民族竞争以求日常经济生活生存这一无声而冷酷的斗争中变得每况愈下的”，“德国东部的德国人应当得到保护”，因为“我们的国家是一个民族国家”②。

一个种族主义者（狭隘的民族主义者）必然表现为一个狭隘的文明优越论者。什么是文明？无外乎特定民族所信仰的文明和价值。偏狭的种族主义者必然不是一个文明包容者，这一点在《新教伦理》中表现得淋漓尽致。《新教伦理》不但排斥天主教，且在当时很多人将英国式清教与希伯来精神联系起来的背景下，**韦伯这样污名化犹太教：“犹太人秉持的是一种政治和投机导向的风险资本主义；简言之，他们所具有的是一种贱民资本主义**（pariah-capitalism）的精神气质。但与之相对，清教所具有的精神气质是对资本和劳动进行理性的组织。”因此，只有“清教徒们普遍相信他们是上帝的选民”，因为他们使“一种精神信念得到了伟大的复兴”③。如果韦伯连与德国息息相关的犹太教和波兰人都如此糟践，那么他对落后国家的民族和文化还有多少尊重呢？他必然以帝国主义政策来看待世界。

第三，是作为帝国主义者的韦伯。国家民族主义者就是帝国主义者吗？答案需要从韦伯自己的口中说出来。在1895年就职演说中，他说政治经济学这门科学的任务就是寻找“政治成熟性”的领导阶级以完成“伟大的权力政治任务”，“**民族统一的战争结束时，德意志民族首先面临一个明确的政治任务，即海外扩张，但是这些市侩们甚至缺乏最粗浅的经济头脑，居然不明白德国国旗飘扬在周边海岸对于德国的远洋贸易意味着什么**”④。

在世界上取得支配性地位，扩大德国人的生存空间，一直是韦伯的梦想。他说，“我们的后来人冀望我们承担的历史责任，主要不是我们留给了他们什么样的经济组织，而是我们在世界上为他们征服了多大的**行动自**

---

① 韦伯．政治著作选．北京：东方出版社，2009：6.

② 同①11.

③ 韦伯．新教伦理与资本主义精神．北京：北京大学出版社，2012：167.

④ 同①19，20－21.

由空间”[①]。韦伯信仰社会达尔文主义，即民族之间的“物竞天择过程”，认为长期以来德国人和波兰人都处于生存政治之中，“是一个群体压倒了另外一个群体，获胜的民族是那个具备更大的能力去适应既定的经济和社会生活条件的民族”[②]。在物竞天择过程中，德国“社会政治活动的目的并不是要使人人都幸福，而是要达成已被现代经济发展撕裂了的民族的社会统一，准备应付未来的紧张斗争”[③]，那就是支配世界的政治斗争。

在韦伯看来，为权力而斗争，不仅是人类政治组织的基本要素，也是全部文化活动的基本要素，他说：“你可以改变手段、改变环境，甚至改变基本的行动方向以及对那个方向负责的人，但你不可能把斗争本身撇在一边。……用‘和平’手段代替斗争形式、代替敌对作战、代替作战环境，最终代替选择机会，那将一无所有。”[④]

在第一次世界大战之际，**1916 年韦伯写道，德国必须成为一个“权力国家”，为的是“对未来世界拥有发言权”[⑤]；一个伟大的民族必定会是“首先追求权力”，“这个现世法则……在可以预见的未来就包括了为权力而战的可能性和必然性，而要保存民族文化，就必然离不开权力政治”**[⑥]。

如何将这些帝国主义逻辑变为现实？帝国主义的形式有军事帝国主义、经济帝国主义和文化帝国主义，诚如现实主义大师摩根索所言，文化帝国主义是一种无形的改变对手的霸权活动，是一种最高形式的帝国主义。作为有着强烈政治使命感的学者，文化帝国主义就是韦伯的“天职”和“预定论”式的追求。

第四，是把“民族权力”“民族文化”作为终极价值追求的韦伯。伟大的思想家都会有一种关于美好社会的终结性价值追求，比如康德的“永久和平”、马克思的“自由王国”等，但韦伯的终极追求就是眼下狭隘的“民族权力”和“民族文化”。韦伯说：“我只能在民族框架内看待政

---

① 韦伯．政治著作选．北京：东方出版社，2009：13－14.

② 同①8.

③ 同①22.

④ 蒙森．马克思·韦伯与德国政治（1890—1920）．北京：中信出版集团，2016：42.

⑤ 同①176.

⑥ 同①145.

治——不单是外交政策，而是全部政治。”[①] 这样讲并非因为处于一战时期，而是韦伯一以贯之的思想。韦伯在1916年回忆说，即使在1895年的就职演说中，**“我也谨慎地强调了政治不是也从来不可能是一门以道德为基础的职业”**[②]。因此，韦伯自己声明，自己所从事的政治经济学不是研究“普遍幸福”和“社会正义”等“庸俗”的分配问题，而是关注“特定社会经济条件下培养出来的**人的质量**”，也就是民族精神[③]。“作为一门说明性和分析性的科学，政治经济学是跨国界的，然而，一旦它要做出价值判断，就会受到特定人类血脉的约束”，“因此，一个德意志国家的经济政策，只能是德国的政策；同样，一个德国经济学家使用的价值标准，也只能是德国的标准”。讲到此处，韦伯直言自己是一个“民族利己主义者”[④]。

对于当时已经形成的全球经济共同体雏形，韦伯说，并不会因此而改变“民族政治”的本质，“只不过斗争现在采取了其他形式，而且这些新形式究竟是使斗争更为缓和还是更为隐蔽、更为尖锐，现在言之过早。同样，这种扩大了的经济共同体不过是各民族之间相互斗争的另一种形式，这种形式并没有使各民族捍卫自己文化的斗争变得更容易，而是变得更困难”[⑤]。

韦伯于1895年在弗莱堡大学就职时发表的演说其实就是一份赤裸裸的“帝国主义宣言”。确实，“弗莱堡大学就职演说刺激了威廉德国自由派帝国主义的兴起，正如那时人所说，自由派帝国主义头一次为德国社会所接受。由于他们的推波助澜，出现了一场广泛的帝国主义运动”[⑥]。在接下来的帝国主义运动中，以更隐蔽的形式完成民族政治的使命即弘扬本民族文化，或许正是怀抱政治目的而非学术研究的韦伯去研究各主要国家的宗教问题。在蒙森看来，“韦伯采取了基于文化立场的帝国主义态度，强调的

① 韦伯．政治著作选．北京：东方出版社，2009：157.

② 蒙森．马克思·韦伯与德国政治（1890—1920）．北京：中信出版集团，2016：39－40.

③ 同①12.

④ 同①13.

⑤ 同①13.

⑥ 同②73.

是民族的国际权力地位，与民族文化的品质密切相关”[①]。这个定位完全可以用来理解《新教伦理》，回答了《新教伦理》为什么如此明目张胆地“改写（篡改）历史”。

四、结语：重新认识韦伯，重新定位《新教伦理》

至此，我们肯定需要重新认识韦伯了。作为学者的韦伯，其贡献在某些领域是无与伦比的，比如他的理想类型、官僚制、合法性、统治类型等概念，乃至其倡导的但自己很少尊崇的学术研究的“价值祛除”。作为政治家的韦伯，其人生是失败的，而且是从失败走向失败。其狭隘的民族主义立场所推动的帝国主义运动把德国推向深渊——第一次世界大战；一战失败后，韦伯又成为一个幼稚的自由立宪派，不顾条件地推动魏玛共和国，其对代议制民主的认识能力远远不及卡尔·施密特，结果他和幼稚的自由立宪派一道再次把德国推向万劫不复之深渊。韦伯是政治的弃儿！

在对人类历史命运的把握上，韦伯远不及其前辈卡尔·马克思，马克思是基于“现在”而看待未来，相信社会主义民主的未来；韦伯则是基于“过去”而看现在，比如韦伯处于大众民主运动高潮的时代，但韦伯基本上对民主持拒绝态度而相信官僚制的作用。在对“现时代”的判断上，其实“民族自决权”起源于德国比如费希特的思想，在世纪之交已经非常流行，无论是列宁还是美国总统威尔逊无不主张民族平等和民族解放，但韦伯追求的是对其他民族的支配权和本民族更大的“行动自由空间”——把这种思想与后来的法西斯主义联系起来一点也不牵强。**千万别用时代的局限性为之开脱，因为与他同时代的很多思想家都比他爱好和平与平等。政治上屡次失败的韦伯，其实也是时代的弃儿。**

一战前后，韦伯的政治身份越来越凸显，只要想想一战及其之后的国

① 蒙森．马克思·韦伯与德国政治（1890—1920）．北京：中信出版社，2016：86.

家失败以及为拯救国家而进行的人类政治史上最大胆的政治实验魏玛共和国，就能理解韦伯为何不甘于做学者。在此背景下，发表于1906年的《新教伦理》就不能简单地被视为一部学术作品，而应是一部政治著作，是以学术形式包装的政治作品，是一个以韦伯自己所说的“更隐蔽的形式”而主张民族权力、民族文化的文化帝国主义作品。在其后来的作品《儒教与道教》中，这一立场同样十分明显，其中最多的句式是“儒教没有新教的……”，其实这就是在以一种文明为标准衡量其他文明的好坏。对于这样一个具有明显的“文化立场的帝国主义”的、意图矮化其他文明的“基督教文明优越论”作品，被矮化者还要继续将之膜拜为“经典”吗？

仅从公元1000年以来的全球史就能知道，迟至17世纪，欧洲并不是处于支配地位的，也并非命定式地（所谓新教伦理）居于支配地位，以韦伯为代表的意识形态家所炮制的欧洲中心论亦没有多少历史价值。目前，西方主导的世界秩序正处于危机中，非西方国家经济体正在挑战既有的世界秩序，韦伯式的西方中心论大概更不需要认真理会了。

第五章 历史政治学与中国政治研究

如何解释当代中国政治发展，是中外政治学的重大议程，也是对既有政治学理论的重大挑战。中华人民共和国成立70多年来，西方一直在以自己的观念乃至研究范式去判断中国的前途，结果是一错再错①。表面原因是，西方新闻界和学界奉行“民主-非民主”二分法，认为凡是不符合西式民主的政治道路和政治制度，早晚都会出问题乃至失败，必然出现“民主转型”。在这个意义上，“历史终结论”事实上早就存在于西方人心中，只不过福山戳破了这层窗户纸。“阿拉伯之春”演变为“阿拉伯之冬”以及很多国家“民主回潮”的世界政治现实，给予对立性二分法的回应是残酷的，为此有务实的西方学者呼吁“转型范式的终结”②，即不能再基于二分法基础上的“民主转型”学去认识世界政治。然而，对于西方学界而言，要做到这一点是非常困难的，因为他们生存于其中的资本主义社会或者市场社会就是自利的个人主义的产物，他们不能不以个人主义作为衡量一切政治关系的标准。在此基础上，西方社会科学是建立在“理性人”假设基础之上，这源自霍布斯。在霍布斯看来，国家的最基本成分是人，要认识国家，首先要认识“人性”，理解了人性，然后一切问题就迎刃而解了；人是理性的自利人，这是科学的人性分析，基于理性人假设的“政治科学”由此诞生。

霍布斯的“政治科学”既偏离了西方国家的古典政治学传统，也与很多非西方国家的政治传统无关。如果说理解了“人性”就使得国家学即政治学成为科学，那么奉行科学的人类就不该有那么多非理性的政治灾变。“理性人”假设可以在一定程度上解释以个体为主体的经济生活，但很难

---

① 黄明翰，黄彦杰. 西方“中国观察”的沧桑历程. 联合早报，2013-04-08.

② 卡罗瑟斯. “民主转型范式”的终结. 比较政治评论，2015 (1).

解释以群体为行为主体的政治生活，个体的理性之和不等于群体的理性行为，因此才有美国白人对印第安人的事实性种族灭绝，才有选举产生的墨索里尼和希特勒，也才有英国的脱欧公投成功。基于“理性人”假设的“政治科学”，既不能解释人类经历的如此多的不堪，更不能为人类的未来指点迷津。在国际关系理论中，现实主义的“无政府状态”假设被认为来自霍布斯的“自然状态”假设，但现实主义理论家并不接受霍布斯的“理性人”之说。华尔兹论道，“如果人是完全彻底的理性动物，那么他就会一直按照绝对戒律行事。但他不是。冲突和暴力由人的世俗天性而起”。“蜜蜂和水獭的行为在本能支配下呈现出有规律的模式和可预言的结果。另一方面，纯粹理性世界的公民将按照事先制定的计划行事。鉴于人类行为不属于这两类中的任何一类，‘系统规律的人类历史’看来是不可能有的。”①

基于“理性人”假设的政治科学完全抛弃了历史，尤其在二战之后，行为主义政治学、理性选择主义政治学大行其道，“科学化”变本加厉，基于“理性人”假设的各种量化模式研究如今变成了让人看不懂的、与重大现实问题无关的符号游戏，以至于政治学研究偏离了政治现实。

在这种大背景下，哈贝马斯追根溯源。如果说亚里士多德代表的是古典政治观强调的实践的情境性即历史性，霍布斯则是现代政治观的代表，而现代政治观的第一原则就是非历史性，霍布斯“以科学为依据的社会哲学的要求，其目的是一劳永逸地指明正确的国家秩序和社会秩序的条件。它的论断将不依赖于地点、时间和情况而发挥效力，并且可以不考虑历史状况建立永久性的共同体”②。哈贝马斯认为，起源于历史的社会哲学却忘却了历史，社会科学起源于古典政治学，但它已经明显地偏离了古典政治学，因此社会科学的发展需要找回历史传统。在哈贝马斯那里，社会科学是历史-理论-实践的“三统一”，而不是简单地回答理论与现实的关系。

浸染于悠久文明史中的中国人几乎是与生俱来的历史学家，“历史地看问题”是浸透于中国人血液中的思维方式。由此可以说，基于历史政治

---

① 沃尔兹．现实主义与国际政治．北京：北京大学出版社，2012：5，9．

② 哈贝马斯．理论与实践．北京：社会科学文献出版社，2010：33．

学视野的政治观与基于“理性人”假设的政治观有很大的不同。那么，什么是历史政治学？在历史政治学视野下，改革前后的中国政治发展是什么样的关系？新中国政治发展与中国历史是什么样的关系？历史政治学对于中国自主政治学话语知识体系意味着什么？这些都是本章力图回答的宏大议程。

一、历史政治学的路径

在阐述这个命题之前，首先得回答为什么需要历史政治学。中国在20世纪50年代一度废除政治学，但作为三大原理之一的科学社会主义其实就是马克思主义政治学。改革开放之后中国恢复政治学，政治学体系基本上等同于科学社会主义的内容，主要讲阶级论、国家论、政府论、政党论、革命论、民族论等。客观地说，这些主题无疑是具有永恒性的，并不存在过时之说，但内容确实需要与时俱进地发展。转型过程中以美国政治学为主要内容的西方政治学进入中国政治学研究领域。美国政治学以利益集团博弈、微观主体行为等等“低政治”议题为关注点考察政治现代化问题，与其视野相对应，其方法论贡献主要产生于结构功能主义、行为主义范式，方法又反过来限制了视野，其后果是政治学研究的非历史特征化趋势大大加强。结构功能主义在70年代受到质疑，理性选择主义成了新的答案，但非历史化的问题并未得到改善，反而愈演愈烈。“非历史”的研究方法和“第三波民主化浪潮”的现实彼此激荡，理性的自利的原子化个人追求民主化成为必然，“转型范式”“普世价值”未加反思地被认为具有无条件的可行性、适用性。

理论和方法论的价值在于其对现实政治的解释力。西方国家内部的危机，尤其是非西方转型国家的危机，都对非历史的现代化理论和民主化理论构成了严峻挑战，自由主义政治学自身也必须寻找新的出路，美国政治学开始呼吁“把历史带回来”[1]，著名历史社会学家蒂利的《历史为什么、如何重要》，认为如果不依赖于精细的历史分析，解释性政治科学就很难取得进展，因为每一个重大政治现象都鲜活地存在于历史中，因此政治解释必须以历史为背景[2]。其实，早在20世纪80年代就出现了反抗主流理论即理性选择主义的历史制度主义，认为理性选择理论是一套有制度而无历史的研究路径[3]。与此同时，依靠来自历史的实践智慧和制度自主性而累积起来的中国道路和中国模式，显然是西方的理论体系和研究方法所不能回答的，需要新的研究路径去解释中国模式。我们认为，中国历史下的中国道路和中国模式本身也蕴含着丰富的历史政治学，中国人不能抱着金饭碗而不自信、不自知。

到底什么是历史政治学？在某种意义上，历史政治学是历史社会学脉络，即一种历史的社会科学。历史社会学是从历史出发去研究政治经济文化即“总体性社会”，从而得出相应的理论发现；或者将既有的理论体系置于历史语境中运用，从而检验既有理论的真伪。历史社会学是发现理论和检验理论的研究场域。历史政治学与历史社会学有密切联系，但首先毕竟是中国语境下的一种研究路径，因而又有着自己明确的范畴和路径。历史社会学的意义主要体现在研究路径或方法论上，而历史政治学不但具有认识论和方法论上的意义，且首先具有本体论上的意义。这是在已经存在成熟的、发达的历史社会学的前提下，我们提出历史政治学的根本原因。可喜的是，在中国政治学界，已经有类似历史政治学路径的研究成果，诸

---

① 2000年，美国政治学界“改革先生”（Mr. Perestroika）的公开信引起巨大反响，批评《美国政治学评论》的过分“科学化”倾向，因此美国政治学界开始关注历史的作用。其中，有的把历史当作一种背景资料以丰富其量化研究，有的研究提倡“历史转向”，比如《比较政治学研究》2010年第8～9合卷中，Giovanni Capoccia 和 Daniel Ziblatt 提出了“民主化研究的历史转向”（“The Historical Turning Democratization Studies”，Comparative Political Studies，Vol. 43，No. 8/9，2010）。但是，美国的研究环境决定了“历史”很难成为美国政治学一般学者的研究议程。

② Charles Tilly，“Why and How History Mathers”，in Robert E. Goodin and Charles Tilly eds.，The Oxford Handbook of Contextual Analysis，New York：Oxford University Press，2006，pp. 417～437.

③ Harry Eckstein，“Unfinished Business：Reflection on the Scope of Comparative Politics”，Comparative Political Studies，Vol. 31，No. 4，1998.

如徐勇教授提出的“祖赋人权”概念和历史连续性视角下的农村调查问题[①]。基于历史政治学的研究应该形成学术共同体，这就需要首先弄清楚历史政治学到底是什么。

1. 作为本体论的历史政治学

历史政治学中的“历史”是本体论性质的。与其他国家的历史相比较，中国历史首先是一种政治史，其中包含政治思想史、政治制度史、王朝史。中国历史中提出的“政治性”，大概是其他国家的历史难以比拟的。那么，作为政治史的中国历史到底应该怎么理解？在日本著名学者沟口雄三看来，中国有中国独自的历史现实和历史展开，这体现于漫长的不同时代种种现象的缓慢而连续性变化，所以中国的现代应该从现代、近代、前近代的关联中来把握。这种历史被称为“中国基体论”[②]。中国是唯一历经5 000多年而不曾中断的文明体，其他古文明要么中断，要么消亡，诸文明中唯独中国文明没有“古文明”之说，不得不说是一个值得探讨的奇特现象，难以理解这一政治文明大命题却成了“屋子里的大象”，人人仿佛觉得理所当然。那么，支撑连续性制度变迁的“基因”有哪些？

笔者看来，中华文明的“基因”至少包括：华夏民族、基本不变的汉字、以长江和黄河流域为核心的疆域、国家层面的大一统思想和治国的民本思想、政府层面的官僚制（包括郡县制和科举制）、文化层面的包容性与中庸之道、社会生活的自由与自治以及家庭伦理本位、对外关系上的天下体系等。这些“基因”内化于生活在固定疆域内的华夏民族血液中，构成了延绵几千年的中国文明共同体，可以称中国为“中华文明基体”，即由文明基因而构成的一个共同体。文明基体指的是生活在固定疆域的族群，在几千年的历史长河中，以恒定的文明信念和生活方式等基因而构成的文明共同体[③]。具体到政治层面，“中华文明基因共同体”的核心要素可以概括为：大一统的国家观、民本思想的政府观、仁爱为本的社会关系以

① 徐勇．祖赋人权：源于血缘理性的本体建构．中国社会科学，2018（1）；徐勇．历史连续性视角下的中国农村调查回眸与展望：再论站在新的历史高点上的中国农村研究．吉林大学社会科学学报，2018（3）．

② 沟口雄三．作为方法的中国．北京：生活·读书·新知三联书店，2011．

③ 杨光斌．中华文明基体论：理解中国政治前途的认识论．人民论坛，2016（15）．

及对外关系上的天下观。

“中华文明基体论”让我们关注“历史”的政治学意义。政治学研究的是一个国家的政治价值、政治制度和政治行为（利益选择），一个国家来自历史文明的基因有强有弱，但几乎所有的国家都必须拥有适合的政治价值、政治制度以及相应的行为方式。中国政治的价值选择、制度设计以及行为方式无不深深受制于既是过去的政治学，也是当下的政治学，历史政治学区别于历史社会学的根本所在就在于其具有的本体论性质。

2. 作为认识论的历史政治学

哈贝马斯将亚里士多德的政治学的历史性归结为“情境论”，其实就是我们中国人常说的条件论。我们常说“历史地看问题”，就是看问题发生的条件是什么，这就是认识论意义上的历史政治学。亚里士多德的政体分析，在政体分类上无不是以对特定历史条件的经验总结为基础，他也看到同样的政体类型在不同城邦产生了截然不同的实践后果。近代之后，随着贸易、技术以及文化交流而推动形成的世界政治，使思想家们关于政治的条件论更加丰富了，比如法国人喜欢的“民情论”、马克思著名的“经济基础决定上层建筑”论，无不延续着亚里士多德的条件论。即使在冷战时期，罗伯特·达尔在谈到民主理论时也总结道：“一个国家特定的基础条件和背景条件有利于民主的稳定，如果这些条件过于脆弱或完全缺乏，那么民主是不可能存在的，或者说，即使它存在，也是极不稳定的。”①

懂得“水土不服”的道理是中国人的审慎美德，而基于“理性人”假设的“历史终结论”是一种狂妄的无知，所以才招致无数的政治灾变。

3. 作为方法论的历史政治学

历史连续性就是作为方法论的历史政治学的要义。历史连续性是一种历史常识即生活常识，但是，这种历史常识是如何形成的呢？需要回答历史连续性形成的内在机理。在历史制度主义学派诞生之后，人们关于历史连续性的认知更加接近历史真相，历史分析更加逻辑化乃至“理论化”，

① 罗伯特·达尔．论民主．北京：中国人民大学出版社，2012：124．这段观点用中国人的话说，就是“水土不服”。

这是因为历史制度主义提供了一些分析因果机制的概念①。首先是“时间性”和“关键点”所构成的“时序”概念，在时间性意义上，发生越早的关键性事件，对后来的制度变迁影响越深远，比如轴心文明时代形成的思想和制度塑造了后来的思想路线和制度轨迹。其次是越早发生的关键性事件会变成制度安排，通过自我强化，结果是报酬递增，最终形成路径依赖乃至路径锁定。再次，历史连续性不仅存在于渐进的制度变迁中，即使制度突变，诸如革命和改革，也很难剔除“文明基体论”意义上的制度与思想乃至行为方式，这些是为大量的比较历史研究所证实的，也是一种生活常识。

作为本体论、认识论和方法论的历史政治学，对于从总体上理解中国政治发展的合理性与合法性无疑是一种新的研究路径。不仅如此，历史政治学还能理论化地解释新中国成立以来改革前后的历史连续性。

二、作为中华文明基体延续的当代中国政治

百年来，中国的政治形态与社会形态发生了巨大变化，但是历史的血脉和基因并未因此而隔断，历次的制度突变没有割断中国 5 000 多年的文明史。习近平总书记提出的“四个讲清楚”，是非常需要深入研究的思想性命题和重大的政治议程②。习近平总书记指出，“宣传阐释中国特色，要讲清楚每个国家和民族的历史传统、文化积淀、基本国情不同，其发展道路必然有着自己的特色；讲清楚中华文化积淀着中华民族最深沉的精神追

---

① 杨光斌. 比较政治学：理论与方法. 北京：北京大学出版社，2016：127－158.

② 无论在哪个国家，官方的命题都是值得重视、需要研究的政治议程，因为这里的“官方”的背后有一个强大的执政集团，官方的命题或者体现了执政集团的智慧，或者是执政者需要回答或者解决的问题。因此，社会科学不可以以“学术”之名而与“官方”保持所谓的距离。一定要认识到，社会科学本质上就是政策学，因为社会科学是回答重大现实性问题的学问，官方的命题往往是最重要的现实问题。对于现实性重大议程，既可以采取基于理想主义的批评，也可以采取基于现实主义的护卫，但是二者都应该是建设性的，而不是否定性的。二战后美国政治学其实就是冷战学，都是护卫性论说。中国社会科学尤其是政治学，更不应该偏离护卫性方向。

求，是中华民族生生不息、发展壮大的丰厚滋养；讲清楚中华优秀传统文化是中华民族的突出优势，是我们最深厚的文化软实力；讲清楚中国特色社会主义植根于中华文化沃土、反映中国人民意愿、适应中国和时代发展进步要求，有着深厚历史渊源和广泛现实基础”[①]。他还指出：“一个国家选择什么样的治理体系，是由这个国家的历史传承、文化传统、经济社会发展水平决定的，是由这个国家的人民决定的。我国今天的国家治理体系，是在我国历史传承、文化传统、经济社会发展的基础上长期发展、渐进改进、内生性演化的结果。”

对于这些命题和议程，可以从多角度尤其是历史分析的角度去研究和理解。我们认为，历史政治学是一个更恰切的观察视野和研究路径。目前，中国所选择的道路与制度、所从事的国家治理现代化，都是中华文明基体的政治性部分，是中华文明基体的一种自然延续，这鲜明地体现在国家一统、政治价值、政治制度、社会形态与对外关系上。限于主题和篇幅，本章暂不涉及社会形态和对外关系。

1. 国家一统

文明体系存在于文明载体——文明体系中的核心国家的存在。没有核心国家，文明便会消亡，正如历史上很多古文明的命运一样。也就是说，中华文明基体的命运取决于中国，维持中华文明基体的“以文载道、传道”的文教传统[②]，也依靠国家实体而或存或亡，这个中国实体必须是历史上的大一统或统一的。中国大一统的历史和思想为世界和平提供了经验和样板，池田大作和汤因比如此感叹道，“就中国人来说，几千年来，比世界任何民族都成功地把几亿民众，从政治文化上团结起来。他们显示出这种在政治、文化上统一的本领，具有无与伦比的成功经验。这样的统一正是今天世界的绝对要求……在这点上，现在各民族中具有最充分准备

① 习近平．习近平谈治国理政．北京：外文出版社，2014：155－156，105.

② 中华文明中的文教传统是维持大一统中国最为深厚的力量，因此即使满族的统治者自己最后都通过文教传统而被汉化。清朝的皇帝顺治的《御制资政要览》就邀请清朝官员服膺儒家的规范。参见：汪荣祖．“新清史”的几个论点与起源．东方学刊，2019（春季刊/总第3期）．仅此而言，“新清史”所谓以民族主体论而推导出的观点，就是一种标新立异的妄语。

的，是两千年来培育了独特思维方法的中华民族。”① 世界史告诉我们，一统带来和平，多统带来战争和乱世。

众所周知，晚清之后，大一统曾面临根本性挑战，半殖民地半封建状态和北洋军阀“城头变换大王旗”，让中国处于四分五裂之中。这事实上意味着，当传统的国家组织者即皇帝制度不再起作用的时候，军阀更担当不起统一这个重担，国家需要新的组织者。在比较政治发展脉络上，先后有英美式的商人集团所组织的国家，有德国-日本式的官僚制所组织的国家，而这两种政治力量在20世纪上半叶的中国处于缺位状态。这样，政党就适时地成为国家的组织者。但是，国民党事实上是军阀政治的延续，其内部的碎片化状态决定其难当大任，组织国家的重任历史地落在了中国共产党肩上。中国共产党不负使命，领导其具有特殊政治理想的武装集团，建立了中华人民共和国。相对于发达国家的“民族国家”即一族一国，中国等后发国家是多民族共同体，组织国家的任务更为艰巨，对组织国家和国家治理能力的要求也更高。没有共产党就没有新中国，没有共产党也很难有一个统一的中国。在这个意义上，21世纪的中国面临的最大挑战，就是如何维护国家统一问题，没有共产党就很可能是国家的分裂②。党的命运决定了国家的命运，或者国家命运系于党的命运，这就是“党和国家领导体制”所表述的国家理论内涵。

中国共产党建立新中国的历程事实上有两种理论意义。一是社会科学脉络的政党中心主义：英美式道路产生了社会中心主义，德日式道路产生了国家中心主义，俄国-中国式道路自然应该有一个政党中心主义③。二是中国传统政治思想意义上的：“党和国家领导体制”意味着中国共产党成为大一统这个道统的传承者。毛泽东在中共六届六中全会上所作的政治报告《论新阶段》指出：“今天的中国是历史的中国的一个发展；我们是马克思主义的历史主义者，我们不应当割断历史。从孔夫子到孙中山，我们

---

① 池田大作，汤因比．展望21世纪：汤因比与池田大作对话录．北京：国际文化出版公司，1997：283－284.

② 马戎．21世纪的中国是否存在国家分裂的风险．领导者，2011（38、39）.

③ 杨光斌．制度变迁的路径及其社会科学价值：社会中心论—国家中心论—政党中心论//杨光斌．政治变迁中的国家与制度．北京：中央编译出版社，2011：182－243.

应当给以总结，继承这一份珍贵的遗产。”[①] 这也是为什么习近平总书记如此重视中国传统文化的原因。

2. 政治价值

任何国家的建立都依靠其特定的政治价值，这种政治价值又被称为“立国价值”。简单地说，我们的立国价值是社会主义核心价值观，其中有国家层面、社会层面和个人层面的价值原则。可以说，社会主义核心价值观最深刻地体现了包容性原则，既有马克思主义和共产党人自己的一以贯之的价值诉求，也有来自中国传统文化的成分，还吸收了人类文明优秀成果。这既体现了中国文化的一如既往的包容性，正如历史上的儒释道合流，也表明马克思主义中国化必然是中国文化与人类优秀文明成果融合的过程。其中，马克思主义之所以能够很快地扎根于中国大地，一个重要的汇合点就是社会主义与中国传统政治思想的通融性，尤其是民本思想。社会主义以“社会”为主义，其实就是以民众为中心；民本思想，就是以民众为本。二者都以民众、大众为本。

其实，早有国内外先贤从社会主义的视野看待中国的传统政治形态。如果说自由主义经济学的故乡在中国，即“道家是世界上第一个自由主义者”[②]，则社会主义在中国同样历史悠久，管仲治齐中实行的以人为本和公平无私政策（《管子·形势解》）就是最早的社会主义了；流行几千年的“天下之行，大道为公”，也算是最早的朴素社会主义思想。国内外研究者认为，社会主义政策使汉武帝的汉帝国达到最强盛阶段。康有为是近代以来最早最系统研究社会主义的先行者，其弟子哥伦比亚大学博士陈焕章这样说：桑弘羊“使汉武帝在财政上有可能扩大中华帝国。他对国家整体的贡献是巨大和永恒的，他是在如此巨大规模上成功地实践了国家社会主义的第一人”[③]。《世界文明史》作者杜兰认为，社会主义使中国达到鼎盛时代，“武帝为了要解决日益严重的民生经济问题，遂推行经济改革政策，

① 毛泽东．毛泽东选集：第2卷．北京：人民出版社，1991：534.

② 罗斯巴德．亚当·斯密以前的经济思想：奥地利学派视角下的经济思想史：第1卷．北京：商务印书馆，2012：29，37.

③ 陈焕章．孔门理财学．北京：中央编译出版社，2009：341.

实施社会主义，建立国营制度，以防私人独占山川资源；避免富者越富，贫者越贫。征收盐税，铁酒公卖……凡是私人无法承担的大的公共工程事业，一律由政府来负责……武帝这些经济改革政策，一时收效宏大……中国至此，达于鼎盛时代”①。

中国革命的先行者孙中山先生以社会主义者自居，并以实现社会主义为目标。正如孙中山所言，“我国固素主张社会主义者……足见我国人民之脑际，久蕴蓄社会主义之精神，宜其进行之速，有一日千里之势也”②。“鄙人对于社会主义，实欢迎其利国福民之神圣，本社会之真理，集种种生产之物产，归为公有，而收其利。实行社会主义之日，即我民幼有所教，老有所养，分业操作，各得其所。我中华民国之国家，一变而为社会主义之国家矣。”③ 同时，孙中山先生还清醒地认识到并警告，“如果我们从中华民国存在之日起就不去考虑如何防止资本主义在最近将来的滋生崛兴，那么等待我们的就是比清朝专制暴政还要酷烈百倍的新专制暴政”④。早期的共产党人以及民国时期的学者也和孙中山一样，都认为中国具有与生俱来的社会主义，并深刻地指出资本主义的残酷性。这里，孙中山等先贤深刻地体会到，世界上有两个“利维坦”，一个是国家的或者政治权力的利维坦，一个是资本的利维坦，而且资本的利维坦的危害绝不亚于国家的或者政治权力的利维坦。这是孙中山看到的世界，也是今日世界资本主义政治的真相。因此，如何毫不动摇地坚持社会主义道路和社会主义核心价值观，是对依然处于资本主义世界经济体系的中国的巨大考验，也是对中国模式的巨大考验。如果中国和其他发展中国家一样融入资本主义世界经济体系并成为其中的一员，其命运绝对不会好过现有的其他大型发展中国家。

3. 政治制度

如果说作为立国价值的政治价值事关国家的方向和一个民族的精神状

① 杜兰. 世界文明史：东方的遗产. 北京：东方出版社，1998：481.

② 孙中山. 孙中山全集：第2卷. 北京：中华书局，2011：507.

③ 同②523.

④ 同②326.

态，那么体现着政治价值的政治制度就是将国家组织起来并去实现政治价值体系的组织原则与组织结构。我们常说的“四大发明”是技术上的或器物层面的，中国最伟大的发明应是最早建构起来的将人类组织起来的一套官僚制度或者行政管理体制。西方人把民族国家和组织民族国家的官僚制在15—17世纪的出现视为“现代性”的一个重大标志，就此而言，先秦时期的国家、政治、行政具有与生俱来的现代性，不但产生了组织国家的官僚制和郡县制，而且这些制度还以绩效而非血缘关系为基础。在韦伯看来，军队和官僚制是欧洲封建制国家的基础，而中国历史上的王朝都是依靠文教传统和作为文教传统载体的官僚制而运转，是价值和制度的高度统一，这是因为中国的士大夫传统。

今天，“党和国家领导体制”的组织原则是民主集中制。“民主”是中国人民的权利，这是共产党人在革命中带进来的新制度。依据民主集中制组织原则建立起来的制度体系，比如“党和国家领导体制”中的纪检制度与监察制度、组织人事制度，都能在“六部”制中找到历史的底色和存在的智慧。正如有学者所言：“组织部、纪委是西方政制所没有的，但恰恰是中国政制的要害所在，分别关涉对官员的选拔和监督，也恰恰最根植于中国自己深厚的历史文明传统，继承与转化了历史上的吏部、监察御史制。”①

更重要的是，中国的行政管理体制并非局限于马克斯·韦伯的科层制理论所讲的那些非人格化、等级化、绩效化等组织性特征，还深深地融入了价值关怀。不但是党的组织，还有行政组织，都把实践社会主义核心价值观作为行政工作、行政程序中的一个不可或缺的部分。比如，消除贫困、实现社会公正，一直是各级政府不可推脱的责任；在政府决策方式上，必须体现法治精神和民主程序。因此，中国才有公认的“行政民主”之说。正是内化于制度之中的价值关怀，才有一次又一次的行政体制改革，才有改革了40多年还在全面深化的改革。如何理解人类政治史上的这一奇特现象？其内生性背景就是中国的士大夫官僚制传统，这一传统就是以民为本的执政理念。

---

① 谢茂松. 重建政治学的实践：实践智慧在当代中国政治学中的缺席. 东方学刊，2019（春季刊/总第3期）.

制度的价值不但体现在各制度本身，还建构于制度矩阵之中。各级官员在各级党校的培训，不但接受怎么办的知识培训，更多的是接受怎么看的教育，这就是世界观、认识论的输入。在这两重意义上，中国官员的价值关怀要远远超出其职责本身所在，往往有着政治秩序乃至世界秩序的关怀。这正体现了作为国家的组织体系、制度体系的意义所在，也使得中国政治制度不但是组织性的，更有与时俱进的实践性和价值性。

总之，考察大一统、政治价值和政治制度的属性，人们大概都不会否认，当代中国政治发展是中华文明基因共同体的一种自然延续。但是，中国政治发展道路和政治制度的生命力与合法性又不仅仅来自其历史文明基因，更有适合国情和现实条件的制度创新。我们知道，传统中国政治的最大隐患有两个：一个是组织化程度即国家治理能力问题，一个是代表性不足问题。当代中国政治发展的最独特之处是中国共产党的领导及其民主集中制组织原则所保障的国家治理能力。在晚清，中国面临的最大挑战是制度整合能力问题，偌大一个国家在列强面前不堪一击。中国共产党与中国政府建立的民主集中制组织原则解决了中央与地方、地方与地方、部门与部门之间的协调性，从而最大限度地提升了国家治理能力。当今大国之间的竞争，在根本上是制度之争，而制度竞争力体现在制度整合能力、政策制定能力和政策执行能力等所构成的国家治理能力上。在这个维度，中国的比较优势已经显露出来，因此才能在很短的时间内成为世界第二大经济体。

另外，当代中国的根本政治制度和基本政治制度具有代表性与协商性。1949 年之前，中国政治的一大问题就是代表性不足。人民代表大会制度体现了地方、民族的代表性，中国共产党领导的多党合作和政治协商制度体现了界别、行业的代表性，“两会”制度事实上解决了“条块关系”。在参政议政方面，协商民主体现在全过程之中，人民代表大会制度充满了协商性、包容性。

当代中国政治发展所体现出的制度能力、代表性和协商性，构成了中国政治制度的优越性与竞争优势，政治学尚须对此进行深入的比较研究，在比较政治研究上更有价值。

三、中国改革开放前后政治发展的连续性与统一性

如果在长程历史上能够看到当代中国作为文明基因共同体的延续性，那么新中国70多年历史的连续性和统一性的脉络和线索则更加清晰。不能用改革开放后的历史否定改革开放前的历史，也不能用改革开放前的历史否定改革开放后的历史，改革开放前后的历史是连续的、统一的。在历史政治学这里，改革开放前后的历史是连续性的，改革开放前的制度安排是改革开放后制度变迁的基本轨迹和方向，改革开放后的制度变迁也强化了改革开放前30年建立起来的制度结构与基本制度。

1. 宪制结构的稳定性

毛泽东的《论人民民主专政》和据此制定的1954年宪法，从根本上奠定了新中国的宪制，现行的1982年宪法基本上是回归1954年宪法，但历经5次修改而完善或者强化了1954年宪法的根本条款。中国的宪制有两点很重要：一是国家的性质问题，二是政权的组织原则问题。这两点决定了不管中国如何变化，都是在既定的政治方向和制度矩阵之中。

关于国家的性质即政治学所讲的国体，1954年宪法第1条规定，“中华人民共和国是工人阶级领导的、以工农联盟为基础的人民民主国家”。现行宪法第1条第1款规定，“中华人民共和国是工人阶级领导的、以工农联盟为基础的人民民主专政的社会主义国家”；第1条第2款规定，“社会主义制度是中华人民共和国的根本制度。中国共产党领导是中国特色社会主义最本质的特征。禁止任何组织或者个人破坏社会主义制度”。显然，基于1982年宪法制定的现行宪法，在国家性质规定的基础上，又增加了如何捍卫这个国体的条款，即以党的领导和社会主义制度来落实人民民主专政的国体。那么如何实施社会主义制度呢？这是政体问题。

关于政权的组织原则，1954年宪法第2条第1款规定，“中华人民共和国的一切权力属于人民。人民行使权力的机关是全国人民代表大会和地

方各级人民代表大会"；第2条第2款规定，"全国人民代表大会、地方各级人民代表大会和其他国家机关，一律实行民主集中制"。也就是说，从人民代表大会的产生，到人大与政府的关系，再到中央-地方关系，都实行民主集中制的组织原则。基于1982年宪法的现行宪法第3条第1款规定，"中华人民共和国的国家机构实行民主集中制的原则"，第3条第2、3、4款规定了民主集中制的原则如何实现："全国人民代表大会和地方各级人民代表大会都由民主选举产生，对人民负责，受人民监督。""国家行政机关、监察机关、审判机关、检察机关都由人民代表大会产生，对它负责，受它监督。""中央和地方的国家机构职权的划分，遵循在中央的统一领导下，充分发挥地方的主动性、积极性的原则。"

从1954年宪法到现行宪法，国体-政体的表述从抽象到更加具体，从而保证了改革开放后中国政治发展的连续性。在时间节点上，这要归功于1979年邓小平提出的坚持"四项基本原则"。对于邓小平而言，改革开放是必然的，但怎么改革、怎么开放，只能摸着石头过河，具有不确定性；但是，确定的是，改革开放只能在既定的宪制中进行，即"四项基本原则"。这就意味着，能干什么是未知的，然而不能干什么是明确的，这样才能在守住底线的前提下推陈出新。

2. 市场经济的社会基础

在稳定的宪制结构下，改革开放前30年的很多政策或者制度安排为后来的改革开放奠定了基础，改革开放以来的成就绝不是无源之水、无本之木，也不可能是"市场"变出的魔法，要知道很多发展中国家比如印度的市场化程度比中国还高，但治理成就远远低于中国。对此，被称为"经济学的良心"的阿玛蒂亚·森的认识最为深刻，他在对印度与中国的比较研究中指出："中国市场的'魔力'在于先前社会变革的坚实基础，印度不能单单期待那种魔力而不进行社会变革——在教育、医疗保障、土地改革等上，这些改革帮助中国确立了市场功能。"① 不仅仅限于这些方面，众所周知，新中国在很短时间内在一个落后的农业国家建成了现代工业体系，

---

① 森，德雷兹. 印度：经济发展与社会机会. 北京：社会科学文献出版社，2006：88.

这是改革开放之后制造业发展和制造业大国形成的最为重要的前提。此外，在诸如土地制度与农业政策、平等化教育、妇女解放、健康保健上，改革开放前 30 年的社会经济政策都是后来的改革开放的红利。

（1）土地制度与农业政策。改革开放后中国农业发展和依赖土地集体所有制而产生的高速现代化，都与土地制度的改革有直接关系。阿玛蒂亚·森认为，中国农村之所以能进行承包制的改革，与印度相比，是因为“没有土地占有高度不平等带来的社会问题和经济无效率”[①]。城市化进程中的土地开发确引发了很多社会矛盾，但如果中国是很多发展中国家那样的世袭制土地制度，便不可能以如此快的进度去推动中国的现代化事业。所以说，被一些理论比如新制度经济学所诟病的土地制度改革，恰恰是发展中国家得以现代化的前提，这在韩国都是同样的成功经验，土地改革是东亚总体经济发展的重要因素，这已经有大量的国际性权威研究。另外，在农业上，仅有土地改革是不够的，如果没有改革开放前 30 年的兴修水利事业，如果没有修建数以千计的水库，就不能解决靠天吃饭的农业状况。这一点也是其他发展中国家所做不到的，也是近几十年来中国粮食丰收的重要保障。

（2）教育与妇女解放。新中国实行的是平等化义务教育，极大地提升了国民素质和全民的文化水平。同时，新中国推行男女平等的妇女解放运动，女童享有与男童同样的教育机会。根据人口普查资料，1982 年，15～19 岁年龄组的男性识字率高达 96%，女性达 85%，而同期的印度的数据分别为 66%和 43%[①]。没有这些，就没有改革开放之后的高素质的劳动力，特别是众多女性打工者即“打工妹”。高素质的劳动力正是制造业大国的人力资源保障。仅有“人口”不一定有“人手”，“人口”变成工厂的“人手”，需要的是教育与妇女解放。

（3）医疗保障事业。“赤脚医生”和事实上的全民免费医疗，就是中国最成功的全面保健的根本保障。何言成功？1960 年，中国每 1 000 个新生儿的死亡数达到 150 人，当然低于印度的 165 人；到 1981 年，死亡数下

① 森，德雷兹．印度：经济发展与社会机会．北京：社会科学文献出版社，2006：87，80，84.

降到37人，和韩国持平，当时的印度还是110人。1960年中国人的预期寿命47.1岁，到1981年则达到67.7岁，比韩国的66岁还要高，直逼发达国家的成就[①]。中国的卫生事业成就举世瞩目，是发展中国家的样板。这意味着，健康水平并不必然与经济水平成正比，关键是政府的社会政策关怀度。如果是全民免费的义务教育和妇女解放提供了高素质的劳动力，“赤脚医生”式的卫生事业则为后来的改革开放保障了健康的劳动力。

可以肯定地说，改革开放以来的巨大成就固然是政策变化的产物，但改革开放前中国所做的社会建设则为市场经济奠定了基础。因此，阿玛蒂亚·森认为，和印度相比，中国20世纪“80年代的发展继续并巩固了中国的领先，但是在改革前印度和中国所处的相对地位就已经决定性地确立了”[①]。“特别是改革前中国在教育、保健、土地改革和社会变化方面的成就，对于改革后的成绩做出了极大的积极贡献，使中国不仅保持了高预期寿命和其他相关成就，还为基于市场改革的经济扩展提供了坚定支持。”[②]阿玛蒂亚·森的判断具有深刻的启迪性，正是他最深刻地回答了中国改革开放前后的连续性问题。就市场化程度而言，中国并不比印度和其他发展中国家更高，但是治理成就为什么如此巨大？市场经济并不存在于空中楼阁，其上有政府体系与政府职能问题，其下有社会结构问题，市场的职能也只能在政府结构和社会结构的双重约束下发挥作用。知识和视野约束了人们的判断力，习惯于用市场化的标准断言一个国家的前景，是知识论上的无知自大。

3. 制度创新延续并加强了宪制结构

中国基于市场经济的改革是在不变的宪制结构下进行的，改革前的社会政策为改革开放提供了决定性红利；反过来，改革开放后的制度变迁也强化着既定的宪制结构，从而使得中国的制度体系更具竞争力。具体而言，围绕根本政治制度而发生的制度创新所形成的权力关系，比如中央-地方关系、国家-社会关系、政府-市场关系，都是民主集中制性质的，从而延续并强化了民主集中制，巩固了人民民主。

---

① 森，德雷兹. 印度：经济发展与社会机会. 北京：社会科学文献出版社，2006：80，70.

中国的改革是从地方分权开始的，其中既有行政性分权即下放事权权限，也有经济性分权即改变财产权的归属，还有财政性分权即从包干制到分税制的改革。地方分权改革最终形成了被称为“经济联邦主义”的央地关系，中央和地方共享经济性权力，地方获得更大的经济自主性和治理权力上的自主性。与此同时，传统的政治单一制并没有改变，中央对地方的政治事务尤其是人事保有绝对的领导权。中央-地方关系上的政治单一制和经济联邦主义①，体现了集权与分权的关系，同时并没有改变中央作为权力来源的宪制原则，而地方的活力得到充分释放，因此这是典型的宪法规定的中央-地方关系中的民主集中制原则②。

在地方分权的过程中，经济形态的改变带来社会结构的转型，势必会出现相应的新型社会组织，如何处理国家-社会关系，成为新矛盾新焦点。几十年来的一般情形是，中国对于政治类、民族类、法律类和宗教类的组织，实行管控，因为冷战之后的很多国家的“颜色革命”就是从这些类别的社会组织开始的；同时，对于文化类、经济类、环境类等的社会组织，实行事实上的放开搞活，实行登记备案制，让它们自治。自治还体现在作为基层组织的村委会、居委会等自治性社区组织上。基于类别的分类管理，即控制与放开，就是一种事实性民主集中制性质的国家-社会关系，西方政治学理论称之为“国家统合主义”①。

从地方分权到市场化取向的经济改革，也根本地改变了计划经济体制下的一体化政治-经济关系，但是，国家权力容器中的很多制度安排依然在发挥重要作用，从而形成了被称为“发展型国家”的政治-经济关系。在中国这个“发展型国家”，从“计划”到“规划”的产业政策，体现了国家意志、国家方向和国家的制度整合能力，后发国家要跻身发达国家非此不可。与此同时，市场经济培育了行为主体的利益自主性，各种经济利益集团也在竞相影响决策过程③。这样，国家和市场都在发挥着作用，这

① 杨光斌. 中国经济转型时期的中央-地方关系新论：理论、现实与政策. 学海，2007 (1).

② 杨光斌. 中国政治认识论. 北京：中国社会科学出版社，2018：299－321，347－367，322－346.

③ 杨光斌，李月军. 中国政治过程中的利益集团及其治理. 学海，2008 (2).

堪称民主集中制原则在政府-市场关系中的具体体现[2]。

稳定的宪制结构下所衍生的各种关键性维度上的权力关系，都离不开民主集中制的组织原则，因此，民主集中制就是中国模式的核心，这也是国家治理能力之根本保障[1]。也就是说，改革开放以来的复兴大业，是在1954年宪制结构下发生的，结果是延续并强化了既定的宪制结构。

中国的宪制结构能够包容计划经济和社会主义市场经济两种不同的经济形态，我们因此不得不提出这样的问题：政治和经济的关系到底是什么？政治-经济关系的维度能够回答当代中国政治发展吗？为什么形成于奴隶制经济时代的美国宪法能够包容各种形态的经济制度——从农业资本主义、工业资本主义再到金融资本主义？就影响政治的因素而言，首先是人的利益选择导致的政治主体之间的互动，这是经济因素的作用；经济的背后还有社会关系和社会结构；社会结构的背后还有历史文明基因。因此，对于政治的认识不能限于经济的影响和社会的影响，它还受深层的文明基因的影响。其实，这些相互影响所形成的分析变量，已经让我们很难回答哪些是政治的、哪些社会经济的。何况，政治权力作为经济权力、文化权力和军事权力的互动的总和与结果，一旦产生，其稳定性、韧性到底到什么程度，也只能通过大历史研究和深度的案例研究去回答，而绝不是某种用单一的或简单的因素就能回答的政治问题。这大概是留给历史政治学的学术使命。

四、历史政治学与当代中国政治发展的相互意义

具有历史意义和规模意义的中国不应该只是外来理论的试验场，而更应该是理论的发源地，从而形成中国自主社会科学话语体系。但是，达至这一目标，首先需要研究方法和研究路径上的突破，然后才能形成新概念

① 杨光斌．中国政治认识论．北京：中国社会科学出版社，2018：235－283.

新范畴新表述。历史政治学正是为中国政治研究量身定制的概念和研究路径。

1. 历史政治学于中国政治研究的意义

中国政治是一个整体性概念，在结构性意义上，至少应该包括：一是中国是如何来的，这是国家建设的议程；二是中国是怎么组织起来的，这是政体学的研究议程；三是中国是怎么运转的，这是政治过程的研究议程。无论在哪个层面，“历史”都是不可或缺的要素与角度，即每个层面的议程都自带历史性，也只有从历史的角度才能认识这些问题。在国家建设层面，现代中国其实就是中华文明基因共同体的一个延续；在政体学层面，中国政治制度的关键层面比如组织部和监察制度，是历史连续性的一种新的制度设计，新中国 70 多年发生的巨变，也是一种内在的相互强化的制度变迁。甚至是中国的政治过程研究，比如立法过程、不同层次的决策过程，每一个环节和微观机制都带有历史性。比如关系文化通过路径依赖而形成历史连续性。在对外关系上，从毛泽东时代的和平共处五项原则，到改革开放以来的“和平与发展是时代主题”、“和平崛起”以及“推动构建人类命运共同体”，无不体现着中国文化的精髓——“和合”以及“天下观”。这些制度变迁中的宏大议程，非历史政治学研究路径不能胜任。

处于结构中的“中国人”是什么样的呢？显然，不能简单地用基于个体主义文化的“理性人”概念分析中国人的政治行为。无论是过去的家庭伦理本位、“阶级人”还是至今的难以定性的“中国人”，都不可能等同于个体主义文化下的“理性人”，中国人的理性必然是集体主义文化下的产物。英国著名政治学家芬纳说：“中国的政治制度和希腊以来的西方传统完全不同。事实上，二者是截然相反的。它的政治制度、社会结构与主流的社会价值体系相辅相成，这是自从早期的美索不达米亚和埃及政府以后从来没有过的，特别在西方更不曾出现过。因此，中国稳定、持久的社会政治体系与躁动不安的西方相比，后者更依赖于自由行动与个人责任；而前者则依赖于集体，每一个人都要为其他人的错误承担责任。”西方传统体现了人类在法律和上帝面前人人平等的概念，而华夏文明与之相反，一开始就是等级式的人际关系，但是“在中国的政治体制中，所有这些不平等都被导入一个总体上和谐的有机社会”①。确实，在这样一个等级构成的社会中，“国”和“家”从来是一体化的。用李泽厚先生的话说，中国文化是相对于西方个人主义文化的“关系主义”，而这种“关系主义”建立在家庭本位之上，国家是家庭的放大版。因此，正如专门研究中国哲学的美国教授郝大维和安乐哲所言：“在西方传统中，独立自主的个人占据着重要位置。要在中国传统范围内寻找这种西方知识分子推崇的主导思想，将是徒劳的。更重要的是，表述这些思想成分的价值观、行为以及制度同样在中国传统中不存在。”② 他们还语重心长地指出：“政治与经济同是文化的表述，它们的效能必须与其他的文化价值观一起来评估。而且特别要指出的是，我们认为自由主义的、个人主义的和以权利为基础的民主以及自由企业资本主义，都是西方现代性历史发展的具体产物。因此，任何试图将这些东西在各种文化中普遍化的做法都可能是愚不可及的。”“一个明显的含义是，把所有这几件起作用的东西照搬到中国去，就会大大改变中国的特性，实际上会将整个中国社会改造成一个外族历史叙述的终端。”

现代性意味着政治形式越来越多的相似性乃至同一性，比如都有政党政治和议会政治，但为什么结果千差万别？社会结构因素肯定是决定性的，处于不同社会结构中的人性以及人的行为方式肯定是不一样的，从而导致相同制度的不同结果。这本身就是基于“理性人”假设的政治科学的失败，对此的替代性解释范式应该是历史政治学。也就是说，历史政治学不仅仅是结构主义的，也是行为主义取向的，研究人的价值取向和利益计算，但坚信社会结构的难以替代的解释力。

这一切都是因为历史政治学不仅仅是认识论和方法论意义上的，还首先是本体论意义上的，“历史政治”构成了中国人不可或缺的一个内在部分。因此，我们才说历史政治学对于中国政治研究有着特殊价值，几乎是一种量身定制的概念。但这并不意味着历史政治学只能用于中国政治研究，在我看来，凡是存在文明体的地方，比如基督教文明地区、伊斯兰文

---

① 芬纳．统治史：古代的王权和帝国：第一卷．上海：华东师范大学出版社，2010：289.

② 郝大维，安乐哲．先贤的民主：杜威、孔子与中国民主之希望．南京：江苏人民出版社，2004：25，16，17.

明地区，其政治发展研究都可以用历史政治学。当然，因为中国是世界上唯一的连续几千年而未曾中断的大型文明体，“历史”的本体论属性更重。

2. 中国政治研究于历史政治学的意义

和任何一套研究范式一样，历史政治学要葆有生命力，首先需要建立在特定的案例研究上，以案例研究去证实这一研究范式的解释力。换句话说，国际社会科学研究基本上是案例研究，因而首先都是一种地方化知识，研究者当然应首先研究自己熟悉的历史和现实。比如：韦伯提出的官僚政治合法性概念针对其所处的德国历史与德国政治；李普塞特基于美国和英国的政治，把韦伯的合法性概念概括为选举民主，甚至有的连研究路径和研究范式都首先起始于自己熟悉的历史；诺斯的新制度经济学（国家理论、产权理论和意识形态理论）也是基于欧洲几个国家的历史经验。其实，就研究官僚政治和国家理论而言，在比较历史的意义上，中国案例显然比德国、英国更有价值，但是研究者并不熟悉中国历史，因而无从下手，结果中国人读到的都是由产生于异域的理论来解释的中国，中国成了异域理论的试验场。

有了社会科学训练并有方法论自觉的中国政治学者，理应运用自己熟悉的历史与现实去赋予合适的方法论和研究路径生命。革命政治学有其特殊的政治使命和特定的分析价值，基于“理性人”假设的政治科学其实就是致力于建构个体主义文化的社会，其作用是“转基因”，因此迫切需要将解释中国政治的历史政治学理论化，赋予其研究价值。以中国政治为案例研究，将会发掘历史政治学的无穷力量。在源头上，先秦政治具有与生俱来的世俗化和官僚制的现代性；在流变的脉络上，2 000 多年历史就是初始的关键节点的路径依赖；在变化的意义上，晚清以来的百年巨变依然在历史连续性意义上发生着。没有哪个国家的政治具有如此强大的历史文明基因的作用，这也意味着，中国未来的政治发展依然是中国历史的。中国历史并不因为外来冲击或所谓的“现代化冲击”而改变其性质，这是由中华文明，即一个连续性的文明共同体的特性所决定的，用沟口雄三的话说就是存在一个“中国基体论”，这样就可以理解哈佛大学中国史教授孔飞力在其著作中所写的最后一句话：中国建制议程的界定所根据的将不是美国的条件，而是中国自己的条件[①]。

如果说历史分析是中国政治学人的“初心”和与生俱来的情怀，那么历史政治学学术共同体必将形成，历史政治学对于中国自主政治学话语体系的建设性贡献值得期待，而对中国政治发展的深度案例研究也将赋予历史政治学学术研究乃至学科建设以生命力。

① 孔飞力．中国现代国家的起源．北京：生活·读书·新知三联书店，2013：122.

第六章

历史政治学与国际关系理论研究：以现实主义为例

现实主义理论来自历史经验的总结，是对特定历史的一种理论化描述，但新现实主义则力图去历史化，把自己说成是“理论发明”的产物。其实，冷战时期，“理论发明”并不只有国际关系理论上的新现实主义，还有影响力更大、影响范围更广的“理论发明”，诸如“熊彼特式民主”“合法性”等，但都因偏离了社会科学的本质属性——对特定国家特定历史时期的特定经验的理论化总结，最终进入了学术史的档案库。要弘扬现实主义理论的价值，还是得回到历史和现实之中去研究现实主义赖以存在的经验基础。对此，历史政治学大有用武之地。笔者在《什么是历史政治学?》[①] 一文中指出，历史政治学不但是历史主义的方法论认识论，还把“历史”视为一种本体论意义上的实践和存在，是一种“实存”（the being)。这样，历史政治学视野下的现实主义理论研究，不但从历史主义的视野去研究现实主义理论本身的问题之所在，还通过研究特定的“实存”而还原或者发现不同于现实主义理论的理论。也就是说，在历史政治学那里，研究同一种“历史”，可能会发现不同的政治理论。

一、国内的现实主义理论研究简述

近20年的中国国际关系理论的学术研究，兴趣点似乎不在古典现实主义理论上，而集中在结构现实主义和进攻性现实主义。国内学术界关于现实主义之认识，大概分为三种：第一种，结构现实主义神圣化论。认为不

① 杨光斌. 什么是历史政治学?. 中国政治学，2019 (2).

能对这种现实主义有批评，批评者没有资格批评。这种态度显然很情绪化。作为“神话”的乃至“圣化”的理论，结构现实主义理论被用来度量现实中的几乎所有国家的对外政策，这显然和现实主义理论的发明者一样，忽视了不同文明的“国家性”。学者的身份意识是问题意识的前提。

第二种，超越现实主义论。认为现实主义是基于西方国家的历史而建构，因此只可超越不可证伪。这种见解很独到，但是，这种看法的问题是，没有认识到不同版本的现实主义理论有着不同的性质，古典现实主义理论是对西方历史的“量身定制”，结构现实主义则竭力去西方历史。结构现实主义一方面高喊“现实政治”的原则，一方面极力剥离现实政治所产生的历史基础，试图建立一种中立的、“普世主义”的“理论”，而最终证明只不过是“伪理论”而已。

第三种，现实主义理论中国化。这可以看作对现实主义的一种发展，诸如道义现实主义的概念。这种发展的政策性导向很明确，发展的中国需要有道义关怀。但是，应该看到，讲究权力原则的现实主义，一开始也强调道德原则的重要性，如摩根索所说“政治现实主义者明白政治行动的道德意义”，只是认为道德原则不是抽象的，而是经过具体时间和环境过滤，而且认为谨慎就是“政治中至高无上的品德”①。在《20 年危机（1919—1939)》中，卡尔更是多处谈到现实主义并不是非道德主义的。现实主义中国化的研究，似乎接受了华尔兹的去历史化假设，视现实主义理论为“普世化”的，并认为国际关系理论没有再发展的前途，现实主义理论是国际关系理论的“终结者”，在现实主义基础上加个前缀或者后缀以区别中国的现实主义和西方的现实主义之不同。这样做似乎不无道理，因为一切国家的对外政策都必须基于“现实的”或“实力的”考量，现实主义理论只不过是将这一常识性现象概念化了，因而必然具有普遍性价值。但是，作为“实力政治”的理论化转换，我们必须认识到，和任何理论一样，现实主义理论之所以称为现实主义的，必然有其历史本体论的基础，现实主义理论的历史本体论就是帝国主义的世界政治理论，三种现实主义

① 摩根索．国家间政治：权力斗争与和平．北京：北京大学出版社，2012：16－17.

理论都是帝国主义政治的理论表述——尽管“防御性”的结构现实主义力图维持现状政策而竭力去帝国主义化。帝国主义政治是“普世化”行为模式吗？这是西方的民族国家的但并不一定属于其他文明体。

显而易见的是，基于民族国家的帝国主义政治追求的是“硬权力”——直接控制，但中国这样的国家显然不同于西方的民族国家，中国的文明基因决定了中国追求的是“软权力”即相对于权力的影响力，因此这种迥异于西方文明的对外政策显然不是现实主义理论所能解释的，这也就意味着谈不上所谓的“普世主义”理论。

国内国际关系学界因为集中于后两种现实主义理论，而这两个版本的现实主义理论都是在“去帝国主义化”的背景下产生的，或者说其主旨就是为了去帝国主义化而为自己的历史身份洗白，很多人也相应地抛弃了“帝国主义”概念或者有关理论，认为帝国主义这样的概念不与时俱进，很土很传统，甚至被归类为贬义上的“左派”。结果，不但列宁的帝国主义论被遗忘了，就连深受马克思主义或其他左翼思想影响的帝国主义思想也被抛弃了。如此一来，我们还能理解世界政治的本质吗？世界上有那么多国家曾被殖民，由此而产生的殖民地遗产，如种族战争、贫穷落后等世界性真问题被忽视了，进而忽视了概念、理论的历史语境，结果是随着别人的节拍起舞。笔者认为，要研究世界政治中的真问题，其中一条路径就是需要准确地把握现实主义理论的基本脉络，回到古典现实主义理论那里去，找回国际政治论中的“帝国主义论”，以把握看似变化其实不变的现实主义理论的历史本体论，找到世界政治中真问题的根源所在。

二、现实主义理论：“理论发明”的产物

众所周知，古典现实主义理论的奠基之作爱德华·卡尔的《20年危机（1919—1939）》，开宗明义地讲，“现实主义者熟知的是过去、以因果关系

的方式进行思考”[①]，因此卡尔讲述的是两次世界大战之间的国际关系史。摩根索的《国家间政治》的主要线索就是西方的国际关系史，现实主义理论的经典概念，如“权力均势”甚至直接取自政策性语言。比如，1831 年 2 月 19 日，在伦敦开会的欧洲大国宣布：“它们拥有权利而事态的发展也赋予它们义务来保证比利时各省在取得独立后不得损害普遍安全和欧洲的权力均衡。”[②]

很明显，以“实力政治”而达成的“权力均势”现实主义，与其说是理论，不如说是历史上的一种政策宣示。现实主义理论以“历史”为基础，离开了历史，现实主义理论就很难成立了。

然而，第二次世界大战之后的冷战，其实是意识形态战争，传统意义上的地缘政治几乎被意识形态政治所取代，时代的主题变成了“主义”之争，正如中世纪的宗教战争，“理论”或者说话语权就是实力政治的直接表现。在此背景下，出现了堪称政治运动的“理论发明”或者说“理论发明运动”。比如，“熊彼特式民主”就是将传统的人民主权理论进行简单的颠倒，认为选举是第一位的，人民当家作主是第二位的。民主由人民主权变成了“选举式民主”。历史和现实都告诉人类，选举政治是一种自古而来的制度安排，选举可以用来做民主的工具，还可以为独裁者、强人政治、资本政治乃至法西斯政治所用。熊彼特“发明”的民主理论就是以一种程序代替了民主的实质，虽然程序完备，但民主却失去实质意义，民主还是民主吗？在选举式民主“发明”的基础上，美国政治学家李普塞特又“发明”了合法性概念。韦伯的合法性概念讲的是合法律性和有效性，李普塞特以选举式民主替代了合法律性，认为合法性来自选举授权。如上，选举政治可以将公权力授予独裁者、强人、资本权力乃至法西斯主义者，或者导致无效治理，不能治理的政府何谈合法性[③]？因此，被“发明”出来的理论并不能解决实际政治中的问题。20 世纪 60 年代中期，西方的

① 卡尔．20 年危机（1919—1939）：国际关系研究导论．北京：世界知识出版社，2005：12.

② 摩根索．国家间政治：权力斗争与和平．北京：北京大学出版社，2012：277.

③ 杨光斌．合法性概念的滥用与重述．政治学研究，2016（2）.

“黄金时代”结束，西方政治陷于真正的合法性危机之中，哈贝马斯的合法性危机概念首先用来讨论60年代之后的西方政治①。

但是，“理论发明运动”并没有停止，而是愈演愈烈，这要归因于库恩的《科学革命的结构》中的“范式革命”思想，即科学范式可以是不以前人研究为基础的一种天才式发明。库恩的这一科学哲学思想影响巨大，几乎颠覆了科学史观。不仅如此，只关注自然科学的库恩，在社会科学家这里拥有更大的市场，用伯恩斯坦的话说“社会科学家却发现了库恩”②。美国政治学学会两任主席杜鲁门和阿尔蒙德均在就职演说中引用库恩的“范式”概念，呼吁建立统一的新范式③。确实，他们建立了非历史性的范式，最典型的就是结构功能主义和理性选择主义。

阿尔蒙德建立了影响美国比较政治学几十年的、非历史性的结构功能主义范式，用于解释所有的非西方国家的政治发展④，政治学学科史上大概再也没有比这更教条主义的了。阿尔蒙德用政治录用、政治沟通等七个功能建立起结构功能主义，认为任何一个国家只要具备了这七大功能，就是政治现代化了。结构功能主义是典型的非历史性的图景建构，没有经验基础的政治学理论自然会失败。这一范式到20世纪70年代中后期开始式微，逐渐为理性选择主义范式所取代。而非历史性的基于“理性人”假设的理性选择主义，最终也把美国政治学理论带入了死胡同。遗憾的是，华尔兹的结构现实主义理论正是以结构功能主义为理论基础的⑤。以一个已经式微的范式为理论基础而进行“理论发明”，其命运可想而知。

华尔兹在《国际政治理论》第一章中直接引用库恩的科学哲学论述并声称，“理论不能仅仅通过归纳法来加以建立，理论范畴只能被创造而不能被发现”，随后华尔兹大量引用库恩论述自然科学史上的案例来说明理论是“发明”出来的⑥，强调“理论只能被建构”，“理论是被‘创造性地’

① 哈贝马斯. 合法化危机. 上海：上海人民出版社，2009.

② 伯恩斯坦. 社会政治理论的重构. 南京：译林出版社，2008：108.

③ 曾毅. 政体新论. 北京：中国社会科学出版社，2014：129.

④ 阿尔蒙德，等. 发展中地区的政治. 上海：上海人民出版社，2012.

⑤ 杨光斌. 重新解释现实主义国际政治理论. 中国人民大学学报，2018 (4).

⑥ 华尔兹. 国际政治理论. 上海：上海人民出版社，2003：7.

创立起来的”，并不无玩笑地声称“理论是头脑中形成的一幅关于某一有限领域或范围内的行动的图画”，并引用化学家的话说，“理论只能被另一种理论推翻”，理论不可验证①。这些表述，对于渴望理论而无力“发明”理论的人们来说，无疑增加了解构现实主义理论的神秘感。

社会科学和自然科学有可比性吗？社会科学的性质决定了社会科学理论说到底是对规律的发现，而不可以被“发明”。其实，当华尔兹声称理论发明时，他所依赖的理论已经是属于“常规科学”的结构功能主义，他要回答的经验就是他所处的“两极”时代的国际政治。

要使得自己的“理论发明”成立，显得具有“创造性”，就得与历史切割，因为现实主义理论就是西方国际关系史的一种元叙事。华尔兹在论述完什么是“理论”之后，紧接着就用一整章（第二章“还原主义理论”）的篇幅来讨论和批判“还原主义理论”——古典现实主义的从国内政治出发的国际政治研究传统，这一传统将国际政治还原为国内政治。在华尔兹那里，还原主义理论中影响最大的就是帝国主义理论，因此，批判还原主义其实就是为了现实主义理论的“去帝国主义化”，因为在古典现实主义理论中，现实主义和帝国主义几乎为一个硬币的两面。

华尔兹做到了，并以基于结构功能主义的系统理论代替了还原主义。从此，“帝国主义”从现实主义理论中消失了，以中性的、形式主义的理论代替了本质主义的古典现实主义理论，结构现实主义有了“新现实主义”之称。但是，作为“行动单元”的国家的帝国主义性质就随风而去了吗？国际关系中就不再有帝国主义政治了吗？当形式主义理论太过流行而变成一种观念和思维范式的时候，很多人就真的以为国家间只有中性的“实力政治”所达成的“均势”与超级稳定，忘记了与生俱来的“国家性”（stateness）的帝国主义政治，期待人类的“永久和平”。当被“发明”出来的“理论”产生了这样的政治功能的时候，政治伤害必然会在一个国家的外交政策中体现出来。

① 华尔兹. 国际政治理论. 上海：上海人民出版社，2003：10－12.

三、找回现实主义理论的历史本体论：帝国主义

社会科学是对当下重大社会问题或者冲突性政治的一种回应，因此理解作为社会科学的国际关系理论更不能无视既定的语境，三种现实主义理论都是对特定历史或者当下政治的一种理论性回应，离开这一点而抽象地谈论国际关系理论，无疑是隔靴搔痒。卡尔和摩根索的古典现实主义理论，就是在理论上阐释刚刚过去的历史或正在发生的政治，而这个政治就发生在帝国主义时代，因此古典现实主义理论的历史基础或者立论出发点就是如何理解帝国主义的世界政治。换句话说，古典现实主义理论的历史经验基础其实就是帝国主义问题，结构现实主义力图"去帝国主义化"而且相当成功，但进攻性现实主义则在事实上回到古典现实主义理论的出发点，是一种"新帝国主义"的理论逻辑。因此，现实主义理论之所以为现实主义的，或者说现实主义之所以与其他理论流派有着深刻的不同，就在于其独特的历史本体论。讲到此处，应该看到，自由制度主义其实只不过是现实主义理论的衍生品，即以所谓的制度霸权而实现"霸权护持"，自由制度主义的历史本体论其实也是与现实主义一样的理论逻辑，只不过更隐蔽一些而已。

1.《20年危机（1919—1939）》：帝国主义的时代特征

在西方人的词典中，"政治的"是事关群体性组织之间冲突性事务的，非冲突性事务被认为是"行政的"，因此才有中国人难以理解的"政治的""非政治的"之说。在古典现实主义的创始人爱德华·卡尔看来，所有的政治都是权力政治，国际政治只不过是权力政治的国际化而已，国际政治必然是权力冲突的政治①。因此，卡尔虽然写的是1919—1939年的"20年危机"，正如黄仁宇写"万历十五年"而不只是写这一年发生的政治一样，

① 卡尔．20年危机（1919—1939）：国际关系研究导论．北京：世界知识出版社，2005：98.

“20年危机”其实还是帝国主义政治的延续，深刻地描述了帝国主义时代的国际政治现象或者时代特征。

帝国主义时代何时开始的？帝国主义有各种形式，如罗马帝国的军事帝国主义，但是进入工业化之后的帝国主义则是以军事占领为先锋、以经济掠夺为主要形式的双重性质的帝国主义。新一代的帝国主义是国内资本主义或者自由主义的国际化的必然产物，首先称自己的国家为帝国的是英国首相迪斯累里，他在1872年的演讲中，鼓吹英国人民是要“一个以欧洲大陆理念为榜样并据此塑造而成的舒适的英格兰”，还是要一个可以“赢得世界尊重的伟大的国家——一个帝国”，认为帝国是王室、保守党和工人阶级的联合，由此正式开启了帝国主义意识形态论述的新篇章①。帝国主义是可以学习、可以效仿的政治，因此以19世纪80年代欧洲国家瓜分非洲为标志，世界正式进入了帝国主义时代。关于帝国主义最有影响力的研究，无疑是英国学者霍布森的《帝国主义论》和受此影响而形成的列宁的“帝国主义论”。应该说，考茨基、布哈林等社会主义或者左翼思想家的帝国主义理论在当时的政治思潮中居支配地位。可以肯定地说，离开帝国主义理论，就无法理解当时的世界政治。而帝国主义行为之所以流行，其背后是19世纪中叶开始流行的社会达尔文主义，即社会进化论，认为“优等民族”淘汰“劣等民族”是自然的选择。

这就是从19世纪中叶到20世纪中叶的世界政治或者说帝国主义的时代特征。对此，这一时期的现实主义者即卡尔和摩根索都直面现实，因此他们的现实主义理论其实都是研究强者如何欺凌弱者的历史或者现实。卡尔在《20年危机（1919—1939）》中引用意大利人的话作为佐证，国际联盟的程序是“绕圈子，绕来绕去，只有两种出路：或者是英国、意大利、法国、德国之间达成一致，或者是这四个大国分道扬镳”。卡尔还引用斯大林的话说，“在我们的时代，人们没有与弱者打交道的习惯”②。这就是

① 梅特卡夫．新编剑桥印度史：英国统治者的意识形态．昆明：云南人民出版社，2015：58.

② 卡尔．20年危机（1919—1939）：国际关系研究导论．北京：世界知识出版社，2005：99.

中国人常说的“弱国无外交”。而在帝国主义时代，弱国无外交是符合当时的游戏规则的，因为当时流行的是社会达尔文主义所转化的“白人优越论”，因此我们所熟悉的自由主义鼻祖诸如19世纪的托克维尔、约翰·穆勒，都是典型的人种优越论者。卡尔指出，19世纪中后期英国最著名的学者、《经济学人》创办者和《英国宪法》作者白哲特（Bagehot）直接将达尔文理论运用到国际政治，他说：

> 征服是大自然给予强者的奖赏。有些民族的传统打造了这些民族的特征，使他们能够赢得战争。考虑到大部分物质性利益，赢得战争的特征确实是一个民族最优秀的特征。赢得战争的特征也正是我们希望在战争中获得的特征。①

卡尔还指出，当时很多著名思想家持这类观点，只是人们不愿意公开承认这一点。而一位美国历史学家则很直白，“国际关系的基本问题是谁应该消灭弱者”②。

鉴于帝国主义时代的特征，卡尔指出，亚当·斯密的把经济从政治中分离出来的经济学即所谓的自由竞争法则，已经完全破产了，因为帝国主义政治的逻辑要么是以经济方式实现政治目的，要么是以政治军事手段实现经济目的，19世纪后期的帝国主义，经济和政治为了同一目标而联手共进，以政治实力获得经济利益，然后再将所获得的经济利益转化为政治权力——这就是当时英帝国的行为特征③。

果然，当时流行的“强权即公理”的帝国主义逻辑不但被白人用在其他民族身上，还直接体现在欧洲白人内部的关系上。第一次世界大战之后的1919年巴黎和会，就是强者瓜分弱者的游戏，这就引发了“20年危机”并进一步导致第二次世界大战。

初成于1939年的《20年危机（1919—1939）》，就是以强者的权力政治即帝国主义的实力政治而展开论述的，以欧洲帝国主义欺凌弱者为背

---

①② 卡尔. 20年危机（1919—1939）：国际关系研究导论. 北京：世界知识出版社，2005：48.

③ 同①107－109.

景，进而导致“强者”即帝国之间的权力游戏。因此，“现实主义”就是以“实力政治”“权力政治”为基础的帝国主义政治的理论化表述，从而演化成为一种国际政治理论。《20 年危机（1919—1939）》其实没有多少“理论”可言，有的只是丰富的历史和政策性经验。另外，只要是讲帝国主义政治，就不可能脱离马克思主义的政治经济学逻辑。自从 19 世纪中叶马克思主义诞生以后，历经将近一个世纪的国际社会主义运动以及历代马克思主义理论家对帝国主义时代的经典分析和批判，西方知识界已经左倾化，其中包括本文所论及的《20 年危机（1919—1939）》，书中处处引用、借用马克思、恩格斯、列宁、斯大林、考茨基、卢森堡、托洛茨基、布哈林等人的论述。马克思已经成为“知识社会学”的来源。卡尔这样写道：“在过去的 50 年里，主要是（虽然不完全是）由于马克思的影响，历史学派的原则被用于对思想的分析；同时也奠定了一种被称为‘知识社会学’的新学科的基础，这主要是德国思想家的贡献。”① 换言之，讲述帝国主义政治逻辑的《20 年危机（1919—1939）》是一部带有社会主义色彩的或者说具有当时时代特征的马克思主义化的“知识社会学”作品。不但如此，成稿于 20 世纪 40 年代末的摩根索的《国家间政治》也直接延续了当时的左翼思想，因此蜚声于学界的摩根索必然不会得到美国政府应有的重视。

2.《国家间政治》：帝国主义的政治逻辑

把帝国主义的“时代特征”上升为帝国主义的行为逻辑，就构成了摩根索的“国际政治学”。和卡尔一样，摩根索也是从探讨权力开始其“国际政治学”论述的，但摩根索的国际政治学旨在揭示帝国主义的政治逻辑——虽然以现实主义理论的面目出现。

沿着卡尔的路径，摩根索指出，“以权力界定的利益概念是帮助政治现实主义找到穿越国际政治领域的道路的主要路标”②。因此，国际政治必然是权力政治即实力政治，国家在追求权力政治中实现权力最大化，正如国内政治的权力制约而导致的权力均衡一样。但是，在追求权力的过程

① 卡尔．20 年危机（1919—1939）：国际关系研究导论．北京：世界知识出版社，2005：65 -66.

② 摩根索．国家间政治：权力斗争与和平．北京：北京大学出版社，2012：7.

中，并不是所有的参与国都同等地参与了国际政治，即存在权力的不平等性①。在这种情势下，必然出现维持权力现状和改变权力现状的国际政治，这事实上是一种冲突性政治。摩根索断言，“全部历史表明，积极参与国际政治的国家，或是在不断地准备战争，或是在积极地卷入战争，或是处于从战争中恢复的过程中”。因此，权力政治现象呈现为“或是保持权力，或是增加权力，或是显示权力”②。其中，“如果一国的外交政策目的在于通过改变现存的权力关系获得比它实际拥有的权力更多的权力——换言之，其外交政策寻求的是在权力地位上的有利变化，那该国奉行的就是帝国主义政策”③。

摩根索的权力现实主义理论事实上是一种历史经验理论，而这个历史经验就是以欧洲史尤其是拿破仑战争以来的欧洲国家之间的政治关系为样本的，这个历史就是形成均势与改变均势的演变历史。而此时的欧洲民族国家初具形态后马上拥有了帝国梦想，因为欧洲民族国家形成于两大机制：对外贸易和战争，或者说都可以归结到战争上。历史上没有哪个国家像英国那样为了贸易而进行对外战争，《威斯特发里亚和约》之后的欧洲“城邦”之间更多的是为了地盘而争战，从几千个城邦国家到最后形成二十几个民族国家。因此，这个历史其实就是不断地改变均势的“帝国主义政策”。两次世界大战事实上是欧洲战争惯性的进一步放大，对于生活在这一时期的摩根索而言，两次世界大战就是其理论的历史脚本，因此他在讲到什么是政治、什么是权力政治、什么是国际政治的时候，最关心的还是那些在历史上改变现状的帝国主义政策，在《国家间政治》中，最关键的内容就是“第二编　作为权力斗争的国际政治”，其中，对改变现状的政策即帝国主义的重视程度远远超过维持现状的政策，他只用不到10页的篇幅谈论“寻求权力的斗争：现状政策”（第4章），却用了30多页的篇幅专门讨论“寻求权力的斗争：帝国主义”（第5章），第6～7章其实都是有关帝国主义政策的论述，而且还在著作中的其他地方不同地论及历史上改

① 摩根索. 国家间政治：权力斗争与和平，北京：北京大学出版社，2012：41-48.

② 同①69.

③ 同①70.

变现状的帝国主义政策。比如，在“第七编　当代世界的国际政治”中专门用一章的篇幅论述“新的道德力量：民族主义化的普世主义”，其中谈到，“民族主义所要求的是一个民族建立一个国家，除此之外别无他求；而我们时代的民族主义化的普世主义却主张一个民族和一个国家有权把自己的价值观和行为标准强加给其他所有国家”①。“我们时代的民族主义化的普世主义”，“是一种世俗化宗教，它对人的本性和命运的解释以及它拯救全人类的救世主式的誓言都是普遍适用的。一个特定的国家将在一个特定时期执掌普世主义的火炬，而原则上任何一个国家都有可能这样做”②。这其实就是指刚刚出现的冷战政治。正如摩根索所言，“20 世纪，在世界大战和革命的影响下，在经济、政治和军事的权力集中以及经济危机的影响下，这种对国家的依附达到了世俗宗教的狂热程度。权力之争戴上了善恶之争的意识形态面罩。外交政策摇身一变成为神圣的使命。战争都以圣战的名义进行，目的是将正确的政治宗教传播到世界各地”③。要知道，冷战起源于意识形态之争④，因此摩根索着重谈到帝国主义政策的新形式与新逻辑——文化帝国主义及其实践。

根据摩根索，“我们把帝国主义界定为一项目的在于推翻两个或者更多国家间的权力关系现状的政策”⑤。帝国主义政策的三个目标是形成世界帝国、大陆帝国和地区优势，为此而使用的典型手段分别是军事帝国主义、经济帝国主义和文化帝国主义。其中，军事帝国主义最为古老，以军事占领形式实现其目标；经济帝国主义一方面通过改变帝国主义国家与其他国家的权力关系来推翻现状，另一方面依靠经济控制而非通过领土征服来实现这一目标⑥；文化帝国主义则是一种最高级形式的帝国主义，它软化敌人，并为军事征服或者经济渗透准备基础，“它的目的不是征服领土和控制经济生活，而是征服和控制人们的心灵，以此作为改变两国权力关

---

① 摩根索．国家间政治：权力斗争与和平，北京：北京大学出版社，2012：367.
② 同①368.
③ 同①164.
④ 杨光斌．意识形态与冷战的起源．教学与研究，2001（3）.
⑤ 同①80.
⑥ 同①96－97.

系的手段。如果人们能够设想，A 国的文化，特别是它的政治意识形态连同其他一切具体的帝国主义目标，征服了 B 国所有决策人物的心灵，那么，A 国就将赢得比军事征服和经济控制更彻底的胜利，并在比军事征服者和经济支配者更稳定的基础上奠定霸权地位。A 国将无须为达到其目的而进行军事威胁或使用军事力量，或者施加经济压力；因为 B 国服从其意志这一目的，可以通过优越文化和更富有吸引力的政治哲学的说服力而得以实现”①。

摩根索洞察到，意识形态已经是国家权力的重要组成部分，“现今国际舞台上的权力之争不仅是对军事优势和政治统治的争夺，而且在特定的意义上是对人心的争夺。这样，国家的权力不仅依赖于外交的技巧和武装力量的强大，而且依赖于它的政治哲学、政治体制和政治政策对其他国家的吸引力。对于美国和苏联来说尤其是这样。它们不仅作为两个政治和军事超级大国相互进行竞争，而且作为两种不同政治哲学、政府体制和生活方式的最突出的代表而展开竞争”②。摩根索认为，“自第二次世界大战以来，经济帝国主义和文化帝国主义在政府的全部国际活动中所占的比例大大增加了”。

意识形态的作用是掩饰政策的真实性质，因此“虽然所有政治都必然是对权力的追求，但意识形态却把参与这种权力角逐解释成演员和观众在心理上和道德上都能接受的某种东西”③。比较而言，“现状政策常常能够显露其真实本质并免除意识形态伪装，因为现状由于其本身的存在已经取得了某种道德上的正当性”④。而追求改变现状的“帝国主义政策永远需要意识形态，因为与现状政策相比，帝国主义永远有需要证明的负担。它必须证明，它寻求推翻的现状是应该被推翻的，在许多人心目中现存事物所具有的道义正当性，应当让位于一种要求新的权力分配的更高的道德原则”⑤。在现代，由于社会达尔文主义的流行，帝国主义的意识形态偏爱生物

① 摩根索. 国家间政治：权力斗争与和平，北京：北京大学出版社，2012：99.

② 同①220－221.

③ 同①137.

④ 同①139.

⑤ 同①141.

学的观点，法西斯主义、纳粹主义和日本帝国主义赋予这些生物学意识形态以革命性的内涵，其本质还是19世纪的社会进化论，“征服弱小民族似乎成了‘白种人的责任’、‘民族使命’、‘天命所定’、‘神圣托管’、‘基督教义务’。殖民帝国主义尤其经常使用这类意识形态口号加以伪装，如宣称征服者的使命是把‘西方文明的赐福’带给地球上的有色人种”①。而且“帝国主义最广泛使用的伪装和辩解，一直是反帝国主义的意识形态”，1919—1939年，交战双方都是为了保护自己、反对对方的帝国主义才走向战争的，德国以民族自决权这一道义原则而得到捷克斯洛伐克的一部分领土，“从第一次世界大战结束到第二次世界大战结束为止，这一原则②是它们最有力的意识形态武器”③。

摩根索事实上揭示了冷战的性质即意识形态战争。第二次世界大战之后，军事帝国主义越来越少了，常见的是经济帝国主义和与之相伴的文化帝国主义，其中文化帝国主义事实上则是民族主义的“普世主义化”。摩根索所揭示的帝国主义的这一政治逻辑，把冷战时期的各种“主义”拉下神坛，其中包括被宣称为“普世价值”的自由主义民主。研究表明，自由主义民主只不过是基督教文明的一种政治表述④。如果说很多人还不理解为什么不能说自由民主是“普世价值”的话，那么肯定同意基督教文明非“普世价值”，如果基督教文明是“普世价值”，那其他文明还有什么意义呢？

摩根索的国际政治理论事实上揭示了政治真相，接近一种“实存论”，这当然不利于美国所开展的围堵共产主义的“大战略”，因此需要将这种冷战战略合理化、合法化乃至神圣化，成为一种“实证论”。事实上，战后美国社会科学最伟大的成就就是将自由主义社会科学化，政治学、经济学、社会学等各学科完成了自由主义的社会科学化工作。在这个大背景下，政治学理论中的人民民主被改造为自由主义民主，即以自由主义来框

---

① 摩根索．国家间政治：权力斗争与和平，北京：北京大学出版社，2012：142 - 143.

② 指民族自决权原则。

③ 同①144 - 147.

④ 杨光斌．自由主义民主“普世价值论”是西方“文明的傲慢”．求是，2016（19）．

定具有社会主义属性的大众民主；古典现实主义国际政治理论被改造为结构现实主义，基于历史真相和政策实践的现实主义被改造为去帝国主义的非历史的“科学哲学”。或许是因为知识界对理论的渴望，一种完全非历史的社会科学理论居然就这样流行开来，到头来证明不过是一种贫瘠、失败的理论。

3.《国际政治理论》：去帝国主义化的非历史的国际政治理论

卡尔和摩根索基于帝国主义历史而建构的古典现实主义理论让冷战中的美国国际关系学界的许多人如鲠在喉。因为要配合政府围堵共产主义学说，但用于反对共产主义的古典现实主义国际政治理论的左翼色彩乃至社会主义属性很重，社会主义阵营欢迎古典现实主义的帝国主义历史本体论。这无疑是西方国际关系学界的一个理论困局。认识到这一点，就能够知道华尔兹的结构现实主义的政治意义远远大于其理论意义，但是渴求理论的读书人偏偏把这种有着特定政治指向性的政治理论当作所谓的科学理论而加以膜拜。华尔兹严肃地、精心地和大家开了一个大玩笑，引起了读书人的一场大误会。华尔兹的一些研究者认为，50 年之后，如果说还有哪本书值得纪念的话，将是华尔兹的《国际政治理论》，这实在是见仁见智的小话题而非大话题。在笔者看来，已经流行了 60 年的《国家间政治》，将会比《国际政治理论》更有生命力，因为摩根索讲“常识”，而华尔兹则试图以“理论”反常识性事实。

“反常识性事实”的华尔兹是如何建构其国家政治理论的呢？他认为此前的现实主义理论是还原主义的，不属于国际政治理论而是外交政策理论，而国际政治理论则必须是系统理论或者体系理论。华尔兹首先从“理论”的概念入手，认为理论只能被建构而不能被发现，被发现是归纳法下的规律，理论是头脑中形成的一幅关于某一有限领域或范围内的行动的图画，因此理论只能被理论所推翻，而不能为现实所证实①。怀着这样的假设，华尔兹认为，此前流行的理论事实上不是理论而是规律或者政策性理论，是基于归纳法的还原主义的规律性发现。华尔兹自负地说，近十年来

① 华尔兹. 国际政治理论. 上海：上海人民出版社，2003：10-12.

国际政治研究虽然做了大量的工作，但理论解释力却进展甚微，原因就在于还原主义的流行。关注个人或国家层次原因的是还原主义，认为原因存在于国际层次的是系统理论；还原法的实质就是通过研究各组成部分来理解整体，许多人试图根据心理因素、社会心理学现象或者国内政治经济特征来解释国际政治事件，但是“这些非政治学理论却从来不足以提供可靠的解释与预测”①。

要解释甚至预测现实，就需要新理论，即基于系统论的国际政治理论，但前提是必须厘清最有影响力的还原主义理论。在当时，最有影响力的还原主义理论是什么？就是让自由主义民主理论家们耿耿于怀的帝国主义理论，帝国主义理论内部的流派虽然多，但最有影响的帝国主义理论则来自霍布森和列宁，正如华尔兹所承认的，“总而言之，无论是表示支持还是反对，对霍布森-列宁帝国主义理论加以评价的著作其广度和深度均可与国际政治领域中任一学派相媲美。鉴于此，我以该理论为例来对还原主义方法加以阐明”②。华尔兹以一章的篇幅，以批判还原主义为名，其实是批判帝国主义理论。

这里已经没有必要讨论华尔兹如何以整整25页的篇幅批判乃至解构霍布森-列宁及其追随者的帝国主义理论了③，只要明白其宗旨即可。事实上，世界政治上的帝国主义时期并没有因为华尔兹的解构而不存在，历史永远是历史，事实永远是事实，再精巧的理论也阉割不了广为人知的历史常识。华尔兹的结论是，“对霍布森和列宁的考察使我们思考为什么还原主义方法不足以建立国际政治理论”④。“这使我们质疑还原解释方法的有效性，因此揭示国际政治不能依靠分析性方法，而必须采用系统方法。”⑤言外之意，华尔兹呼唤的是，我亲爱的同行们啊，别再念念不忘“帝国主义”了，我们美国不就是帝国主义吗？念念不忘这个原罪，我们还怎么和共产主义做斗争啊？让我们换换脑筋吧，让我们换个说法吧，何不以“系

① 华尔兹．国际政治理论．上海：上海人民出版社，2003：4－25．

② 同①26．

③ 同①26－50．

④ 同①46．

⑤ 同①47．

统”来替换还原主义方法的帝国主义？华尔兹这样做很自然，但悲剧是，不少非西方国家学者也随之起舞，随着美国学者一道把国际政治理论的最经典的理论——帝国主义理论抛在脑后。

当华尔兹进行护卫性建构时，他可以不计代价（枉顾历史常识）地得罪左翼学者，但又不能得罪所有派别的学者，毕竟，即使在右翼阵营或者自由主义民主理论内部，还有很多还原主义方法的作家，而且社会科学的很多伟大理论就是来自归纳法。在华尔兹所处的时代，还原主义方法产生的理论在国际社会科学界所产生的影响力远远大于结构现实主义理论，华尔兹的理论影响是否走出了专业小圈子都是疑问，因此华尔兹防卫性地声明道，霍布森、列宁等“还原主义者的失败并不能证明其他还原方法也无法成功。尽管他们集中在国家或者次国家层次解释国际政治可能会碰到一些普遍性问题，但是对帝国主义和战争进行解释的经济理论所具有的缺陷并不表明所有关于国际政治的还原主义理论都是有缺陷的”。“我们也没有充足的理由不再希望下一次依照还原方法会建构起一个可靠的理论。”①

读者从中读到什么？旨在建构“理论”的华尔兹对演绎法似乎也没那么自信，绝不是就理论而论理论，帝国主义理论这样的还原方法不行，但并不代表其他还原方法不可以。这哪里还有什么理论信仰？把华尔兹当作国际政治理论家，只是读者的一厢情愿，华尔兹本人或许并不这样给自己定位。要注意，他在大批特批经济帝国主义的时候，为什么不涉及摩根索所说的文化帝国主义？更别说批判文化帝国主义了。冷战本身就是一场文化战争，华尔兹本人所建构的“国际政治理论”就是这场文化战争的一个重要组成部分，或者说以华尔兹为代表的国际政治学就是这场文化政治的主角，因此，美国战后的政治学才被称为“冷战政治学”。忽视掉“理论”背后的政治逻辑，就不明白华尔兹到底是谁（身份意识），华尔兹这么做是为了谁（目的论）。遗憾的是，一些渴望理论的读书人见到这种以精致的形式主义而非历史的理论，也随之抛去历史常识，沉醉在无关痛痒的概念辨析之中。这绝不是社会科学学者所应有的态度和立场。在冷战结束

① 华尔兹．国际政治理论．上海：上海人民出版社，2003：47.

后，华尔兹不无得意地说，苏联输了，是因为苏联没有社会科学。其实，华尔兹是在说苏联建构的意识形态不行，以至于苏联学者都成了所谓自由主义民主的信徒。正如摩根索在《国家间政治》所言，如果A国的文化征服了B国的决策人物的心灵，A国将赢得比军事征服和经济侵略更彻底的胜利[①]。苏联失败的主要原因就是输在意识形态竞争上。

由于苏联自身的变化和解体，冷战结束，结构现实主义理论受到很大冲击，华尔兹理论的信奉者实在不值得为此辩护。这并不是说冷战结束了即两极世界结束了而证明结构现实主义理论错了，而是说结构现实主义本身就是一种失败的或存在结构性硬伤的“理论”，是一种伪理论，这将在下一个部分讨论。冷战结束后，现实主义理论立刻转型升级，也立刻显现其帝国主义的历史本体论属性，显现其作为强政策理论的属性，这就是作为新帝国理论的进攻性现实主义。

4.《大国政治的悲剧》：找回历史本体论，走向新帝国

冷战结束后，被称为“防御性现实主义”的结构现实主义走下神坛，取而代之的是米尔斯海默教授提出的被称为“进攻性现实主义”的理论。在此不过多地讨论进攻性现实主义理论的详细内容，也没有必要过多地讨论，因为它与其说是“理论”，不如说是政策宣示或者历史经验回望，因此这个升级版的现实主义理论很容易理解。简单地说，理论出发点就是古典现实主义理论的“现实政治”（realpolitik）或者权力政治，因此进攻性现实主义理论是一种真正的新古典现实主义理论。更重要的是，正如米尔斯海默所言，进攻性现实主义的政策导向性很强。米尔斯海默明确指出，“进攻性现实主义主要是一种叙述性理论，它解释大国过去如何表现以及将来可能怎样行动。但它也是一种指导性理论，国家‘应该’按照现实主义的指令行事，因为它展现了国家在险恶的世界里求生存的最好办法”[②]。

苏联的解体让美国突然成为单一霸权国家，美国向何处去？在冷战结束后的十几年里，美国对外战争的频次远远高于冷战时期可比较的年份，因此说进攻性现实主义理论是一种新帝国理论，恰如其分。米尔斯海默的

① 摩根索．国家间政治：权力斗争与和平，北京：北京大学出版社，2012：99.

② 米尔斯海默．大国政治的悲剧．上海：上海人民出版社，2003：11.

一段话很经典地体现了进攻性现实主义理论的改变现状的帝国主义逻辑，“而在进攻性现实主义者看来，国际政治中几乎看不到维持现状的国家，原因是国际体系为国家牺牲对手以获得权力创造了巨大的诱导因子，当利益超过成本时，它们就会抓住这一机会。一国的终极目的是成为体系中的霸主”①。此时，已经不再受“帝国主义”概念困扰的西方国际关系学界，可以大张旗鼓地找回帝国主义的正当性，并不讳言美国要当新帝国，正如当年英国首相迪斯累里宣称英国是“光荣帝国”一样。

四、帝国主义：现实主义的另一面镜像

当列强之间玩着现实主义的“均势”游戏的时候，列强对包括中国在内的弱小国家又在做什么呢？拿破仑战争之后的“百年和平”可谓国际关系史上典型的均势政治，同时也是欧洲殖民帝国形成的时期，同一种国家的同一个历史时期，上演着完全不同性质的政治戏码。也就是说，“历史”不但是历史主义意义上的一种研究现实主义理论的方法论，它本身还是一种存在和实践，具有本体论属性——列强对非西方国家的殖民主义帝国主义逻辑。

作为一种组织体系的资本主义经济系统，必然从国内走向国外，军事帝国主义则是保护这种世界性经济体系的直接手段。这并不是说只有资本主义才会导致帝国主义，在现代国家诞生之前就有类似帝国主义的殖民活动，只不过第一阶段只是零星的个人冒险行为，比如哥伦布所谓的“发现新大陆”和达·伽马的亚洲之行。第二阶段是殖民行为公司化，荷兰、英国、法国等都建立了东印度公司，使得殖民行动更加有组织化。第三阶段，即只有在资本主义属性的现代国家诞生以后的年代，才有了帝国主义意义上的殖民主义活动，并为此而发生了帝国主义战争。

① 米尔斯海默．大国政治的悲剧．上海：上海人民出版社，2003：20.

工业革命为殖民活动提供了方便，或者说是殖民活动的加速器。到第二次工业革命时期，大致到了1875年，全球的资本主义化完成。全球的资本主义化催生了帝国主义的竞争，或者说帝国主义是一种可以模仿的意识形态，是当时大国的“标配”。比如，在欧美七国（英国、法国、德国、意大利、比利时、美国、俄国）中，1876年只有英国和法国占有海外殖民地，共2 340万平方千米，其他五国均无海外寸土。然而到1914年，即在1876年后的38年里，英国、法国、德国、意大利、比利时、美国、日本七国占有海外殖民地达5 225万平方千米①。

可见，“百年和平”时期既是列强之间的“均势”政治游戏，更是列强对非西方国家的殖民主义帝国主义政治，同一种国家的同一个历史时期，进行着政治性质完全不同的对外政策。时过境迁，西方国际关系理论似乎更关注作为政策工具的现实主义理论而刻意遗忘作为流行的意识形态的帝国主义理论。但是，对于生活在那个时代的思想家来说，帝国主义才是他们关注的时代主题，“均势”政治并不是他们研究的议程。历史政治学有助于“激活”已经成为历史的那段“现实”的政治性质，在这个意义上，我们才说历史政治学之“历史”不仅是一种历史主义的方法论，还是具有本体论属性的政治价值，“历史”本身具有不同于流行理论的政治属性和自在的理论范畴。

那么，生活在那段历史中的人们是如何看待当时最为流行的意识形态即殖民主义帝国主义的呢？笔者认为大致可以划分为三类：鼓吹者、描述者和批判者。第二次世界大战之后，世界进入意识形态战争的“两极”时代，双方竭力在意识形态上美化自己、妖魔化对手，因此美国竭力为自己洗白，在国际关系理论上竭力祛除帝国主义，堪称“祛除者”。

鼓吹帝国主义。帝国主义的始作俑者当然首先是商人阶层和政治家集团，不必赘述。中国人所熟悉的自由主义大师们，不少是帝国主义者，可以称为自由帝国主义者，从英国的洛克到法国的托克维尔再到德国的韦伯，虽然也有法国启蒙派的反殖民主张——与自由相冲突。回到历史的政

① 郑家馨．殖民主义史：非洲卷．北京：北京大学出版社，2000：34－35.

治理论一点也不浪漫，很有问题。17—18 世纪殖民活动的最强大理论依据是“劳动创造财富”，即劳动创造的财富才算财富，因此印第安人不劳而获的土地不算是他们自己的财富，殖民者开垦之后才算财富。这一殖民理论的“立法者”就是自由主义之鼻祖——洛克。众所周知，自由主义的核心就是个人财产权问题，远程贸易时代到来后，这一个人权利必然从国内延展到国外尤其是未曾“劳动”开发的非西方国家。这就是为什么一些自由主义者很自然地就是自由帝国主义者。

帝国主义有各种形态，诸如军事的、经济的和文化的。就文化帝国主义而言，第一代文化帝国主义就是赤裸裸的种族主义者。19 世纪中后期，社会达尔文主义似乎为西方为什么赢了找到了最重要的理论依据，那就是白人优越论。这一时期的自由主义者首先是人种主义者，这一点在小穆勒的父亲詹姆斯·穆勒的《英属印度史》中表现得淋漓尽致，英国人统治印度人是因为英国人人种优越。小穆勒笔下的“时代贤达”托克维尔又是什么主张呢？托克维尔在 1837 年的《阿尔及利亚信件》中讲：“我确信我们能够在非洲海岸线上树立一块我国荣誉之丰碑。”① 在 1841 年的《关于阿尔及利亚》中，当论及法国当局在阿尔及利亚所应当采取的必要措施时，他说：“我常常听说我所尊重的、但与我意见不同的法国人，认为我们烧毁粮食是错误的，我们清空储仓是错误的，并且最终认为我们抓获手无寸铁的男人、妇女和儿童是错误的。在我看来，这些只是不幸的必需之举。”② 托克维尔一生都坚定地维护帝国主义扩张。

第二代文化帝国主义是文化优越论，因为毕竟到了 19 世纪末 20 世纪初，这一类型的代表人物就是韦伯。笔者在《历史社会学视野下的新教伦理与资本主义精神》③ 一文中指出，被我们当作“学术经典”的《新教伦理与资本主义精神》，其实是一部典型的文化帝国主义作品，其论证逻辑是“西方的兴起”是因为西方拥有资本主义精神，而资本主义精神来自新教伦理。言外之意是，非新教国家和地区的落后是必然的。把资本主义视

① 皮茨．转向帝国：英法帝国自由主义的兴起．南京：江苏人民出版社，2012：310．

② 同①317．

③ 杨光斌．历史社会学视野下的新教伦理与资本主义精神．中国政治学，2018（2）．

为新教伦理的产物，在法国年鉴学派历史学家布罗代尔看来就是在“改写历史”，其他很多关于资本主义史的研究都证明韦伯确实在“改写历史”。他为什么要这么做呢？1895 年韦伯的弗莱堡大学就职演说其实就是一部赤裸裸的“帝国主义宣言”，“弗莱堡大学就职演说刺激了威廉德国自由派帝国主义的兴起，正如那时人所说，自由派帝国主义头一次为德国社会所接受。由于他们的推波助澜，出现了一场广泛的帝国主义运动”①。在接下来的帝国主义运动中，韦伯或许正是怀抱政治目的而非学术研究目的去研究各主要国家的宗教问题。在蒙森看来，“韦伯采取了基于文化立场的帝国主义态度，强调的是民族的国际权力地位与民族文化的品质密切相关”②。这个定位完全可以用来理解《新教伦理与资本主义精神》，回答了《新教伦理与资本主义精神》为什么如此明目张胆地“篡改历史”。

描述帝国主义。1903 年英国教授霍布森的《帝国主义论》发表，轰动一时，也立刻被马克思主义理论家所吸纳，成为马克思主义的重要组成部分，比如列宁的帝国主义理论就是在霍布森的基础上展开的。霍布森主要论述的是经济帝国主义，不再赘述。值得发掘的是现实主义理论家对文化帝国主义的描述。摩根索这样说，“帝国主义政策永远需要意识形态，因为与现状政策相比，帝国主义永远需要有证明的负担。它必须证明，它寻求推翻的现状是应当被推翻的，在许多人心目中现存事物所具有的道义正当性，应当让位于一种要求新的权力分配的更高的道德原则”③。

摩根索认为，文化帝国主义如果能单独成功的话，就是最成功的帝国主义政策：

> 它的目的不是征服领土和控制经济生活，而是征服和控制人们的心灵，以此作为改变两国权力关系的手段。如果人们能够设想，A 国的文化，特别是它的政治意识形态连同其他一切具体的帝国主义目标，征服了 B 国所有决策人物的心灵，那么，A 国就将赢得比军事征服和经济控制更彻底的胜利，并在比军事征服者和经济支配

① 蒙森．马克斯·韦伯与德国政治（1890—1920）．北京：中信出版集团，2016：73.

② 同①86.

③ 摩根索．国家间政治：权力斗争与和平，北京：北京大学出版社，2012：141.

> 者更稳定的基础上奠定霸权地位。A 国将无须为达到其目的而进行军事威胁或使用军事力量，或者施加经济压力；因为 B 国服从其意志这一目的，可以通过优越文化和更富有吸引力的政治哲学的说服力而得以实现。①

他还认为文化帝国主义从属于军事帝国主义和经济帝国主义，而且认为除罗马外，“从亚历山大到拿破仑再到希特勒的所有大帝国主义者都失败了”，但是也认识到“自第二次世界大战以来，经济帝国主义和文化帝国主义在政府的全部国际活动中所占的比例大大增加了”②。应该说，除罗马外，一个新的帝国主义成功的例证就是冷战时期美国的文化帝国主义。客观地说，苏联不是败在军事和经济竞争，而是败于美国的文化霸权。

不同于种族帝国主义，文化优越论者往往把自己的文化包装成“普世主义”的，以求在心理上彻底改变对手。真相正如摩根索所言，“普世主义”都是“民族主义化”的③。亨廷顿更直言，“普世文明的概念是西方文明的独特产物。19 世纪，‘白人的责任’的思想有助于为西方扩大对非西方社会的政治经济统治所辩护。20 世纪末，普世文明的概念有助于为西方对其他社会的文化统治和那些社会模仿西方的实践和体制的需要做辩护。普世主义是西方对付非西方社会的意识形态”④。“普世价值”就是文化帝国主义的一种说辞，是从人种优越论到文化优越论的升级版，而鼓吹“普世主义”的还多是生活在西方的非西方人，以自我证明自己移居西方的自然正当性，从奈保尔到福山都是如此。

批判帝国主义。霍布森的帝国主义理论产生之后成为马克思主义的一部分，并指出帝国主义是资本主义的最高阶段也是最后阶段。在此基础上，列宁提出了“世界革命”思想。因此，马克思主义的帝国主义理论不仅是批判性的，更是实践性和革命性的。1917 年十月革命、1949 年新中国成立以及第二次世界大战之后民族民主解放运动造就了大批新兴国家，

---

① 摩根索. 国家间政治：权力斗争与和平，北京：北京大学出版社，2012：99.

② 同①101－102.

③ 同①267－268.

④ 亨廷顿. 文明的冲突与世界秩序的重建. 北京：新华出版社，2002：55－56.

世界革命确实重组了资本主义主导的世界体系。

祛除帝国主义。从上可知，无论是哪个层面的帝国主义理论，都意味着帝国主义政治是那个时代乃至今天最重要的政策、政治和历史。即使在今天，赤裸裸的军事帝国主义虽然大大减少但并没有绝迹，经济帝国主义则如鱼得水，文化帝国主义则大行其道。古典现实主义理论家是历史的、客观的，在论述现实主义的时候并没有忘记把现实主义与帝国主义联系起来，因此这样朴实的现实主义并不为西方政治家集团所青睐，因为“帝国主义”这样的理论让他们如鲠在喉，国际政治学科奠定者摩根索在美国只能坐冷板凳。所谓新现实主义则完全服膺于冷战政治的需要，竭力去帝国主义化，把政策工具意义上的现实主义理论包装成能够与自由主义、马克思主义并驾齐驱的意识形态，让人觉得美国奉行的是现实主义而非帝国主义。在这个意义上，华尔兹的政治成就大于其学术成就，连深受帝国主义之害的国家的人们，了然于心的是现实主义理论而非帝国主义理论。

国际关系理论迫切需要“找回帝国主义理论”，其现实意义不用赘述，因为世界政治的帝国主义性质尚未发生根本变化。笔者当然也不否定现实主义理论之价值，只是认为二者是不同层次的政治理论，各有各的解释范畴，二者没有替代性。我们不能因为现实主义国际关系理论而抛弃了帝国主义世界政治理论，也不能因为相信帝国主义世界政治的性质而丢掉“实力政治”的工具。这再次告诉我们，现实主义充其量是一种政策手段而非意识形态，而帝国主义理论则是一种体现世界政治真相的意识形态式的社会科学理论。

如果说古典现实主义理论主要是基于西方历史经验而归纳形成的一种经验主义理论，结构现实主义则是基于冷战的现实而“建构”出的一种非历史的、演绎而来的“先验性”理论——直面现实的国际政治理论从来不需要什么先验性假设，而进攻性现实主义则是指导美国未来政策走向的新帝国理论。不管如何变化或者版本升级，现实主义理论的历史本体论都是帝国主义理论，结构现实主义竭力去帝国主义的做法恰恰显示了帝国主义理论之强大影响力。这一历史本体论来自西方国家的历史，可以说现实主义理论是根据西方国家历史而“量身定制”的。近代西方历史的主角又是

“民族国家”，因此所有的现实主义理论没有例外地都把自己的行为方式视为所有其他文明和其他类型国家的行为选择，这就是现实主义理论的关于“帝国主义”的“国家性”假设。“国家性”假设大大削减了现实主义理论的解释力，也为其他文明、不同种类国家的世界政治理论的推陈出新，留下了巨大的空间。

五、帝国主义的“国家性”问题

基于帝国主义而存在的现实主义理论的背后，是国家性问题。那么，什么样的“国家性”与帝国主义具有内在的关联性？

华尔兹尽管极力否定帝国主义的概念与历史，但和其他现实主义理论家一样，承认现实主义理论其实是一种“现实政治”（realpolitik）思想或实力政治的产物。华尔兹指出，“现实政治包括以下诸多要素：统治者以及随后国家的利益是行为的源泉；需要制定政策以应对国家间不受约束的竞争；基于对这些必要性的计算发现最符合国家利益的政策；成功与否是检验政策的终极标准，而成功则是根据能否维持和加强国家权力来定义的”[①]。“现实政治”思想可以说是三种现实主义理论关于“国家性”的共同起点和共同原则，在实践中表现为改变现状的帝国主义政策。

古典现实主义理论。且不说历史上的欧洲，对于生活在两次世界大战之间的人们来说，政治必然是冲突性的权力政治，国际政治就是丛林法则式的弱肉强食，必然要权力最大化以在冲突政治中胜出。因此，从卡尔到摩根索，念念不忘的就是“现实政治”，虽然在讲“现实政治”的时候也不忘道德原则，认为权力与道德不是二分的。摩根索所看到的国际关系就是一部维持现状与改变现状的历史，“若干国家追逐权力，各自试图维护现状或者推翻现状，势必导致所谓权力均势的态势和旨在维护这种态势的

① 摩根索．国家间政治：权力斗争与和平，北京：北京大学出版社，2012：155.

政策”[①]。因此，国家处于三种状态：维持现状、改变现状和在努力改变现状的征途中，所以“权力均势”是不稳定的，能持续 10 年、20 年就是“永久”了。属于古典现实主义理论的霍布斯“利维坦”色彩很重，如果说人与人之间的自然状态是战争，那么放大版的国家之间的自然状态也是战争。

摩根索把“民族性格”作为“国家权力的要素”，无疑符合国际关系史的事实。遗憾的是，摩根索只是在人类学上兜圈子，谈论法国人和西班牙人的不同；在哲学思想上，区分德国人与英国人的差异；而与西方民族差异较大的则是俄国人，行为僵化一些[②]。其实，这些在人类学上有所差异的民族，都属于同一种类型，并没有根本性区别；民族性格与民族所构成的“国家性”，则有着本质性区别。

结构现实主义理论。到了第二次世界大战之后的冷战时期，“两极世界”似乎就是一种两极结构的“均势状态”，但是国际社会并不存在一个主权政府去维持这种均势状态，国家之间的自然状态依然是战争。为了“建构”理论，华尔兹走得更远，“在定义国际政治结构时，我们不关心各个国家具有什么样的传统、习惯、目标、愿望和政府形式……我们抽象掉除去能力之外国家的所有属性，……我们抽象掉国家的一切特质及其具体联系，得出一幅方位性图画，一种根据单元的位置而非单元特质来描述的关于社会的、有序的总体安排的描述”[③]。这事实上是在说，不管是何种文化、何种文明、何种政府形式的国家，只要拥有了相应的权力，即华尔兹这里所说的国家能力，它们的行为模式都是一样的，都会改变现状或者在努力改变现状的征途中，除非目前能力不够。因此，国家之间很难合作，“只要欧洲国家仍然是世界大国，它们彼此之间的联合就只能是一个梦想。欧洲列强之间的政治是一种零和博弈。每个大国都将别国的损失视为自己的收益。对于为了共同的利益而进行合作，各国均持一种谨慎和退缩的态

① 摩根索．国家间政治：权力斗争与和平，北京：北京大学出版社，2012：245.

② 同①193－201.

③ 华尔兹．国际政治理论．上海：上海人民出版社，2003：131－132.

度”[①]。

华尔兹虽然谈到“国家的特性”，但只是在政体意义上区分国家，他认为虽然国家从君主制演变为民主国家，甚至演变为社会主义国家，但对于国际政治的结果并没有本质性影响，因为国家行为服从于国际政治的结构[②]。这里，华尔兹以政体代替了民族性或者国家性，以为政体变了，国家的特性就随之而变。冷战后，这一话题变成了“民主和平论”，认为只要国家实行了自由主义民主，国家之间就无战争了，国家也不好战了。在这一思潮下，赶时髦者有政治制度与国家性格的专门研究，认为民主与非民主下的国家性格有着根本性差异[③]。这完全是想当然的非历史性，无论是自由主义的美国还是社会主义的苏联，好战性不都是一样吗？这是其来自文明基因的国家性所决定的。如果弄清楚了什么是国家性，就会清楚，民族国家的国家性决定了，无论是什么样的国际政治结构，无论是什么样的政治制度的国家，既定国家性下的国家行为模式都是不变的。相反，如果认识不到国家性，就会得出结构决定国家行为的“结构现实主义”判断，更会得出民主国家不好战的反历史的判断。

进攻性现实主义理论。到了冷战之后，权力最大化以改变现状的无政府秩序的“国家性”假设进一步放大，明白无误地运用到所有国家。“权力是大国政治的货币，国家为之争斗。权力对于国际关系的意义正如货币之于经济学”[④]。基于五个命题，包括国际体系处于无政府状态、大国本身具备某些用于进攻的军事力量以为其彼此伤害甚至摧毁提供必要的资本、国家永远无法把握其他国家的意图、生存是大国的首要目标、大国是理性的行为体，“国家有充分的理由考虑采取侵略行为”[⑤]。米尔斯海默直言，“进攻性现实主义只为大国设立了大量的命题，这些命题同样适用于所有大国。除了在每一个国家控制多少权力问题上的差异外，该理论对所有国

---

① 华尔兹. 国际政治理论. 上海：上海人民出版社，2003：94.

② 同①81.

③ 科迪维拉. 国家的性格：政治怎样制造、破坏繁荣、家庭和文明礼貌. 上海：上海人民出版社，2001.

④ 米尔斯海默. 大国政治的悲剧. 上海：上海人民出版社，2003：11.

⑤ 同④42-44.

家一视同仁”[①]。据此，21 世纪的国际政治仍然是现实主义的世界[②]。

可见，几代现实主义理论家都是以欧洲过去 200 年的国际关系史而论证“修昔底德陷阱”。事实上，从古希腊到第二次世界大战的 2 000 多年，西方国家之间确实呈现了“修昔底德陷阱”的历史循环，这正是由其“国家性”决定的。一个国家的国家性不仅由其文明基因构成，其经历的历史强化了某种特有的文明基因。古希腊其实就是 100 多个各自自治的村庄，被描述为“城邦”，而且是多元的、战争不断的“城邦国家”；希腊化的罗马人更是最早的军事帝国主义，用恺撒大帝的话说，“看到的就要去征服掉”（I see，I come，I conquer）；尤其是在《威斯特发里亚和约》之后，虽然诞生了现代性的以民族为单元的民族国家，然而民族国家本身就是战争的产物，或者说战争就是欧洲民族国家的起点。

“西方世界的兴起”得益于海外扩张，英国尤其典型。新大陆的发现启动了贸易的全球化，海外扩张从而成为推动欧洲民族国家形成与成长的一个重要力量，对于英国来说则是一种最重要的力量[③]。在工业革命前的 100 年里，英国贸易总量以几何级数增长，这种革命性变化是重商主义思想的政策化的产物。以 1660 年、1662 年和 1663 年的法令为基础并以 1673 年和 1696 年的法令为补充所建立的航海法是英国的贸易政策的基础，它们都是专门限制外国船只参与英国贸易的法令，主要目的是在英国和殖民地之间沟通贸易，把购买殖民地的有价值的产品的权力留给英国的买主，同时把殖民地的市场留给英国制造商[④]。就这样，“托马斯·孟及其同事的建议被完全付诸实施了”[⑤]。英国当时的许多法令都是由商人起草的，他们将国家利益和他们自身的利益视为一体，在他们看来，国家只不过是一个特殊的企业，是一个非常强大的经济共同体，而自己只是共同体中的一员。正因为如此，在国内政策上，没有哪一个国家比英国更多地对商人阶级的

---

① 米尔斯海默．大国政治的悲剧．上海：上海人民出版社，2003：66.

② 同①507.

③ 里奇，威尔逊．剑桥欧洲经济史（第四卷）．北京：经济科学出版社，2002：205.

④ 林赛．新编剑桥世界近代史：第 7 卷，旧制度：1713—1763 年．北京：中国社会科学出版社，1999：38 - 41.

⑤ 同③475.

要求做出反应；在国际关系史上，没有哪一个国家比英国更注重战争的商业含义。

作为现代国家的法国虽然诞生于法国大革命，但是法国国家形成的标志则是英法之间的“百年战争”（1337—1453 年）。作为一个现代民族国家意义上的国家，德国的历史比法国更短。欧洲大陆从中世纪后期的几千个城邦国家最后演变为近代的二十几个民族国家，其间的战争是关键因素，因此历史社会学家才认为“战争制造了国家，国家发动战争”。拿破仑战争之后的大国均势政策所造就的“长和平”以及和平因两次世界大战而终结，深深地影响了欧洲人、美国人的思维和认知，“修昔底德陷阱”并不是他们的“误构”（misconception），欧洲民族国家的“国家性”假设也不是没有历史经验地演绎而来的，如前，三代现实主义者都是以这 200 年的历史经验为背景而谈论现实主义理论的。20 年前，笔者这样认为，既有的国际关系理论显然是特定国家、特定历史经验的“量身定制”（tailor-made）①。

受欧洲文化影响深远的国家的国家性是这样，其他文明体系下的“国家”呢（这里暂且借用“国家”一说）？拉丁美洲国家内部有战争，但国家之间的历史从来不像欧洲国家那样你死我活。在伊斯兰国家那里，它们是一个没有边界的“世界”，不是西方意义上的以疆界确定的“国家”。在欧洲人到非洲大陆之前，非洲人从来不存在国家概念，只有家族、部族、部落之说，他们以游牧能力为边界，他们的行为方式显然不适用民族国家历史所形成的“国家性”。

即使把文明视为“话语文明”而不是本质确定性的文明，比如非西方国家可以学习西方的国家观而确定自己的领土疆界，文明基因仍是很难改变的，即各个非西方社会的“国家”行为方式是很改变的。难以改变的文明基因决定了，虽然制度变迁中的制度形式不同，但行为方式却有着特定的历史轨迹可循。中国自古至今都是以“和”为贵，其背后就是中国人自古以来的“大道之行，天下为公”的世界观。“人类命运共同体”就是新时代的“大同”世界观。

---

① 杨光斌. 西方国际关系理论与“中国威胁论”. 世界经济与政治，1999（4）.

有着现代国家形式的文明型共同体，其追求必然是影响力而非赤裸裸的民族国家式的或者现实主义理论的权力。权力是一种直接控制性的而不得拒绝的力量，在历史上就是典型的军事帝国主义；文明影响力则是追求跨文明体系共存。长期浸泡在权力型历史和文化中的西方人，是很难理解其他不同文明体系下的行为模式的，也不能理解“人类命运共同体”的命题。文明世界的多样性以及文明的差异性都已经告诉我们，基于一种文明世界的“国家性”假设——民族国家的帝国主义性质，是很难解释其他文明体系下的“国家”的行为的。

这就决定了现实主义绝对不是什么“普世主义”理论。如果说西方人假设的民族国家之间的自然状态是战争，中华文明的最初假设则是和而不同的大同世界。由轴心文明时代出发的差异性，其演变中的“时间性”决定了路径依赖的强大性，因此最初假设之不同，决定了后来走向以及行为方式的根本性差异。这不但是文明体系的历史，更是世界政治的现实。

但是，因为西方国际关系理论的流行，人们容易将“实力政治”所导致的“均势”视为国家行为的一般性原则，或者说是所谓的“普世主义”的。不但前述的“国家性”的差异性决定了国家行为方式的不同，就近代西方国际关系史而言，所谓的“实力政治”也具有两面性。从拿破仑战争后的欧洲到俾斯麦时代的欧洲，大国之间奉行的是“实力政治”以达成“均势”，但是大国即列强对弱小国家呢？拿破仑战争之后开启了帝国主义殖民主义的新高潮，列强的“实力政治”不就是赤裸裸的强权政治即帝国主义吗？西方民族国家的这种“实力政治”，哪里是文明型国家的行为原则？很遗憾地说，因为西方国际关系理论的流行，马克思主义关于帝国主义的世界政治理论被遗忘了。

现实主义理论的“国家性”假设源自其特定的历史和文明，而基于特定历史的“国家性”基础上的帝国主义本体论在一定意义上就是一种规律性政策，因此抽象的“国家性”和历史本体论，其实都是历史经验主义的，是一种基于历史归纳的弱理论。但是，华尔兹非要将其演绎化，将弱理论性质的现实主义理论变成“强理论”，结果必然是失败的理论。

历史中的国家性。产生了国际关系理论的国家间政治的“国家”到底是什么样的呢？这需要认识民族国家以及构成民族国家的民族性。我们知道，西方民族国家的诞生带来了“西方的兴起”。“西方的兴起”当然首先是人的问题，或者民族的问题，这是制度变迁的最基本的行为主体。那么，西方人是什么样的人或者说具有什么样的民族性呢？全球史的奠基者麦克尼尔这样总结，“当人们把它们[①]与其他主要文明形态比较以后，而且只有当人们得知了科尔斯特和皮萨罗之流在美洲的几乎令人难以置信的黩武野蛮行径，得知了阿尔美达和阿布奎基等人在印度洋上的伤天害理的挑衅侵略行为，并发现了即使如利玛窦神父那样的欧洲学者也对中华文明嗤之以鼻之后，欧洲人嗜血好战的特性才能被认识”。欧洲人“根深蒂固的鲁莽好斗的性格”，“使他们能在约半个世纪内控制了全世界的海洋，并只用了一代人的实践就征服了美洲最发达的地区”[②]。一个人的性格影响乃至决定其一生的命运，民族性也必然影响乃至决定一个国家的走向。民族性是理解世界政治的起点。

军事革命的发生让“嗜血好战的欧洲人”如虎添翼。到16—17世纪，欧洲完成了一场改变人类命运的军事革命。“军事革新是由两个方面内容构成的，一是由舰船、火炮、滑膛枪、火药和要塞等要素所构成的硬件系统，二是由训练、军事工程、后勤官僚机构和各种财政体系制度等要素构成的软件系统”[③]。军事革命带来的军事硬件成本是如此高昂，只有少数统治者能够承受，而其他的部落性、城邦性统治者则被摧毁或者成为属臣。结果，军事革命使得权力更加集中，缔造了国家和帝国，促进了欧洲式现代国家的兴起[④]。

欧洲式现代国家具有什么属性？与生俱来的民族主义和帝国主义。我们一般把1648年的《威斯特发里亚和约》看作欧洲式现代国家的起点，因为“三十年战争”其实是一场基督新教（加尔文教）与天主教之间的欧洲范围的宗教战争，此前还有发生在法兰西境内的三十年宗教战争。也就是

---

① 指欧洲人。

② 麦克尼尔．西方的兴起：人类共同体史．北京：中信出版社，2018：579.

③ 约翰·麦克尼尔，威廉·麦克尼尔．全球史：从史前到21世纪的人类网络．北京：北京大学出版社，2017：265.

④ 同③265－273.

说，在中世纪后期即绝对主义国家形成时期，欧洲人是以宗教认同而划分身份的。但是，“三十年战争”之后，宗教逐渐变成了私人事务，民族国家认同开始出现。更重要的是，现代国家是连绵不断的战争打出来的，正如蒂利所说，“战争制造国家，国家发动战争”。因而，欧洲式现代国家的一个与生俱来的属性就是军国主义的扩张性，何况欧洲人天性就“嗜血好战”。三十年战争和后续战争的后遗症或者说连续性制度演化的结果是，“一些领主认为，既然战争一直持续下去，就很有必要建立常备军，并找出维持军费开支的方法”，为此不得不进行政治变革以征税，而征税过程就催生了官僚制[①]。这样，一些领主的权力越来越大，进而演变成以普鲁士为代表的军国主义、国家主义的现代国家。考虑到狭小的欧洲领土，在“竞逐富强”的过程中，欧洲范围内的国家间战争，势必引向欧洲之外，而事实上所有地区的大门都为扩张性国家打开了。结果在 18 世纪末，“欧洲变成了一个庞然大物，一个横跨大西洋、深入欧亚大平原、延展至地球背面的庞大社会。膨胀了的欧洲成为一个宏大的政治经济势力网的中心，这个网包罗了伊斯兰教、印度教世界的绝大部分，团团围住了远东这座孤堡。一句话，欧洲由此变成了西方”[②]。

在笔者看来，《威斯特发里亚和约》事实上有两个后果，一个就是众所周知的催生了现代国家，即以民族为单位的国家，“national state”是一种具有天然的民族主义诉求的现代国家，具有天然的扩张性或帝国主义性。支撑民族国家的是军队和官僚制，这同以儒家思想为支撑的“文教国家”即中国完全不同。“文教”在对外关系上“教化”外来力量，具有内倾性；而军队就是用来打仗的，尤其在欧洲民族国家形成的过程中，战争制造了国家。因此，第二个后果是，扩张性现代国家奠定了世界体系。好战的民族性、扩张性现代国家，借助于通过海外贸易形成的资本主义精神，就此编织起世界性网络[③]。这事实上是一张帝国主义网络，在理论上

---

① 富布卢克．剑桥德国史．北京：新星出版社，2017：71－73.

② 麦克尼尔．西方的兴起：人类共同体史．北京：中信出版社，2018：666.

③ 这是全球史专家麦克尼尔父子的用法，威廉·麦克尼尔的著作就是《西方的兴起：人类共同体史》，约翰·麦克尼尔的全球史著作被称为“从史前到 21 世纪的人类网络”。

被沃勒斯坦称为“资本主义世界经济体”。

具有民族主义和帝国主义性质的民族国家的诞生，为资本主义的发展廓清了道路，反过来，资本主义让民族国家更加贪婪。现代国家与资本主义经济发展的关系已经无须赘述。卢森堡的论述值得重视，“资本主义是第一个自己不能单独存在的经济形态，它需要其他经济形态作为传导体和滋生的场所”①。资本主义史就是这么回事，离开经济帝国主义和殖民主义，作为一个组织体系的资本主义经济就难以运转。因此，当谈到资本主义这个关键词的时候，人们就自然会联系到帝国主义和殖民主义，反之亦然。因此，本章后面讲到的帝国主义理论，其理论升级版就是“资本主义世界经济体”，不管怎么表述，帝国主义世界政治的性质并未改变。

关键点的制度安排决定了制度变迁的基本方向和所形成的制度矩阵与制度属性。在西方兴起的起点上，本着西方文明基因的“嗜血好战”的欧洲人，利用科学革命和军事革命的优势工具，把扩张性国家的本性展露得淋漓尽致，从而形成了以资本主义为核心的全球化进程，建构了时至今日依然约束着人类的世界政治结构。

在这个世界政治结构里，最重要的行为主体是国家。虽然看起来都是享有主权观念的现代国家，但这种形式上的一致性并不意味着拥有同质性。比如，相对于具有扩张主义的依靠军队和官僚制而形成的民族国家，中国是一种“文教国家”（有人称为“文明型国家”），今天依然如此。这种文教传统的国家性的国家，其行为方式当然不同于具有天然的扩张性的民族国家，人类命运共同体是“文教国家”的追求，不可能是西方民族国家的理想。又如，很多非洲“国家”其实依然部落主义至上，有的追求的是“世界”而非国家主权如伊斯兰国家。因此，现实主义国际政治理论是具有特定的国家性的国家间政治的产物，西方人不可以以基于自己历史和经验的观念去丈量他国，国人更不可以拿着这种完全异质性的国家性的理论去当作分析自己行为的标准。

离开了这种民族性所构成的国家性，就不能理解为什么西方国家间

---

① 卢森堡. 资本积累论. 北京：生活·读书·新知三联书店，1995：376.

“实力政治”所达成的“均势”是一种准战争状态，战争随时发生，所以国家兴衰必然导致2 000多年的所谓的“修昔底德陷阱”。这就是现实主义理论赖于产生的由特定国家性所构成的历史。或者说，现实主义理论解释的是西方大国的一种准战争状态的大国关系史，西方大国谁也消灭不了谁，于是采取一种准战争状态的均势关系。现实主义理论的历史基础是强强关系。

但是，列强对弱小国家呢，也是“均势”吗？西方的弱国，比如历史上的波兰，历次被瓜分，更别说非西方的弱小国家了。也就是说，同一种国家性的国家具有两重属性的历史，对大国是现实主义的权力均势，而对弱小国家则是强权、霸凌即帝国主义。正如摩根索所分析的，帝国主义政治是一种改变现状的政治，最高明的帝国主义就是改变对方心理的政治，即文化帝国主义。我们知道，“冷战”其实就是意识形态战争，美国赢在文化帝国主义，战后美国社会科学被称为“冷战学”，结构现实主义只是“冷战学”的一小部分，其最大的贡献就是以现实主义这个中性的政策工具性概念，取代了帝国主义这个意识形态概念。中国曾经是被帝国主义列强欺凌的对象，中国人不能因为有了反映西方历史的、中性面目的现实主义理论而忘记我们曾经是、很多发展中国家今天依然是帝国主义的受害者这一世界政治现实。

六、结构现实主义的“强理论”建构：一项失败的理论工程

现实主义尽管被称为“现实主义理论”，但如前，由于其产生过程中的强烈的历史经验主义性质，这意味着现实主义与其说是理论的，不如说是政策的，或者如米尔斯海默所说是政策导向的。但是，如果在历史的、现实的政策层面谈论现实主义，总有挥之不去的帝国主义概念的困扰，因此华尔兹以一人之力将现实主义强理论化，但迅速归于失败。结构现实主

义理论是现实主义的一种强理论化的“理论插曲”，之所以失败，并不是华尔兹自己所说的该理论已经完成了使命，而是由理论本身的虚假性所致。

要理解结构现实主义理论的虚假性，还得理解华尔兹所借助的在当时已经式微的结构功能主义，这是进攻性现实主义的理论底版；同时还需要理解在西方学术界已经式微的库恩的“科学革命”之说，这是华尔兹提出“理论”的思想源泉。遗憾的是，华尔兹所倚重的，在西方学术界都是行将就木的理论框架或者说“范式”，这就意味着在此基础上衍生出的所谓“新理论”必然也是没有生命力的，甚至是一种假理论工程。

范式革命。华尔兹自称理论只能够被建构，不能够被发现；而且建构的理论只能基于假设而不是现实，假设无所谓真实或者虚假，假设因理论的成功而彰显其作用①。用华尔兹自己的话说，“理论不能仅仅通过归纳法来加以建立，理论范畴只能被创造而不能被发现”，并从科学史的角度为自己找到自信，“从亚里士多德到伽利略再到牛顿，理论概念变得越来越大胆——也就是说越来越远离我们的直觉经验”②。

华尔兹为什么如此自信地将自己的建构理论工程与牛顿相提并论？其实他心目中的实际目标应该是爱因斯坦的相对论——一种真正超越直觉经验的常人难以理解的假设。无疑，科学史上的“定理”的出现都是异于常人直觉的，也不是知识积累的产物，而是天才灵光一现的结果，这就是库恩在《科学革命的结构》中提出的命题。华尔兹所列举的亚里士多德、伽利略和牛顿，都是库恩在该书中所讲述的故事，很遗憾的是，华尔兹在《国际政治理论》中居然不交代所依据的文献或者故事原型。库恩最大的贡献是提出引发了巨大争议的“范式”，他认为范式的产生，并不是因为它更科学，而是因为它更偏执、更坚定。库恩的理论几乎只关注自然科学，但用伯恩斯坦的话来讲，“社会科学家却‘发现了’库恩”③。库恩的“范式”直接影响着美国政治学的努力方向。库恩的《科学革命的结构》

① 华尔兹. 国际政治理论. 上海：上海人民出版社，2003：7-8.

② 同①7.

③ 伯恩斯坦. 社会政治理论的重构. 南京：译林出版社，2008：108.

出版之后，先后担任美国政治学学会主席的政治学家杜鲁门和阿尔蒙德就分别在就职演说中引用了库恩的概念，用以替当时的行为革命辩护，试图证明行为主义政治学如何成为一门“政治科学”。杜鲁门在演讲中推重库恩的“范式”概念，认为范式是整合学科、达成研究共识、推动研究深化的基础。可惜的是，美国政治科学自形成伊始，便缺乏这种精确的范式，为此号召美国政治学界放弃概念争论，像经济学共同体推崇理性选择主义一样，政治学界也应该有学术共同体所推重的共同的范式，这就是结构功能主义之所以一度流行的“科学革命”的背景①。

华尔兹所依据的、后面将要讨论的结构功能主义事实上是经验主义的产物，但华尔兹自称自己的理论是非经验性质的假设，处处与自然科学中的“发现”相提并论。其实，华尔兹所谓的非现实性，就是他心目中的两极结构，虽然他自称“我们无法直接看到结构”②，其实他已经看到了“结构”，这在其书中明白无误，无须讨论，只不过为了论证现实结构的合理性而找一个“科学革命”的论证依据而已，为此把自己的理论自然科学化。我们知道，即使是自然科学的“发现”，比如牛顿的万有引力定律，无外乎是对规律性事实的天才发现，科学命题的生命力在于假设的可验证性，而不是没有根据的遐想，爱因斯坦所看到的“事实”只是我们常人难以想象而已，否则就不会有引力波的证明。更重要的是，自然科学假设的变量都是可控的或者具有一定的确定性，而以研究“人”为主题的社会科学，是不断变化中的“变量”，社会科学的假设怎么可以类比自然科学的“发现”？还没有什么社会科学理论可以无端地无视社会实践而建构所谓的理论。政治思想史上的社会契约论也好，“理性人”假设也罢，这些最一般性的理论、概念都是基于反复出现的事实的理论假设，至少是基于一部分历史、一部分现实的归纳法产物，而且所看到的“人”“社会”都是无数的，并从其中抽象出一个自己需要的假设性命题。一般性之所以称为一般性，就是因为所要解释的对象的无限性。

由此推论，一般性理论能否建立在“单一结构”“单一主体”之上，

---

① 曾毅．政体新论．北京：中国社会科学出版社，2014：124－139．

② 华尔兹．国际政治理论．上海：上海人民出版社，2003：108．

或者说基于单一结构的理论推演是否具有一般性？显然不能或不具有一般性，而属于特殊中的特殊。但是，在华尔兹看来，经济学家为小数量系统而哀叹，因为这将牺牲消费者的利益而有利于生产者，但经济学上的不幸正是政治学的幸事，因为在一个自主系统中，“相互依赖随着参与者数量的减少而趋于松散，而系统亦随之变得更为有序和安宁”①。因此，华尔兹就是依据这种“少数量”即两极世界的结构而得出一般性理论。冷战的结束提前结束了这种靠不住的一般性假设。这是就能不能与自然科学的假设相比较以及如何假设出一般性概念的知识社会学讨论。

结构现实主义理论的生命力在于证明“结构”（或“系统”）为什么是稳定的，为此华尔兹这样推论，“首先，当个性、行为和情况发生变化时，结构可以依然存续。结构与（单元）行为和互动具有显著差别。其次，只要各组成部分的排列相类似，结构性定义可以广泛适用于不同内容的领域。最后，为此，为某一领域建构的理论在经过一些修改后，可以适用于其他领域”②。这样，华尔兹的国际政治理论就开始了“类推之旅”。

首先与国内结构类比，华尔兹以英国和美国为例，认为国内的政治结构塑造了政治过程③。可以这样比较吗？众所周知，国内政治是实体性的政府政治或者法治性实体政治，而世界政治则是现实主义者都承认的无政府状态或者虚拟性实体所构成的结构，如何具有可比性？即使是国内结构，虽然结构塑造了过程，但过程反过来对结构的革命性改造也处处可见，美国今天的政治体制还是200年前的吗？其实华尔兹也知道，世界秩序的供给方就是大国即华尔兹所谓的单元，单元能力的变化才直接塑造了国际政治的“结构”——国际关系史就是如此。华尔兹虽然看到“国际结构只有在组织运转或者单元能力发生变化时才会改变”，但他期望的“无政府状态要求系统单元间是一种同等关系，这意味着功能的

① 华尔兹．国际政治理论．上海：上海人民出版社，2003：184.

② 同①108.

③ 同①110－116.

同一性……只要无政府状态依然存在，国家就始终是同类的单元”[①]。也就是说，华尔兹看到的苏联和美国是不变的同类单元，具有同等性。华尔兹所想象的稳定的世界政治结构，来源于稳定的、不变的具有功能同一性的国家单元，即假设苏联和美国的能力一样而且不变。显然，与研究大战略的布热津斯基比较，华尔兹对苏联的理解非常肤浅，国家单元不是不变，而是变得很快，因此基于单元能力排列的“结构”怎么可能具有决定性？哪里来的稳定的“结构”？正如华尔兹自己指出的，历史上的国际政治认识都是从国内到国际，属于所谓的“还原论”，华尔兹的系统论要反其道而行之。“颠倒式思维”是很多理论创新所运用的方式，比如黑格尔说国家决定社会，马克思反着说社会决定国家；人民主权理论说人民当家作主是第一位的，如何当家作主是第二位的，但“熊彼特式民主”对此进行了简单的颠倒，认为选举政治家的过程是第一位的；等等。但是，这并不意味着所有的“颠倒”都能成立，有的颠倒就是谬论，而且是危害深远的谬论，比如“熊彼特式民主”对非西方国家带来的治理困境。

其次与微观经济学所建构的市场秩序类比，华尔兹认为市场秩序是由看不见的需求（单元）所构成的，而市场秩序则决定了单元行为或者微观市场主体的选择。“市场一旦形成，它自身便成为一种力量，单个或者少量的单元都无力对其加以控制。由于市场条件的差异，创造者或多或少地都成了市场的创造物。”[②] “国际政治系统，就像经济市场一样，是由关注自我的单元的共同体行为形成的。”[③] 国际政治结构与市场秩序有可比性吗？华尔兹只要多了解一些欧洲经济史，就应该知道无所谓自发的市场，都是政府制造的市场；如果他看到十几年前乃至三十年前已经出版的、广为人知的格申克龙的《经济落后的历史透视》或者波兰尼的《大转型：我们时代的政治与经济起源》，他大概都不会这样妄议市场秩序。

为了论证理论只能被建构而不能被发现，华尔兹先是在“科学革命”

---

① 华尔兹．国际政治理论．上海：上海人民出版社，2003：124.

② 同①120.

③ 同①122.

意义上建立命题并把社会科学与自然科学等量齐观，企图以少量结构乃至单一结构来推论出一般性假设，完全有违知识论的常识，正如我们不能只研究一个人而得出人性的一般性假设、只研究一种动物而得出动物学的一般原理、只研究一种物体而得出一般性的物理学定理一样。在错误的前提下，华尔兹又开始了其不恰当的类比，将国际政治结构与国内结构和市场秩序相类比以证明其结构之说绝非妄言，说其指鹿为马也不为过。所有的一切，都是因为华尔兹非要将一种基于历史经验的、政策导向的理论演绎为“科学哲学”意义上的“强理论”，而“强理论”的失败或者短命是因为它建立在已经衰败的结构功能主义理论之上。

结构功能主义之殇。功能主义思想产生于近代，从纯粹的学术视野看，第二次世界大战之后的结构主义有法国的文化结构主义和经过帕森斯美国化的事实上起源于韦伯的政治结构主义。政治结构主义经过伊斯顿的改造而成为政治系统论，从而为后来的阿尔蒙德的结构功能主义奠定了基础。在政治意义上，第二次世界大战之后结构主义之所以流行开来，是因为历经革命、动荡之后的资本主义制度需要合理化、合法化证成，带有静态特征的、旨在促进稳定的结构主义的到来无疑正逢其时。但是，在第二次世界大战的“黄金时期”之后，伴随着资本主义政治危机即 20 世纪 60 年代的大危机，结构功能主义在 70 年代也陷入危机之中，并兴起了理性选择主义等研究范式取而代之。华尔兹的《国际政治理论》出版于 1979 年，也就是说，结构现实主义是建立在岌岌可危的理论范式基础之上的，因此结构现实主义从一开始就蕴含着理论范式意义上的脆弱性。

理解结构现实主义的脆弱性，首先让我们看看结构功能主义是什么样的范式。如前，阿尔蒙德的结构功能主义是在库恩的“科学革命”旗帜的感召下出现的，作为科学革命范式的结构功能主义的要素是，政府拥有许多专门化的机构或者结构，如社会组织（利益集团）、政党、议会、行政机构、法院等，这些机构履行相应的功能，主要有利益表达、利益综合、政策制定和政策执行与裁决等，这些功能反过来又使政府能够制定、贯彻和执行其各项政策。20 世纪 50 年代，结构功能主义被阿尔蒙德等人用来研究所有地区的政治，假设所有地区的不同文化的不同国家的政治结构是一样的，政治功能是一样的，其成果就是出版了《发展中地区的政治》[①]。

结构功能主义的一个首要特征就是非历史性。无论是结构还是功能，都是历史演变的结果，而结构功能主义显然是一个横断面，即根据美国制度而想象出相应的结构和功能，并以此来研究南美、阿拉伯国家、东亚、南亚、东南亚乃至非洲，这种经典的意识形态式研究，已经是政治学术史上的笑柄。其次，复杂性理论告诉我们，事物的性质具有多样性，相似的政治结构可能拥有绝然不同的功能，比如西方的政党是一种社会性的利益集团化组织，起利益聚合的作用，而中国的政党则是国家的组织者，不只是起利益聚合作用，更重要的是起制度整合、政策主导作用。也就是说，形似的“结构”，功能可能完全不同。最后，即使是一个国家的一个特定的政治结构，早就因其政治过程的变化而出现畸变，比如美国总统和国会的功能 200 年来早就发生了大逆转。这样，结构功能主义不是一个接近世界真相的“实存论”，而是蓄意建构起来的远离真相的“实证论”，一开始就饱受非议，只不过以阿尔蒙德为代表的美国比较政治委员会同心协力而推动范式革命，掌握着话语权，美国大批政治学者怀着宗教般的使命感[②]为美国奋斗，才使得这种存在病理性结构的理论范式主导美国政治学 20 多年而不顾其理论本身的硬伤，直到 20 世纪 60 年代资本主义大危机后，在 70 年代末逐渐被其他范式所取代。结构功能主义学派也适时地转型为今天大行其道的以量化模型为主的、晦涩难懂的实证主义政治学。这是政治学界众所周知的故事。

基于结构功能主义研究而走向衰落的政治学理论（比较政治学研究），却在国际政治理论上大放异彩，但也只能是昙花一现。结构现实主义是一种典型的结构功能主义翻版[③]。以系统性结构看待政治，华尔兹似乎认为是自己的发明，他说对于人类学家、经济学家和政治学家来说，“结构都是一个耳熟能详的概念，但是这却是一种不常见的思考政治系统的方法”。这显然是无视早在 20 世纪 60 年代就已经因政治系统论而成名的伊斯顿。

---

① 阿尔蒙德，等. 发展中地区的政治. 上海：上海人民出版社，2012.

② 这是阿尔蒙德的原话。

③ 华尔兹. 国际政治理论. 上海：上海人民出版社，2003：108.

华尔兹认为："结构概念是建立于这样一个事实基础之上，即以不同方式排列和组合的单元具有不同的行为方式，在互动中产生不同的结果。""当结构以不同的方式排列，功能以不同的方式组合时，会产生不同的行为和结果。""通过比较不同的政府系统，我们可以清楚地看出政治结构塑造了政治过程。"① 这显然是"结构决定论"。华尔兹最后的推论是：一个由三个部分组成的结构定义使我们能够区分这些变化的类型②：

> 首先，结构根据系统的排列来界定。如果一种排列原则被另外一种原则所代替，就意味着系统发生了变化。
>
> 其次，结构根据不同单元的特定功能来界定。如果功能的定义和分配发生变化，那么等级制系统也随之变化。对处于无政府状态的系统，这一标准不具意义，因为该系统是由同类单元构成的。
>
> 最后，结构根据单元能力的分配来界定，无论是等级制的还是无政府性质的系统，能力分配的变化就是系统的变化。

简单地说，结构现实主义就是结构功能主义的"结构-功能-结果"模型，虽然功能或结果也会影响结构。华尔兹论证道，因为国际政治结构是由同类单元构成的，冷战时期由两大势力均等的国家所主导，系统内其他单元或弱单元能力的变化不影响无政府状态的系统，并强调国际政治结构的稳定性使得"试图遵循由内而外的模式来对国际政治做出解释的努力，因国际政治所具有的连续性和重复性而归于失败"③。华尔兹还认为，看起来是静态的结构其实是动态的，"结构由于存在的时间长，因此呈现出某种静态性。但是由于结构改变了行为者的行为，影响了互动的结果，因此即便结构没有发生变化，它也是动态的，而非静态的"④。

如此强调结构的塑造作用的华尔兹，如此推崇国内政治结构和亚当·斯密的市场结构决定性作用，在《国际政治理论》中居然还声称自己"不是一个结构决定论者"。不是"结构决定论"，就无所谓"结构现实主义"

① 华尔兹．国际政治理论．上海：上海人民出版社，2003：109，110.

② 同①134.

③ 同①89.

④ 同①93.

了。顾名思义，结构现实主义就是在既定结构下产生的现实政治。华尔兹可谓反其道而行之，过去都是从国内看国家政治及其结构，华尔兹则是从国际政治结构看各国的“现实政治”。对于研究国际政治的学者而言，习惯性地从国际结构出发研究国际问题，本来也很正常，正如研究国内政治的学者必然以内部视角优先一样。但是，把“单元组织及其能力”（国家与国家能力）视为结构的产物，把一个无政府性质的结构上升到具有决定性作用的高度，这种前述的“颠倒式思维”超出了理论推演应有的边界，事实上等于是说一个虚拟的结构决定着实质性的单元能力，而且单元的同一性意味着结构的稳定性，因此完全不能解释其理想化的小数量两极结构为什么突然坍塌。现实的世界政治是，不是虚拟的结构本身约束了单元组织或单元能力，而是单元组织自身是一个塑造国际政治结构的自变量，国际结构是一个因国内政治而改变的因变量，这就是古典现实主义的归纳法命题。可见，结构现实主义的脆弱性，就在于其立论的结构功能主义本身就是一种先天性发育不足的范式。

七、历史政治学的几点理论发现

以历史政治学路径研究国际关系理论和世界政治理论，至少给我们以下几点启示或理论发现：

第一，就问题意识而言，我们应该承认，作为基于一种特定国家、特定文化的历史经验归纳的现实主义理论无疑具有政策性导向，或者说具有强政策-弱理论的属性，具有一定范围的解释力。这种解释力来自其国家性假设而形成的历史本体论即帝国主义理论，因此这意味着该理论的非普世性。但是，解释其国家性的帝国主义论则是一种非道德性理论，在以意识形态为主的冷战中处于道德的低阶位。为此，结构现实主义的“去还原论”实际上是去帝国主义论、去道德化、去价值化，在这个意义上，华尔兹的政治贡献是巨大的，甚至远远大于其学术贡献，终于让西方国际关系理论摆脱了如影随形的帝国主义论。这是笔者的一个认识。但是，当去除历史本体论的经验属性之后，结构现实主义就变成了一种非历史、非现实的演绎性“强理论”，并把本来似是而非的“结构决定论”推向极致，结果迅速被证明是一种失败的理论，或者说是一种“冷战政治学”中的伪理论。这是笔者的另一个认识。华尔兹的“建构”无疑满足了很多学者的理论渴求，以至于可以不问理论的真假。能够“建构”理论的华尔兹无疑是一个天资极高的学者，但这并不意味着其理论成果应该享有相应的地位。常识是，世界政治研究是一门应用性极强的学科，如果把自己封闭在自己的专业内部的理论小圈子内而自娱自乐，就是学术腐败而浪费资源。我们一定要认识到，社会科学的各学科彼此关联，学科之间具有内在的通约性，即社会科学是一个开放性系统，但现实中存在大量的人为的封闭性存在，科学史告诉我们这种封闭性难以持久。一个学科的概念、命题如果不能走出自己的学科，甚至走不出我们所说的“一级学科”下面的子学科，不能在各子学科之间流通，就不能说这个概念是个好概念、这个理论是个好理论，虽然每个子学科都要特定的或许不为“外行”所理解的小概念去支撑。在这个意义上，政治学科内部的其他子学科，乃至其他社会科学学科可能知道并运用现实主义政治、帝国主义论、文明冲突论、天下体系等这样的专门性世界政治理论，它们无疑是世界政治学科对世界社会科学的巨大贡献。让人费解的是，结构现实主义这样一个已经失败了的理论的排名居然长期居高不下，只能说是小圈子内部的“学术腐败”和“学术政治”，是一种“内在的封闭性”（intrinsic condition for closure）而导致的“内卷化”消费，而非一种开放式知识增量的学术建设活动。世界政治学科本身的性质决定了世界政治理论必须是一种直面人类重大问题的政策性导向的历史的或现实的经验性研究，而没必要非要搞成远离现实的、走不出小圈子的“强理论”。

第二，“发现”背后的逻辑：结构现实主义理论的理论失败根源在于其没有摆脱逻辑实证主义的歧途。按照物理学推演社会科学研究，是18—19世纪以来西方社会科学的一大传统，试图以既有经验法则、社会规律去假设、解释和预测人类的重大问题，而不去探索规律背后的深层次的社会结构，脱离了事实基础。华尔兹的结构现实主义就是无视事实的典型的逻辑实证主义。到了20世纪60年代，逻辑实证主义遭遇严重危机，因此才有库恩的“范式革命”之说，取代逻辑实证主义的是科学实存论。虽然华尔兹借用了“范式革命”的思路，但不得“范式革命”之否定逻辑实证主义之精髓，之后所催生的科学实存论意味着，社会科学不但要研究实存世界的由人的认识能力所构造的经验层次，还要研究实存世界的实现层次即变化，而理解经验层次和实现层次都离不开对社会结构的性质、内在因果机制的研究①，这种研究和发现才是对社会科学的真正贡献。以此标准而言，华尔兹充其量是在研究可认知的经验层次，对于实存世界的变化尤其是其内在因果机制，几乎没有涉及。因此，结构现实主义理论的失败只是社会科学史上众多失败理论的一个个案而已。随着对科学实存论的认识的普及，到了20世纪80年代，西方社会科学关于实现层次的探索越来越多，比如政治学理论中的历史制度主义、国际政治经济学中的新葛兰西学派、国际关系理论中的社会建构学派——虽然华尔兹本人认为社会建构学派是方法而非理论，但这一点并不会影响建构学派的新科学价值。

第三，逻辑背后的学者的身份意识问题。正如笔者在其他文章中所强调的那样，学者是要有“问题意识”的，但“问题意识”取决于“身份意识”。今天，大概没有人会否认社会科学的意识形态属性，意识形态所要表达的是集团利益乃至国家利益。流行的社会科学理论基本上是第二次世界大战之后冷战的产物，冷战就是意识形态战争，社会科学其实具有“冷战学”的身份，美国一大批社会科学学者怀着使命感参与了这场战争，政治学理论中的阿尔蒙德、达尔、萨托利以及华尔兹，都是“冷战学”的主角。在这个意义上，理论上的失败却是政治上的成功。但是，这是“他们的”政治成就，不应该变成“我们的”学术尺度。然而，正是这些为赢得冷战立下汗马功劳的政治成就，却变成了衡量中国的学术标准，别人的“政治正确”“政治标准”变成了我们的“学术标准”即所谓的客观化标准。比较政治发展研究告诉我们，危险莫过于此。第二次世界大战之后的美国社会科学史告诉我们，那些“成就”斐然的大学者，基本上都是强大国家的国家利益的护卫者，否则就被边缘化。这意味着，

① 朱云汉．西方社会科学的困境与中国社会科学的出路//刘元春，杨光斌．中国思想评论（2017）．北京：中国社会科学出版社，2017：189.

有了国家的强大才有强大的社会科学，而护卫强大国家的社会科学才被认为是“主流的”。由此给我们的启示是什么呢？试图以“普世性”否定中国的“国家性”而追求所谓的学术成就，其结果如何，让历史告诉未来。不得不说，完成了政治使命的美国“冷战学”已经走向没落，中国社会科学不能把这个“落点”当作我们的“起点”，这样的立足过去的模仿式研究，不会产生什么真正的社会价值，也就不会有长久的生命力。

第四，现实主义的弱理论性。认识论意义上的历史政治学，还原了现实主义理论的真面貌——历史赋予现实主义理论以价值。如爱德华·卡尔所言，现实主义理论来自“过去”，这个“过去”可以回溯到古希腊时期的伯罗奔尼撒战争，是对历史进程的一种概念化表述，以便更方便地理解历史，给历史以路线图式的描述。但是，当人类意外地进入冷战即意识形态战争时期时，社会科学中“理论发明运动”随之而来，历史性的现实主义理论在科学哲学的旗帜下被非历史化、非经验性，这样的“理论发明”随着经验性的冷战历史的终结而式微。可以相信，现实主义理论依然有着强大的生命力，但这是属于古典现实主义的，而不是被称为“新现实主义”的结构现实主义的。

既然是对历史的社会结构进行观察的结果，包括现实主义理论在内的社会科学理论一定是简单而易理解的，是一种相对于哲学式“强理论”的“弱理论”①。脱离了社会结构的经验性基础的“理论发明”自认为上升到科学哲学的高度，自认为超越现实，其目的是扭曲现实，而不能回答社会现实问题的理论必将是一种没有前途的理论，最终变成小圈子的内卷化游戏，为理论而理论，结果路越走越窄，直至走入死胡同。因为社会分工，还因为政治的意识形态化，并不排除被“发明”的理论有可能在特定时间内像宗教一样流行，但社会科学理论毕竟不是宗教学说，终究要被实践检验。这就是为什么很多被发明出来的理论虽然流行一时，但最终还是随着时代的变化而灰飞烟灭。这就是社会科学的本质属性——回答社会现实问题，不能回答社会现实问题的社会科学理论是没有生命力的。

第五，“国家性”的重要性。历史政治学发现了现实主义政治的主体

---

① 杨光斌．重新解释现实主义国际政治理论．中国人民大学学报，2018（4）．

性属性，或者说现实主义理论所依赖的“历史”具有实践主体性。尽管全球治理中出现了大公司、非政府组织乃至个体的身影，但国际政治的最重要的行为主体依然是国家，国家之下的社会力量或者个人只是常规政治的行动者，国家之外的结构只是影响国家行为主体的环境，因为作为结构的世界秩序说到底是领导型国家建立起来的，比如第二次世界大战之后的所谓的“自由世界秩序”和社会主义世界阵营。冷战时期貌似稳定的两极结构因苏联国内政治的突变而失序，进而，当“自由世界秩序”不再符合美国需要的时候，美国则有能力破坏这个秩序。

这样的国家行为体的性质即“国家性”，对于理解现实主义理论的性质、边界很重要。虽然国际政治的行为主体看上去都是形似的现代国家，但国家性并非都是一样的，有的是血腥的、扩张性的民族国家；有的是以“文教”立国的国家，如中国，虽然也吸收了民族国家的一些特征比如主权观念，但其文明基因决定了其行为方式与民族国家大为不同，追求的是教化式影响力而非强权逻辑；而有的国家徒有其表，真正起作用的是由地主、军阀、部落首领或商人集团而构成的“强社会”，根本称不上是一个现代国家，无所谓现实主义政治。这就意味着，现实主义理论是基于一种民族国家的国家性而建构起来的，对于解释民族国家之间的大国关系大有用处，但是很难放之四海而皆准。比如，现实主义理论、地缘政治理论依然能很好地解释美国与俄罗斯之间的关系，因为它们都属于典型的民族国家，目前仍然推行权力均势政治；但是用在中美关系上，比如对待“修昔底德陷阱”则要审慎，民族国家和文教国家的行为方式有着很大差别，前者的逻辑是帝国式强权，后者的逻辑是文教式影响力。

第六，理论的层次性及相应的功能。这也是最重要的一个发现，现实主义理论所依赖的“历史”不但是实践性主体，还是不同面向的、不同层次的实践，这同样是由本体论意义上的历史政治学中的“历史”所赋予的。

几代现实主义理论尤其是新现实主义理论所解释的是民族国家之间的关系，即大国之间的“均势”问题。现实主义理论可谓典型的国际关系理论尤其是大国关系理论，因此现实主义理论其实是为民族国家式的大国量身定制的一种理论。而且，现实主义理论最关注的是如何达到“均势”状态，现实主义理论是一种政策工具，不能被当作意识形态意义上的“主义”。因为现实主义理论太过流行，以至于有人把现实主义当作和自由主义、马克思主义并列的意识形态①，这是范畴性错误。

称得上意识形态的是现实主义理论的“家族概念”，即帝国主义。如前，欧洲大国在维持权力均势的同时，纷纷建立殖民帝国，帝国主义成为一种流行的意识形态，各大国利用军事、贸易和文化的力量将非西方国家纳入自己的殖民体系之中，这就是典型的帝国主义世界政治。也就是说，连接西方大国与非西方世界的是帝国主义，而非现实主义，帝国主义构成了世界政治。

在话语不断翻新的时代，“帝国主义”似乎有些过时？但确实反映了世界政治的真相。如果嫌帝国主义理论“过时”，就应该看看沃勒斯坦的世界体系理论——“资本主义世界经济体”，它其实就是帝国主义理论的升级版，以资本主义为研究单位指出，事实上依然是强权支配的世界秩序，并用“文化再生产”论述这个秩序的合理性、合法性，全世界都生活在由资本主义的文化产品所包装的世界政治之中②。

揭示真相的帝国主义理论是批判性的，对于被批判对象而言如鲠在喉，因此被马克思主义称为帝国主义的世界政治，被西方国家在政治上表述为“自由世界秩序”——自由主义的世界秩序。如前，其实它依然是“自由帝国主义”的世界秩序。

在学习理论的过程中，“结构现实主义”“自由国际秩序”等概念铺天盖地，确实一度让人头晕目眩。但是，中国这样的大国不可能没有理论自觉。国内学术界已经认识到国际关系理论的局限性乃至瓶颈现实，呼吁建设中国的国际关系理论，其中一个出路就是世界政治研究和世界政治学科的建设③。如此，曾经被我们淡化甚至遗忘的帝国主义理论依然有很强的解释力，因为300年建立起来的世界体系并没有发生根本性变化，既定秩序的主导者自然要用经济帝国主义、文化帝国主义乃至军事帝国主义而维

---

① 吉尔平．国际关系政治经济学．2版．上海：上海人民出版社，2011：18.

② 沃勒斯坦．现代世界体系：第4卷：中庸的自由主义的胜利：1789—1914．北京：社会科学文献出版社，2013.

③ 杨光斌．关于建设世界政治学科的初步思考．世界政治研究，2018（1）.

持有利于自己的利益格局。笔者把事实上的帝国主义世界政治，论述为“世界政治体系”[①]。无论理论如何升级，在实践中，我们在运用现实主义理论以处理大国关系的时候，不能忘却帝国主义这种世界政治理论。

中国的国际关系研究似乎走了一个“正-反-合”的路线图。改革开放之前的中国国际问题研究，事实上奉行的是以阶级分析为基础的马克思主义的帝国主义理论，之后便是现实主义理论，现在建设世界政治学科的国际问题研究又在“找回帝国主义理论”。

层次性理论才能反映世界政治真相。国际问题不仅是大国之间的“均势”政治，还有大行其道的帝国主义政治；而且，大国关系是在世界政治结构下发生的，“实力政治”的另一面就是帝国主义政治，大国在奉行帝国主义政治的时候并不会放弃实力政治。

社会科学研究绝对不能为理论而理论，从而最终变成精致的无用的形式主义，社会科学的理论研究是用来解释现实的。简言之，只有在帝国主义政治结构下理解现实主义政治，才能使我们在对外关系尤其是大国关系上，抱有更多的警醒。2018 年中美贸易战、科技战是国际问题研究反思流行的国际关系理论的一个契机，我们看到，美国几乎抛弃了在“理论发明运动”中鼓吹的各种所谓的好观念、好理论。

---

① 杨光斌. 论世界政治体系：兼论建构自主性中国社会科学的起点. 政治学研究，2017 (1).

第七章 历史政治学与世界政治研究

在“世界政治学”这个学科性概念出来之前，世界政治泛指中国之外的全球性、地区性和国家性的政治现象，是国际关系的另一种习惯性说法，意指国内外政治联系的密切性。国际关系研究的是国家之间的现状性结构或结果性结构，少有研究过程性结构或历时性结构。另外，支配性大国之间的关系显然并不局限于两国之间，必然是世界性乃至全球性的。因此，传统的国际关系研究需要转型与升级①。事实上，哲学社会科学界的有识之士已经有这样的呼吁，王缉思教授早就提出以世界政治研究或比较政治学取代学科目录上的国际关系学，并将自己多年的研究成果定位为“世界政治的终极目标”②。提出“天下体系”的哲学家赵汀阳在2009年就指出，基于民族国家概念的国际关系学根本无法面对“天下”，因此主张以“世界政治学”取代国际关系学，世界政治是天下体系的研究单位③。在国外，超出国际关系学的世界政治研究事实上早已存在，比如亨廷顿在《文明的冲突与世界秩序的重建》序言中就指出，该书是在建构一种“世界政治的思维框架”④，因此提出了不同于传统国际关系理论的用于理解世界秩序的“文明范式”。

如何推进世界政治研究？笔者先是主张世界政治研究是比较政治与国际关系的一种综合式研究⑤，进而探讨了世界政治研究的范式问题，指出世界政治是一个层次性概念，不同的层次具有不同的研究单元⑥。笔者还

① 杨光斌．世界政治研究亟待“转型升级”．光明日报，2017-08-16.

② 王缉思．世界政治的终极目标．北京：中信出版社，2018.

③ 赵汀阳．从国家、国际到世界：三种政治的问题变化．哲学研究，2009（1）.

④ 亨廷顿．文明的冲突与世界秩序的重建．北京：新华出版社，1997.

⑤ 杨光斌．关于建设世界政治学科的初步思考．世界政治研究，2018（1）.

⑥ 杨光斌．世界政治的研究范式：世界政治的层次性与研究单元的多样性．世界政治研究，2020（1）.

专门以政治思潮为研究单元，考察了世界政治的变迁历程①。至此，中国的世界政治学研究算是有了一个基本方向。在此基础上，本章要探讨的是，如何定义世界政治学？世界政治的研究单元（或者研究主题）为什么是政治思潮？世界政治的研究路径是什么？

一、世界政治学的学科内涵

给一门学科下定义无疑是一种极具书呆子气的做法，因为一个概念化定义很难准确地概括一门学科的内涵，因此任何学科性定义都具有争议性。尽管如此，概念或定义具有简明化、可理解的优势，既有助于加强人们对新事物的认识，也有助于推进学科建设，为此笔者还是冒险给世界政治学下一个定位性质的定义。

首先需要明确的是，“世界政治”或者“全球政治”是个一体化的结构性概念，是某种政治力量或者行动单元将国家政治、地区政治与世界联结起来，形成一体化的结构性的世界政治，从而实现国内政治与国际政治的同频共振。就此而言，世界政治完全不同于传统的以大国关系为主要研究对象的国际关系研究。国际关系主要聚焦于双边关系，其中尤其以国家利益为关切，因此国际关系的变化并不一定诱发世界政治的变革——虽然世界上最重要国家间关系的变化会影响世界政治的走向。

其次，世界政治是一个历时性的经验性概念。在工业革命之前，无所谓世界政治，只有国家政治和地区政治之说，比如印度主导的南亚秩序、基督教文明的欧洲秩序和伊斯兰文明的中东秩序，那时只有地区秩序而无世界秩序，因此世界秩序也是世界政治的另一种表述。“世界秩序”本身就意味着它是一个结构性的或者超级单元性质的概念。同时，既然是一个历时性的经验性概念，世界政治研究其实主要集中于工业革命以来300年、

① 杨光斌. 政治思潮：世界政治变迁的一种研究单元. 世界经济与政治，2019（9）.

充其量人类大航海以来的500年的全球史。

最后，要认识到研究单元的重要性。全球史或者新世界史对于理解世界政治至关重要，但世界政治无所不包，如何把握世界政治的演进？全球史研究的一个重要启示就是寻找不同事物的演化路线图，它是一种去国家化的研究路径。我们可以不接受这种研究方式，但其寻找研究单元的方式则为我们认识世界政治提供了启示，比如全球环境的演进、某种物件（比如玉米、胡椒）传播的全球化。寻找恰切的研究单元，也是几十年来国际社会科学的一种重要进展。

这样，我们给世界政治学一个结构性的、经验性的、具有明确研究单元的概念：政治思潮诱发的国内制度变迁以及在此基础上塑造的国际关系和世界秩序。政治思潮属于政治理论的范畴，国内制度变迁属于比较政治学的范畴并聚焦于制度分析，大国关系和世界秩序属于国际政治学的范畴并聚焦于大国关系，因此世界政治学是政治理论、比较政治和国际关系的一种综合式集成研究。国际关系和世界秩序是一种结果性结构或者现状性结构，而政治思潮和国内制度变迁则是一种过程性结构或者历时性结构。

在这个概念中，似乎有一个循环论证的问题，即政治思潮从哪里来？在本章后面，我们将指出，物质财富刺激了政治思潮，但物质财富本身并不直接刺激制度变迁。而进一步的循环论证是，物质财富又从哪里来？因此，很难把物质财富作为世界政治学的一个好的研究单元。

世界政治学是传统国际关系理论的转型与升级，因为它不但添加了过程性结构的因素，而且把过程性结构研究视为理解现状性结构的前提。这无疑加深了研究的难度。但追求历史真相或者现实真相的学术研究从来不是简单的事业，简单的工作不管用。那些给人类认识自己所处社会结构有着重大启示的研究，比如沃勒斯坦的世界体系研究、亨廷顿的世界秩序研究，无不从研究过程性结构开始而描绘现状性结构。相反，那些聚焦于现状性结构的研究，无论是比较政治学上的民主转型学研究，还是国际关系理论上的结构现实主义和自由制度主义，虽然都曾流行一时但因都属于意识形态的实证性而非科学主义的实存性而昙花一现。

在时间性的维度上，我们看看这个概念的解释性。我们耳熟能详的一种说法其实就是一种世界政治学：十月革命一声炮响带来了马克思列宁主义。这就是说，政治思潮根本性地改变了中国的国内政治制度并因此改变了东亚秩序、中美关系、中苏关系乃至世界秩序；同样，改革开放带来了国内制度变迁并因此重塑了中苏关系和中美关系并改造了世界秩序。这是我们最熟悉的世界政治史。往远处说，自由帝国主义塑造了1700—1900年的世界秩序，其内在历史逻辑是作为资本主义意识形态的自由主义根本性地改变了欧美的国内秩序，基于自由主义的帝国主义在19世纪下半叶改变了全世界，从而形成了自由帝国主义的世界秩序。进入20世纪，世界政治出现了波兰尼所说的“反向运动”，社会主义运动和民族民主解放运动改变了很多国家的国内政治制度或使得发展中地区得到“民族解放”，从而解构了自由帝国主义世界秩序，并使得世界政治呈现对峙状态即冷战。冷战是典型的意识形态战争，我们熟悉的国际社会科学就是冷战的产物。但是，多元主义文化催生的身份政治或者认同政治正在让美国面临“国民性危机”，其对世界秩序的影响也将是深远的。

我们为什么要倡导世界政治学？世界政治学具有学科革命的意义，对于中国人而言，世界政治学的意义既是政治的，也是思想的。在政治上，让我们理解中国与世界秩序的关系，中国依然处于自由帝国主义的世界秩序之中，如果中国不走自己的政治道路，中国充其量是一个大号的发展中国家而已，正如许多发展中国家的命运一样；而中国走了自己的道路并由此崛起，对既有的世界体系构成挑战，就与既有的世界体系形成紧张关系，这是我们理解目前中美关系的深层根源。在思想上或者学术上，世界政治学告诉我们，世界秩序的维护不但依靠经济再生产即资本主义生产体系，还依靠文化再生产，当代国际社会科学就是这种体系性结构的产物。19世纪最后20年和20世纪上半叶，政治学、经济学和社会学最终作为学科建制出现在西方各大学，但是这些学科知识中的大约95%都是在仅仅5个国家形成的——英国、法国、美国、德国和意大利，而且这些社会科学也主要是研究这5个国家的①。这5个国家提供了学科建制模型和研究范

① 沃勒斯坦. 现代世界体系：第4卷：中庸的自由主义的胜利：1789—1914. 北京：社会科学文献出版社，2013：310.

式，由此而建构了“世界镜像”，虽然其他国家的社会科学逐渐形成，但知识体系和研究范式依然是外源性的，依然在既定的知识体系中打转。世界政治学旨在认识“实存的世界”，而其研究单元将有助于揭示我们所处其中的并时刻约束着我们思维和行为的那个世界政治结构。

二、世界政治的研究单元：政治思潮

寻找适当的研究单元，是认识或者接近认识事物对象的关键。而什么是世界政治的好的研究单元，取决于我们对于世界政治形成过程的认识。我们认识到，在时间性上，有三种力量最终将国家政治、地区政治联结成结构性网络的世界政治，它们依次是技术、资本和政治思潮。首先是技术的力量，航海技术具有决定性作用，但是航海只是把人类松散地联结起来，然后飞机和互联网让人类真正结成一个密不可分的网络化社会。技术改变世界，与航海技术密切相关的枪炮也很重要。但是，技术可能制造世界霸权和不平等，而并不必然改变各国政治的面貌，与世界政治的变迁存在复杂的或许并非直接的机制上的因果关系。说到底，技术是一种工具，工具本身不具有能动性，有能动性的还是人。正因如此，世界史上常见的现象是，曾经拥有先进技术的国家并不必然将这些技术转化为生产力，因而也并不必然成为一种改变世界的力量。

在世界近代史上，驱动技术开拓世界的有资本的力量，因此技术所到之处，资本总是形影不离，而且资本总是运用枪炮技术进一步改变世界，这是近代资本主义世界体系形成的一般轨迹。因此，资本或者具有意识形态性质的资本主义，就是理解世界政治变迁的一个绝不可少的研究主题或者研究单元。这一工作已经由沃勒斯坦完成，其四卷本《现代世界体系》就是以资本为研究单元而系统地论证了现代世界体系——资本主义世界经济体的形成过程。值得注意的是，生产方式的资本主义与什么样的政治制度相匹配？二者并不存在一一对应的关系，古希腊和古罗马在经济制度上是奴隶制，在政治制度上有民主制和共和制；美国建立的是共和制，但从最初的奴隶制演变为农业资本主义、工业资本主义和金融资本主义。政治与经济的复杂性关系是我们理解资本主义作用程度的前提。

资本主义改变了世界或世界政治，但资本主义并不是无源之水，沃勒斯坦深入地考察了作为一种生产方式的资本主义的国内政治社会结构的决定性作用，这是一般的资本主义研究所不能及之处。在笔者看来，反过来说，即使一国有了资本主义的意识形态或者生产方式，也并不必然能够改变一国的社会结构，虽然可能对社会结构有一定程度的影响。这是20世纪世界史给我们的启示，比如大多数民族解放运动的国家在政治上独立了，经济上实行资本主义生产方式，但社会结构依旧未变，比如印度的种姓制度和很多发展中国家的封建性质的土地世袭制度，从而根本性地制约了资本主义的发展，也约束了资本主义政治制度的运行。

由此给予我们的进一步启示是，资本的表现形式有投资和贸易，对一个国家的投资和贸易能够改变一个国家的政治制度吗？这大概是一个理论假设，投资和贸易改变政治体制，美国对华的“接触中改变”战略就是这种理论逻辑。特朗普政府已经宣告这种战略的失败，基于这种逻辑的国际政治经济学研究无疑也应该反思研究假设的出发点，尤其是应该理解世界历史的复杂性，作为资本表现形式的投资和贸易可以和任何政治制度、社会制度结盟而非必然去改变。无疑，投资和贸易在一定程度上能够影响到社会结构的改变，通过贸易催生一个依赖国际贸易的中间阶层，比如中国历史上的“买办阶级”。“买办阶级”因资本主义贸易而生，无疑是亲资本主义经济的，但其政治态度和政治行为在历史上又是什么样的？学术研究不能靠理论的假设去推演，只能在历史的和现实的真相研究中去发现。

世界大历史告诉我们，即使在资本主义世界经济体中，也存在多种政治制度，资本主义生产方式与国内制度变迁并不是一一对应的关系，资本主义可能非常间接地影响到国内政治并因而间接地影响到国际关系和世界秩序。世界政治研究追问的是国内政治与世界秩序的同源性和同频共振现象。

那么，什么力量让国内外政治联结起来甚至同频共振而产生世界政治呢？无疑是政治思潮。这样的判断来自历史经验而非意识形态假设。英国革命、法国大革命和美国革命标志着资本主义在欧洲大陆、北美洲的胜利，伴随着革命或者推动着革命的无疑是作为资产阶级意识形态的自由主义。自由主义最核心的关切就是财产权，那么财富是怎么来的，洛克提出了17世纪最有力量的殖民主义理论——劳动创造财富，印第安人赖以生存的自然资源比如土地不算财富，殖民者开垦之后才算财富，而且贩奴是一种创造财富的贸易。到19世纪末，在欧美内部，资本主义政治秩序彻底确立，世界殖民主义体系形成。

历经三个世纪形成的殖民主义体系，意味着西方征服了世界。为了让世界接受这种不平等的世界秩序，论证这种秩序的合法性、合理性乃至神圣性，几代自由主义思想家开展了文化帝国主义即旨在改变人们心理结构的论述。第一代文化帝国主义发生于19世纪中叶，就是老穆勒在《英属印度史》中的人种等级论，托克维尔也是在白人优越论基础上为法国在非洲的殖民行动辩护的。19世纪末20世纪初开始了第二代文化帝国主义，以韦伯为代表，其新教伦理就是一种文化优越论，这其实是白人优越论的文化表述[①]。第三代文化帝国主义发生于冷战后期，表达的是制度优越论的"历史终结论"。民族自决权是对人种优越论的一种解放运动和解构性表述，但是文化优越论和制度优越论似乎俘获了一些非西方国家，它们的国内政治因此而被改变，从而维护着自由帝国主义世界秩序。

资本秩序是国内政治的不平等，因此激发了以平等、公正为目标的社会主义运动；殖民主义是世界政治的不平等，因此激发了以民族自决权为诉求的民族主义运动。资本主义与社会主义的关系、殖民主义与民族主义的关系，就构成了一幅宏大的世界政治图景，昭示着近代世界演进的路线图。无论是文化优越论还是制度优越论，说到底是文化殖民主义的隐喻表达，因此殖民主义与民族主义之间的斗争依然是时代性重大问题，正如资本主义与社会主义之间的关系依然是鲜活的政治。

---

① 杨光斌．历史社会学视野下的新教伦理与资本主义精神．中国政治学，2019（2）．

显然，只有从政治思潮的角度，才能明白世界政治的实质和国际关系的真相，才能理解我们为什么以这样或者那样的方式去思考问题，也才能理解美国为什么突然要对中国搞不妥协的意识形态战争。说到底，中国道路不仅解决了民族自决权问题，还冲击了长期信奉文化优越论和制度优越论的欧美，中国的发展不但改变了自己，也正在改变已形成几百年的不平等的自由帝国主义世界秩序。

与政治思潮有关的国际关系理论是建构主义，它是一个好理论。但建构主义国际关系理论显然不是在讨论这些推动世界政治变迁的政治思潮诸如社会主义运动和民族解放运动，而是在讨论如何“认知”国际关系。重视观念与外交政策关系的基欧汉等人也只是局限于观念对于个案性政策的影响[①]，而不是研究宏观历史的世界秩序问题。

需要指出的是，不能指望作为研究单元的政治思潮回答所有问题，因为世界政治是一个层次性概念，有深层结构、单元层次和次单元层次，不同的层次有不同的研究单元[②]。我们之所以特别强调政治思潮，是因为长期以来国际关系学乃至比较政治研究都忽视其重要性，从而导致研究质量的下降。政治思潮研究单元主要用于理解深层结构问题，而深层结构是理解国家主体的单元层次、社会主体的次单元层次的前提。比如，关于目前中美关系的判断，很多人尤其是国际关系的“票友”，停留在单元层次上认识问题，即以国际关系的种种现象来审视中美关系，以至于把目前中美关系的对抗性归咎于中国的外交方式，这显然是因为缺少深层结构的认识而颠倒了因果关系。事实上，美国的一系列举动，正是为了护卫自己长期主导的世界秩序这个深层结构，而中国的发展有可能改变这个几百年来形成的深层结构。然而，发展权是中国的一种自然权利，美国企图剥夺这种自然权利，所以中美遭遇战似乎是一种必然。

---

① 戈尔茨坦，基欧汉．观念与外交政策：信念、制度与政治变迁．北京：北京大学出版社，2005.

② 杨光斌．世界政治的研究范式：世界政治的层次性与研究单元的多样性．世界政治研究，2020（1）.

三、世界政治的研究路径：历史政治学

作为学科的世界政治学至少包括两大部分：世界政治的演化轨迹（世界政治史）及其在现实世界政治的一些连续性现象、基于世界政治史而形成的世界政治理论。笔者认为，无论是世界政治史还是世界政治理论的研究，都离不开历史政治学的研究路径。我们已经论述了什么是历史政治学、历史政治学的功能、历史政治学的学科地位①。简单地说，历史政治学就是通过研究历史的情景性（认识论）、方法论上的时间性和本体论上的结构性关系主义而提炼概念和知识，并研究善治之道。在诸多政治学流派中，历史政治学堪称中国的政治学。

1. 世界政治史与历史政治学

世界政治学的基础是世界政治史，正如经济史之于经济学、政治史之于政治学、国际关系史之于国际关系学。十分诡异的是，国际社会科学中有发达的世界经济史、国际关系史、国别政治史，唯独没有世界政治史。个中原因或许是，世界政治史是研究近代世界的政治真相，这个故事太血腥、太不公正，因此才有去国家化的全球史的兴起，以物化的全球史掩盖国家主体所演绎的血腥的世界政治史。

如何书写世界政治史？如前，重要的研究单元有技术、资本和政治思潮，其中资本和政治思潮的关系最值得重视，或者说资本和思想的互动就构成了世界政治变迁的基本历史。作为史学的世界政治史，其中的“政治”就是资本和思想的互嵌而构成的一种结构性关系（网络）；理解这种历史存在性，需要时间性方法论和条件性认识论。比如，如果读韦伯的

---

① 杨光斌．什么是历史政治学?．中国政治学，2019（2）；姚中秋．历史政治学的中国研究议程．中国政治学，2019（2）；杨光斌，释启鹏．历史政治学的功能分析．政治学研究，2020（1）；姚中秋．学科视野中的历史政治学：以历史社会学、政治史、比较政治学为参照．政治学研究，2020（1）．

《新教伦理与资本主义精神》只停留在文本上，很多人就会对其膜拜有加，认为是经典中的经典；但是，如果引入时间性和作为条件的情景性，就能明白，韦伯的新教伦理与资本主义精神其实是一种文化种族主义的自由帝国主义理论，中国人就不会盲目地视之为“经典”，就不会不自觉地被思想殖民①。把思想置入时间性和情景性中的历史，才能真正理解思想所构成的世界政治史到底是怎么发生的。

在某种意义上，历史政治学是一种“回到事情本身”的现象学，因而是寻求世界政治史真相的一种最佳路径。

2. 世界政治理论与历史政治学

如果说世界政治史是世界政治学的基础，世界政治理论则代表着世界政治学的发展状况。笔者认为，最能真正解释世界政治的理论还是帝国主义论以及在此基础上衍生出来的世界体系理论、旨在维护不平等结构的文明冲突论以及笔者的寻求替代性世界秩序的世界政治体系理论，这些理论的研究路径都离不开历史政治学。

帝国主义论。笔者认为，关于帝国主义的认知分为以下几类：第一类是托克维尔这样的种族帝国主义鼓吹者，第二类是韦伯这样的文化帝国主义鼓吹者，第三类是霍布森和摩根索这样的帝国主义政治的描述者，第四类是列宁这样的帝国主义政治的批判者、革命者，第五类是华尔兹这样的为维护现状结构的去帝国主义者。无论什么政治立场，只要回到世界近代史，就能发现现实主义国际政治的另一面是帝国主义政治，即当欧陆列强之间搞实力政治的均势政治的同时，列强在全世界建立起了殖民主义世界体系②，而且列强主导的世界政治结构依然没有改变，今天依然是帝国主义时代。在20世纪60年代之前的国际关系理论那里，谈论现实主义必然和帝国主义联系起来。到了七八十年代，流行的结构现实主义做到了“去帝国主义化”，即将西方尤其是美国国家性格中的帝国主义属性彻底抹去，使得国际关系学界认为国家之间都是中性的“实力政治”的关系。第二次世界大战后的国际关系学被认为是美国特有的社会科学，其核心假设是基

① 杨光斌. 历史社会学视野下的新教伦理与资本主义精神. 中国政治学，2019（2）.

② 杨光斌. 历史政治学视野下的现实主义国际政治理论. 教学与研究，2020（7）.

于“实力政治”而达成“均势”的现实主义理论。作为“冷战学”前沿的国际关系学完美地完成了一项政治任务，但这个为政治任务的论述，在中国却变成了学术标准乃至价值标准，久而久之，“帝国主义”作为一个分析性概念被请进历史博物馆。然而，不但美国对待伊朗和委内瑞拉的行为是典型的帝国主义强权政治，对待华为公司难道不也是赤裸裸的帝国主义强盗行为吗？国际关系学本来是历史学的副产品，但美国的国际关系理论却做到了“去历史”，历史政治学路径必然“找回历史”，引入时间性和情景性以重新认识国际关系和世界政治的本质属性，避免自我忽悠和误读现实。

资本主义世界经济体论。在笔者看来，如果说帝国主义政治是一种客观的历史和现实存在，那么沃勒斯坦的现代世界体系研究所形成的资本主义世界经济体概念就是在回答帝国主义的历史的国家的根源。沃勒斯坦是历史社会学的代表学者，赵鼎新认为，老一代的历史社会学就是历史政治学。确实，在笔者看来，沃勒斯坦论证“中心国家”的逻辑堪称历史的政治社会学：中心国家的出现是因为其资本主义经济制度的竞争力，而资本主义竞争力源自强大的国家统治能力，国家统治能力或者自主性程度又取决于当时的社会结构，法国式碎片化社会结构难以形成强国家，而英国的共识性社会有助于形成强大国家①。沃勒斯坦的历史政治学研究根本性地否定了英国兴起中的低税制和代议制民主等传说，但是 20 世 80 年代开始流行的新制度经济学依然无视如此耀眼的知识财富而“发明”出所谓的国家兴衰的三原则：国家目的悖论、私有产权理论和意识形态理论②。事实上，这些理论不但是非历史的，还是导致发展中国家不发展的根本原因，发展中国家的一道障碍不就是世袭制土地制度吗？

文明冲突论。在亨廷顿看来，冷战的结束并不意味着“历史的终结”，美国不能高枕无忧，因为还存在“文明的冲突”。用亨廷顿自己的话说，“文明范式”是一种“关于世界政治的思维框架”，而文明冲突的世界政治

---

① 杨光斌．世界政治的研究范式：世界政治的层次性与研究单元的多样性．世界政治研究，2020（1）．

② 诺思．经济史中的结构与变迁．上海：上海人民出版社，1994．

结构无疑不是今天才有的，而是有着千年的恩怨——基督教文明与伊斯兰文明之间，但是伊斯兰文明中没有大型核心国家，因此伊斯兰文明不会对基督教文明构成根本挑战；而 2 000 年前形成的儒家文明主导的东亚秩序将强势回归世界政治舞台，而且有中国这样的巨型的核心儒家文明国家，将是对基督教文明主导的世界秩序的根本性挑战。文明范式的世界性影响自不待说，而文明范式就形成于时间进程这样的历史政治学分析概念[①]。

世界政治体系论。根据 500 年来的以国家为主体的世界政治史，笔者依据军事权力、经济权力和文化权力互动所形成的世界秩序，提出一种以政治权力结构为核心的世界政治体系。笔者假设，政治权力结构是其他权力互动的结果，而其形成过程中文化权力或政治思潮具有中介机制性作用，即军事权力和经济权力所达成的一种结构通过政治思潮的影响而合理化、合法化，从而形成普遍性接受的一种权力关系[②]。因此，如前，笔者主张将政治思潮视为研究世界政治变迁的一个研究单元。世界政治体系理论旨在寻找新的更加公正的世界秩序，同时也有助于我们理解看上去都是现代国家的“民族国家”之行为方式为什么存在天壤之别，进而有助于我们认知世界是如何被建构起来的、人之所以为人的思维框架是如何形成的。

四、结语

作为一种新研究议程的世界政治学如期而至，是因为传统的研究议程已经不能有效地认识国际关系的本质，更不能理解世界政治的现状。国际社会科学的进步即竞争性“研究单元”的发现，为研究看上去无所不包的

① 杨光斌．论世界政治的思维框架：历史政治学视野下的《文明的冲突与世界秩序的重建》．学海，2020（4）．

② 杨光斌．论世界政治体系：兼论建构自主性中国社会科学的起点．政治学研究，2017（1）．

世界政治提供了现实性可能；历史政治学的出现，又为世界政治研究提供了可操作路径。时代的呼唤、知识论上的范式革命和方法论上的创新，都为世界政治研究提供了可预期的前景。

世界政治学是国际关系学的转型与升级。也就是说，“专属美国的社会科学”、基于民族国家行为主体的西方国际关系理论已经穷尽其理论价值并较为彻底地表现其有限的解释力，我们实在没有必要固守于此而止步不前。而且，作为社会科学的国际关系理论是时代的产物，巨变时代的世界政治无疑急需新的国际关系理论和世界政治理论，更何况这个巨变时代因国家属性迥异的文明型国家即中国的崛起而产生，既有的理论范式与时代-实践产生了严重的脱节，基于中国历史文化的世界政治理论的诞生是历史的呼唤。

和各个时代的主导型国家一样，崛起而且因自身发展而改变了世界秩序的中国必然要提出自己的历史观。历史观在塑造人类秩序中起重要作用，这就意味着作为“新史学”的世界政治史研究刻不容缓。基于世界政治史研究的世界政治学的历史观-世界观将告知人类，中国的崛起根本性地改变了世界秩序的形成方式。如果说过去300年的世界是枪炮加贸易的帝国秩序，而因中国到来的新时代的世界秩序则是中国自身和平与发展的结果——中国是世界近代史上第一个依靠自身发展而非暴力掠夺而崛起的国家。因此，不同于帝国秩序追求的强权，中国追求的是影响力，人类命运共同体正在塑造之中，不同文明和平共存的新世界秩序因中国的到来而成为可能。

第八章

以中国为方法的政治学

作为专注于共同体善业的政治学是时代性的产物。不同的时代有不同的政治学，所以在政治学说史中，有诸多冠有“新政治学”“新政治学科”之说，其实就是为了回答时代性的重大政治社会问题。如何回应时代性问题？政治学又有观念学的特性，无论是政治实践者还是著书立说者，都不是自然人，脑海中都已经形成特定的观念，因此，时代性政治学总是免不了观念之争乃至政治理论斗争。但是，时代性和观念性的政治学，说到底是为了解决“在地性”问题，这其实是政治学的“主体性”身份，这就离不开依托本国本地的社会条件而形成政策方案或者建构政治理论，这是自亚里士多德以来政治学一以贯之的传统，偏离这一传统而招致的政治灾难在世界政治史上不胜枚举，因此政治学首先是“本国中心主义”立场的治国理政的学说。这一立场不仅意味着地方性经验可以产生地方性知识，还应该产生基于地方性经验的政治学方法论。这是政治学乃至整个社会科学发展的一般规律。

在改革开放中建立起来的中国政治学学科，40 余年来，其学科建制和研究主题具有与时俱进的品格，体现了鲜明的时代性特征。20 世纪 80 年代的政治学，可谓“政治体制改革学”，目标是现代化和民主。这一时期大量的现代化研究被介绍到国内。到了 90 年代，政治学开始走向学科建制化，也出现了分野，其中一个方向是以西方政治思想史研究为基础的政治哲学研究，西方的自由主义民主理论被系统地译介到国内；另一个方向是研究转型，从宏大问题关怀转向基层政治调研，形成了具有学派性质的“华中学派”。到了 21 世纪头十年，政治学研究的主题是党内民主、协商民主等民主形式；党的十八大之后，政治学研究的重点则是国家治理现代化。对于政治学的发展历程，已经有系统的梳理和研究[①]，本章不再赘述。

本章重点阐述的是，作为改革开放事业的组成部分的政治学，在文明互鉴中经历了激烈的政治思想斗争而依然能够坚守阵地并逐步发展壮大，初步建立起自主性政治学理论体系和话语体系。作为学科的政治学虽然只有几十年的历史，但是其研究对象不会局限于时代性问题，因其扎根于中国历史和中国大地之上，享有无与伦比的知识资源和智慧源泉，这进而为形成“以中国为方法”的中国政治学提供了可能。

一、在文明互鉴中成长的政治学：建构民主话语体系

改革开放不但是管理体制上的学习创新，还意味着思想文化上的文明互鉴。在政治学理论方面，如果说 20 世纪 80 年代传播的主要是现代化理论，90 年代西方的自由主义民主理论被大量地译介到国内，21 世纪流行的则是基于民主理论的治理理论。西方理论在中国政治学的流行总是比在西方政治学的流行晚 10 年左右。在西方政治学理论脉络中，流行于 20 世纪 50—70 年代的现代化和政治发展研究，是国家建设理论体系，即发达国家的国家建设模式和后发国家如何建设的问题。到了 80 年代，政治发展理论开始衰落并让位于民主化理论，其实这是国家建设理论的简单化，即把民主化视为国家建设的全部。到了 90 年代，伴随着民主化研究的推进，强调个体权利的治理理论又开始流行。可以认为，民主理论和治理理论依然是现代化理论体系下的延伸。

这些一波又一波概念新鲜的理论，在一段时间内曾使得国人应接不暇，真伪莫辨。尤其是在 20 世纪 80—90 年代，因为中国社会科学较长的

① 王沪宁．中国政治学研究的新趋向（1980—1986）．政治学研究，1987（2）；王浦劬．我国政治学发展 20 年的回顾与展望．高校社会科学研究和理论教学，1998（2）；林尚立．相互给予：政治学在中国发展中的作为．山西大学学报（哲学社会科学版），2008（3）；杨光斌．作为建制性学科的中国政治学．政治学研究，2018（1）．

空档期，中国人似乎只有招架之势，毫无还手之力，因此对大行其道的政治发展理论、民主理论等，只是编译和传播，少有自主性研究。但是，到了21世纪，接受过社会科学系统训练的中国学人，面对新概念新理论，开始有能力与之对话，并在批判性研究中建立起与民主理论相关的自主性话语体系，这主要体现在民主、治理、合法性等民主理论的“家族概念”上。民主家族概念的流行事实上变成了一种思维方式、一种评价标准，因此有无自主性概念兹事体大。

民主理论。民主是中国人的百年追求。但是，在要什么样的民主、如何建设民主、民主的社会条件是什么这些事关国家前途命运的根本问题上，当时的中国政治学并没有答案。中国人的这种追求碰上了“第三波民主化浪潮”，苏联在民主化浪潮中解体，“历史终结论”甚嚣尘上，所谓的自由主义民主被视为人类最终、也是最好的制度形式。如果说20世纪80年代古典自由主义的代表作翻译完成，90年代则以译介新自由主义作品为主，其中支持自由主义民主的主要作者的代表作几乎全部都翻译成中文出版，很多学人的民主观深受影响乃至被重新塑造。具体而言，自由主义民主的奠基者熊彼特、达尔和萨托利的民主作品被系统地翻译过来，中国学人也毫不吝啬地引用和运用他们的观点。根据中国知网学术期刊数据库，从1990—2015年，引用熊彼特观点的论文有8 305篇，引用达尔观点的论文1 279篇，引用萨托利观点的论文有3 104篇①。引用他们当然主要是为了研究民主问题。在同一时期，以论文主题计算，“民主化”论文13 312篇，“公民社会”5 900篇，“自由民主”1 960篇，“选举民主”1 195篇，“民主转型”567篇，“民主巩固”151篇②。由此可见这些作者在中国政治学界的影响力之大和指向自由民主的民主化研究的热度之高。

什么是自由主义民主呢？简单地说，熊彼特是将人民民主置换为“选举式民主”或者“熊彼特式民主”，民主从此从人民主权的实质民主变成

① 检索来源为中国知网学术期刊数据库，检索方法为参考文献检索（发表时间为1990年1月1日至2015年12月31日），检索时间为2017年6月5日。

② 检索来源为中国知网学术期刊数据库，检索方法为主题检索（发表时间为1990年1月1日至2015年12月31日，专辑导航为社会科学Ⅰ辑、社会科学Ⅱ辑），检索时间为2017年6月5日。

了以选举为中心的程序民主。沿着“熊彼特式民主”命题，萨托利根据二元对立的哲学观，在语义学上缜密地论证了选举式民主，认为有竞争性选举才是民主，否则就不是民主；达尔则主要围绕自由和选举两大要素，建立了自由主义民主的七大标准。几代民主理论家完成了民主等于选举、选举就是民主的“选举式民主”的论述。在此基础上，一些“非政府组织”干脆以个人自由和竞争性选举两个标准来衡量国家好坏。

在20世纪90年代之前，国人还能在哲学上对资产阶级民主进行批判性思考，但是当资产阶级民主被新自由主义作者改造为自由主义民主之后，国人几乎完全没有招架之力。以“选举式民主”为尺度的自由主义民主理论在中国迅速成为显学，传统的实质民主观转变为程序民主观，并成为一种价值评判标准、道德标准。在这种泛道德化的政治语境下，即使对“选举式民主”进行学理上的批判性分析，都有可能被视为道德上的问题，更别说反对“选举式民主”的制度性主张。但是，从美国完成学业的一些学者90年代中后期回国后，逐渐改变了这一局面，因为他们深知民主在西方国家成长中到底扮演什么角色，在比较政治发展中又起了什么作用。大约从21世纪开始，政治学界从批判“选举式民主”出发，推动了民主观的又一次转型——从程序民主到实质民主、从选举式民主到“可治理民主”的转变。

进入21世纪，陆续有了进行深入反思和批判“选举式民主”的学者，其中个别学者的“民主迷信”批判在当时可谓石破天惊之举，认为民主制是社会条件的产物，是阶级政治、利益集团政治的制度安排，而中国政治从一开始就是以“正”为导向的贤能政治，并以新加坡政体为蓝本，提出“法治咨询政体”[①]。“民主迷信”之说在当时引起轩然大波，这在普遍相信“民主万能”的时代是可以理解的。但是，真相遮不住。一些海外中国学者目睹个别国家转型的不堪后果，促使他们全面系统地重新认识西式民主，为此在系统地介绍西方民主历史中反思和批判了西式民主[②]，尖锐地

---

① 潘维．民主迷信与传统政治文化．新闻周刊，2002（17）．

② 王绍光．民主四讲．北京：生活·读书·新知三联书店，2014．

指出“选举式民主”其实就是“选主”政治①，从而全面提升了中国人关于西式民主的知识水平。关于自由主义民主的更深层的认识是，大众民主是社会主义运动的产物，民主具有社会主义属性②，西式民主理论是以自由主义框定了民主，达到了“去社会主义化”的目的③。更重要的是，对于转型中的国家而言，即使接受西式民主，一定要认识到，社会条件比民主形式更重要，为此有学者提出了“民主的同质化条件”——国家认同、共享信念和社会平等，没有这些社会条件，民主失效是常态，有效民主是非常态④。这种基于正在发生的世界政治现实的认知，产生了相应的政治影响，有助于提升坚持社会主义民主和社会主义政治发展道路的理论自信。就民主模式而言，基于民主的社会条件，有研究提出了民主的价值模式和实践模式之分，其中实践模式比如竞争性选举或者协商民主，只有与特定的价值模式比如自由主义或者其他文明体系相适应，才是有效的⑤。价值模式-实践模式概念与“民主的同质化条件”一道，在实践上回答了西式民主的普遍性困境的根本原因，在理论上与西方笼统的“民主模式”之说做出了区隔⑥，西方的民主模式意味着世界上只有一种实践模式（党争民主）即可。

谈民主不能不涉及政体理论，因为谈论的民主是政体维度上的。有学者指出西方之长在于“政体思维”即政体决定论，而中国之长在于“政道思维”即如何治理国家，“道”为本，“体”为用⑦。这种区分很有道理，但西式政体思维之说基本上还是肯定了西方政体理论。政体理论是西方政治学的主轴，长期以来国内学术界主要从政治哲学上研究西方政体理论，聚焦于个人的政体思想研究，基本上为书摘式重述，难有重大突破。

---

① 王绍光．超越选主：对当代民主的反思．北京：北京大学出版社，2014.

② 杨光斌．民主的社会主义之维．中国社会科学，2009（4）.

③ 张飞岸．被自由消解的民主：民主化的现实困境与理论反思．北京：中国社会科学出版社，2014.

④ 杨光斌．几个流行的民主化理论命题的证伪．北京日报·理论周刊，2014-03-17.

⑤ 杨光斌．观念的民主与实践的民主．北京：中国社会科学出版社，2014.

⑥ 利普哈特．民主的模式：36个国家的政府形式和政府绩效．北京：北京大学出版社，2006；赫尔德．民主的模式．北京：中央编译出版社，2008.

⑦ 王绍光．中式政道思维还是西式政体思维．人民论坛，2012（12）.

国内年轻学者从政治学方法论的谱系出发，发现二元对立的政体观也只是冷战时期行为主义政治学的产物，古典政治学、行为主义之后的比较政治经济学和历史制度主义，都是连续性光谱上的近似值政体观，而非冷战政治学的二元对立政体观①。这种研究有助于走出流行的二元对立政体观之迷思。

破是为了立。这是中国政治学乃至整个中国社会科学的困难所在，做到了“破”才能“立”，比较而言，西方社会科学就是一个“立”的过程。那么，怎么“立”呢？

不得不说，中国政治学的“立”也得益于西方政治学的量化方法论训练。西式民主观就是程序民主，把民主等同于选举的二元对立思维，那么中国人到底是什么样的民主观呢？台湾大学朱云汉教授负责的亚洲民主动态调查项目，提供了关于中国人民主观的数据。据此得出的结论是，中国人固然想要民主，但中国老百姓想要的民主，实际上更符合孔孟的民本思想，而不是西方意义上的选举民主，中国老百姓更多是用“民主”这个词来表达“民生”诉求或者形容他们的理想；人民是以多元化标准评价政府的，而这种评价并非简单的选举就可以满足②。该项目在其于 2015 年发布的有关调查中，分别从四个维度对中国民众的民主观进行了测量，数据结果恰好佐证了中国人的民主观是一种在复合型基础之上，以治理为主要诉求的民主观。

基于中国人的以治理为主要诉求的民主观，有学者提出了区别于西式代议制民主的中国代表型民主。代议制民主偏重民主的形式与实质，代表型民主则侧重于实质民主，诸如政府是否有代表性、政策是否反映了人民的诉求、政治制度是否产生诸如社会正义、良治、福利、“民享”等实质效果。具体到中国的代表型民主，代表的对象是人民（代表谁），以群众路线的方式去实现民众的利益（如何代表）。“群众路线”还被称为一种“逆向参与”。政治参与是为了实现自己的利益而指向政府决策的活动，但

① 曾毅．政体新论：破解民主—非民主二元对立政体观的迷思．北京：中国社会科学出版社，2014.

② 史天健，玛雅．走出“民主”迷信．开放时代，2009（6）.

参与者的力量分布是不均衡的，弱势群体无力通过政治参与而实现自己的利益，“逆向参与”则弥补了这一制度安排上的不足①。代表型民主之说是人民民主的政治学理论表达，把人民民主理论向前推进了一大步，但代表型民主理论需要进一步重视人民的政治参与感部分。

但凡民主，必有自下而上的政治参与，这是一种政治权利的实现；但是政体维度上的民主必然离不开“国家”即政府的作用，是一种官民互动的过程。这是理论常识，也是生活常识。但是，西式民主只讲个人和集团的权利而不讲国家的作用，完全有违政治常识。基于此，有学者提出相对于不能有效治理的党争民主模式的“可治理民主”——由政治参与、自主性国家、有效治理（责任政治）所构成。政治参与形式多样、力量不均，需要具有相对自主性的国家去选择性回应参与诉求并主动汲取民意，最终在官民互动中达成一种负责任的有效治理②。其中，官民互动的主要方式是基于协商而达成的共识，堪称“协商共识型民主”，它体现在各个层次的政治决策过程之中③。作为一种实践模式的协商民主是中国的独特优势，之所以如此，是因为协商政治根植于民本思想中，中国民主的价值模式可谓“民本主义民主”④。

这样，如果说西式民主的价值模式和实践模式分别是自由主义民主和党争民主，那么中国民主的价值模式和实践模式则分别是民本主义民主和协商共识型民主。自“审议民主”在中国落地为“协商民主”之后，关于协商民主理论和协商民主实践的研究，成果斐然。有代表性研究发现，协商政治是中国固有的政治传统，因此在大众民主时代协商政治很容易转化为协商民主，更何况中国用政治协商会议这样的政治建制⑤。更有学者以

---

① 王绍光. 代表型民主与代议型民主. 开放时代，2014（2）.

② 杨光斌. 超越自由民主：“治理民主”通论. 国外社会科学，2013（4）；杨光斌. 政体理论的回归与超越：建构一种超越“左”右的民主观. 中国人民大学学报，2011（4）.

③ 杨光斌. 中国政治认识论. 北京：中国社会科学出版社，2018：368－409.

④ 同③410－456.

⑤ 林尚立. 协商政治：中国特色民主政治的基本形态. 毛泽东邓小平理论研究，2007（9）；林尚立. 协商民主：中国的创造与实践. 重庆：重庆出版社，2014；林尚立. 协商民主：中国特色现代政治得以成长的基础：基于中国协商民主功能的考察. 湖北社会科学，2015（7）.

实验主义的方式，用试点的方法观察协商民主在中国基层政治中的运作实践①。在中国政治中，通过协商而达成政治共识，是共产党人一以贯之的政治行为模式，在新时代被赋予更丰富的内涵，致力于建立全方位、多层次的协商民主。应该说，“协商民主”之花开在西方政治学，“协商民主”之果结在中国政治学，这是因为中国政治中固有的协商传统和政治建制中固有的协商机制，才使得这个民主理论和民主形式在中国政治中受到没有质疑的拥抱。

面对强势的西式民主话语，受过社会科学训练的中国政治学人，渐具对话能力，并在对话中初步建立起自主性民主话语体系。但是，不得不承认，中国政治学尚未出品那种学术体系完备、逻辑论证缜密的“巨著”，这也是留给中国政治学的发展空间。

治理理论。在过去40年中，国际社会科学中的两大关键词就是民主和治理。治理理论是政治上的民主化浪潮和经济上的新自由主义思潮的一个副产品。如果说政治民主是为了加强个人权利而去政府化，经济自由则是通过强调私有化和市场化而去国家化，那么，治理理论则是通过增强个人权利以削弱政府作用的制度化安排，从而构成了自由主义政治思潮的“三驾马车”：政治民主化、经济自由化、治理社会化。

治理理论来自20世纪90年代初世界银行专家对于撒哈拉沙漠以南非洲国家的政策设计，认为这些国家出现普遍性的国家失败，根源在于无能为力的政府，替代性方案是加强非政府组织、各种社会组织乃至个人的作用，世界银行甚至还以“投资人民”（Investing in People）为主题，强调个人和社会的替代性作用。随着1990年的作为新自由主义宣言的所谓“华盛顿共识”的出现，强调社会作用以去政府化的治理理论迅速在全世界流行开来，“无政府的治理”② 成为治理主义者的信仰，认为去政府化的治理能实现公正透明，才会有政治合法性。

客观地说，在几乎所有的具有一定规模的国家，人们对于政府都具有

① 何包钢. 中国协商民主发展最新态势. 人民论坛，2015（14）；何包钢，张艳辉. 中国农村从村民选举到乡村协商：协商民主试验的一个案例研究. 国外理论动态，2017（4）.

② 罗西瑙. 没有政府的治理. 南昌：江西人民出版社，2001.

不同程度的不满或者意见，去政府化而鼓吹个体的作用，是一种与生俱来的民粹主义情结，而治理理论无疑迎合了这种民粹主义诉求。问题是，在很多非西方国家即发展中国家，国家-社会关系属于“普力夺社会”[①] 或“强社会中的弱国家”[②]，国家被嵌入各种社会关系网络之中而难得自主性，正所谓中国人所说的“强龙难压地头蛇”。在此情境下，再主张进一步去国家化而强化社会的权力（权利），这样的国家-社会关系不是更恶化了吗？对此，曾经大力鼓吹治理理论的福山有过深刻反省[③]。要知道，“组织起来”依然是很多发展中国家的国家建设的优先议程。

这是比较政治发展研究给我们的基本知识。人们的认知能力与社会科学的发展水平密切相关，在缺乏比较政治学的基本知识的前提下，各种与发展中国家国情南辕北辙的概念、理论势必会流行起来，甚至变成前述的“道德标准”。现在，人们终于看到，主张社会权利的治理理论在很多发展中国家并不能起到良治的作用，比如撒哈拉沙漠以南非洲国家并没有因为出产了治理理论而变得“善治”，而且绝大多数发展中国家的治理水平也并没有因此而得以提升。

在与治理理论这种强势话语的对话中，中国政治学人逐渐建立起具有“中国性”的治理理论——国家治理理论。显然，“国家治理”之于“治理理论”的不同在于“国家”的角色问题。党的十八届三中全会正式提出“国家治理体系和治理能力现代化”命题，得到各界的热烈呼应。无疑，这种社会科学化的政治表述，是以学术研究的积累为基础的，否则就成了无本之源，也就没有了对话的可能性。在党的十八大之前，一方面是治理理论的流行，但同时很多学者自觉或不自觉地开始使用“国家治理”一

---

① 亨廷顿．变化社会中的政治秩序．上海：上海人民出版社，2008：162.

② Joel S. Migdal, *Strong Societies and Weak States: State-Society Relations and State Capabilities in the Third World*, Princeton: Princeton University Press, 1988, pp. 33 - 41.

③ Francis Fukuyama, “What is Governance?” *Governance: An International Journal of Policy, Administration, and Institutions*, Vol. 26, No. 3 (July 2013), pp. 347 - 368.

词。这是因为，中国人是天然的国家治理主义者①。

因此，当西方的治理理论大行其道的时候，主张“国家治理”的研究影响也很大。有学者提出了作为研究范式的“国家治理范式”，认为国家治理包括政治价值、政治认同、公共政策、社会治理等几个方面②。当“国家治理现代化”成为官方术语之后，国家治理与西方治理理论被明确区分开来，认为“社会主义国家的国家治理，本质上既是政治统治之‘治’与政治管理之‘理’的有机结合，也是政治管理之‘治’与‘理’的有机结合。因此，在马克思主义国家理论话语体系中，‘治理’是社会主义国家政治统治与政治管理的有机结合”。需要提醒大家注意避免两种认识上的偏差：简单运用西方“治理”概念来套解我国全面深化改革的目标，简单认为“治理”概念只是西方当代政治理论和管理理论的专利③。

应该说，作为官方政治表述的国家治理现代化，包括但不限于如下要点：第一，国家治理现代化的目标是国家或政府主导的国家治理体系的现代化。在制度层次上，国家治理体系包括国家治理、政府治理、地方治理和社会治理。应该说，社会治理的提法是对治理理论的扬弃，从社会管理转变为社会治理。在治理领域，国家治理体系包括政治治理、经济治理、文化治理、军事治理和生态治理。无论是在制度层次上还是在治理领域上，治理的主体都是国家或者政府，必然包括统治和管理，但并不排斥社会的作用。治理主体的确立，根本性地与西方治理理论做了区分，但适当地吸收了其有益成果，比如社会治理之说。正如有学者总结，“国家治理概念强调了转型社会国家发挥主导作用的重要性，同时也考虑到了治理理念所强调的社会诉求，是一个更为均衡和客观的理论视角”④。有学者在梳

---

①　早在公元前 7 世纪，管仲治齐，靠的是今天意义上的政治经济学思想，被后人描述为“政策决定论”。先秦诸国初步建立的官僚制以及处理中央与地方关系的郡县制，是最早的具有今天意义的“现代性”制度。中国的二十四史，基本上就是关于国家治理的历史，都有丰富的国家治理思想，因此才有一代又一代、一个又一个的“盛世”，才有几千年不绝的中华文明基因共同体。

②　徐湘林. 转型危机与国家治理：中国的经验. 经济社会体制比较，2010（5）；徐湘林. 中国的转型危机与国家治理：历史比较的视角. 复旦政治学评论，2011（1）.

③　王浦劬. 全面准确深入把握全面深化改革的总目标. 中国高校社会科学，2014（1）.

④　徐湘林. “国家治理”的理论内涵. 人民论坛，2014（10）.

理国内外治理文献之后总结道，治理“它指的是公共管理（包括治国理政）的方式、方法、途径、能力，而不是指任何特定的公共管理（治国理政）的方式、方法与途径，不是指市场化、私有化，不是指‘无需政府的治理’，不是指多一些治理，少一些统治”。西方的治理理论只是新自由主义的规范性宣示，是“空洞的能指”，在实践中不解决任何问题①。

第二，国家治理现代化的核心是国家治理能力问题。具有同样制度的不同国家为什么治理绩效有着天壤之别？关键在于治理能力的不同。政治学理论关于统治能力、治理能力的讨论并不少见，但主要视其为政治现象而少有上升为能够用来分析政治现象的政治理论。传统的国家能力理论包括合法化能力、财政汲取力等，但合法化能力可谓无所不包，不具分析性，而财政汲取能力又太过具体，更何况汲取能力强的国家并非必然加强合法性，有时甚至相反，这是历史的经验。与此不同，中国学者把国家治理能力当作一种研究范式，形成了与以政体为范式的西方政治学传统的鲜明区别。具体而言，国家治理要处理国家与社会的关系，其中社会由普通民众、知识阶层和企业阶层构成，“体制吸纳力”对于不同的阶层具有不同的内涵；其次，国家治理是关于制度之间、部门之间的协调与整合，这里的国家治理能力体现为“制度整合力”；最后，国家治理事关政策制定和有效执行问题，国家治理能力事实上就是“政策执行力”。由“体制吸纳力-制度整合力-政策执行力”所构成的国家治理能力，事实上成为一种分析性概念，用以比较分析不同国家的不同层面的治理能力和治理绩效，因而这是一种系统化但又非对称性的、非意识形态化的分析性理论，其对有针对性地提升国家治理能力的作用是不言而喻的②。

第三，国家治理现代化理论回答了如何保障国家治理能力这个核心和根本问题。一个超大规模国家的政治特征，不但有因地域差异、民族差异和文化差异而带来的多元性，还有多等级的制度所构成的层次性，多元性和层次性构成了权力的非对称性。

---

① 王绍光. 治理研究：正本清源. 开放时代，2018（2）.

② 杨光斌. 关于国家治理能力的一般理论：探索世界政治（比较政治）研究的新范式. 教学与研究，2017（1）.

合法性概念。有了自主性的民主理论和治理理论，才有可能对泛滥的合法性危机之说予以正本清源，因为一度流行的评判中国政治的价值标准来自西式民主理论和治理理论，结果中国这个人口规模庞大、治理得最好的发展中国家，被认为存在“合法性危机”。有学者统计，2008—2013 年关于中国政治合法性的论文有 120 多篇，其中中国学者多数认为中国政治有合法性危机，相反国外学者则不认为中国有合法性危机或者说合法性问题没有那么严重。原因在于，中国学者一边倒地引用西方政治哲学的合法性概念来分析中国；而国外学者则用中国传统哲学看待中国①。考虑到 2008 年是世界政治的转折点，西方国家因金融危机而致使地位加速下滑，相反中国以举办奥运会为标志而加快了上升的步伐，这种反差性研究便更不可思议。如此违反常识的政治认知，必然是评价的标准出了问题。

有学者总结了战后西方美国民主理论的“三部曲”：首先是熊彼特将人民主权改造为选举式民主，其次是达尔等人将选举式民主框定在自由主义范畴内以形成多元主义民主或者自由主义民主，最后是李普塞特改造了合法性概念。在韦伯那里，合法性政治是指政府组成的合法律性和事实上的有效性；在“熊彼特式民主”的基础上，李普塞特将合法律性置换为竞争性选举，合法性政治等于竞争性选举加有效性②。从此，“选举授权才有合法性”便成为自由主义民主理论的金科玉律。在程序民主观大行其道的年代，很多人据此而判断中国政治的合法性，才把一个良治国家视为存在合法性危机的国家，相反，认为那些治理无效乃至国家失败的国家，因为有竞争性选举就不存在合法性危机。

基于此，有学者在历史社会学脉络上“重述”了合法性概念。自被改造的合法性概念诞生以来，竞争性选举并不能解决国家治理问题，甚至是政治动荡和国家失败的根源。为此，亨廷顿提出具有统治能力的政府才是具有合法性的，代议制民主并不能解决有效统治问题。罗尔斯则从社会条件出发，提出了西方政治和非西方政治的完全不同的合法性标准，在西方政治学的整全性知识脉络上，指出合法性是一个包含了合法律性、有效

① 曾敬涵. 合法性研究：中西方学界看法为何如此不同?. 经济社会体制比较，2014（5）.

② 杨光斌. 合法性概念的滥用与重述. 政治学研究，2016（2）.

性、人民性和正义性的概念体系。这样的合法性标准意味着，中国政治并不存在所谓的合法性危机①。这一研究也产生了相应的政治影响，当然也会在舆论界引发较大的争论，因为这与已经习以为常的合法性概念完全不一样②。下面一句话表明了赵鼎新教授在某种程度上对于该研究的肯定，“我借用杨光斌文章中提出的一些合法性概念来说明为什么笔者提出的三个合法性概念具备完备性的特征”③。

因为对于合法性政治的标准不清楚，很多时候人们容易把社会矛盾视为合法性危机的象征。针对现实中流行的“崩溃论”“转型陷阱”“合法性危机”等观念，有学者指出，这属于“转型危机”而不是合法性危机。所谓“转型危机”，“在经济-社会转型中由于各种利益冲突和治理能力滞后所产生的危机，是在特定历史背景下结构性转型的必然现象”④。在这个意义上，“转型危机”其实是国家治理和社会转型中的普遍现象。

观念会产生政策，错误的观念必然产生错误的政策。对于国家治理而言，因没有自主性观念而犯颠覆性战略性错误的，在历史上并不鲜见。在观念的交锋与文明互鉴中，中国政治学在涉及国家方向的一些关键词上进行了护卫性建构，初步形成了自主性政治学话语体系，为道路自信和制度自信提供了理论基础。同时，在政治学的最根本问题的研究上，诸如中国的国家建设，中国政治学也取得了不俗的成就，这当然是因为中国政治学置身于中国大地这片沃土。

二、扎根于中国大地的政治学：回答“中国性”命题

以“民主-治理-合法性”为线索的话语体系是在政治性对话、意识形

① 杨光斌．合法性概念的滥用与重述．政治学研究，2016（2）．

② 赵鼎新．合法性的政治：当代中国的国家与社会关系．台北：台湾大学出版中心，2017：17，注释1．

③ 同②25．

④ 徐湘林．转型危机与国家治理：中国的经验．经济社会体制比较，2010（5）．

态交锋中形成的，其生命力最终还是取决于关于社会结构研究的社会科学水平。这是因为，衡量社会科学成就的最高标准是人们对于自己身处其中并时刻约束着自身行为的社会结构的研究有着实质性的发现。关于社会结构真相的研究是一种探究“实存”的学术活动，由此才能厘清各种“实证”出来的概念和理论。对于中国政治学的国家建设研究而言，最大的、最根本的“实存”性问题就是“中国性”（Chineseness）命题，或者是中国所以为中国的“国家性”（stateness）问题。且不论有争议的关于中国的历史分期，古代中国和当代中国的“中国性”是需要回答的，否则，事实上毋庸置疑的中国在理论上就可能演变成一个有重大争论的学术问题，比如所谓的“新清史”的挑战。但是，人们一旦理解了中国政治学关于“中国性”的研究成果，就知道“新清史”称不上挑战。

关于古代中国的国家性，至少需要回答以下几个问题：中国是如何来的？中国之所以为中国的核心价值是什么？中国是如何组织起来的？

中国是如何来的？迈克尔·曼的历史社会学算是回答国家起源的最新成果，即国家权力是经济权力、意识形态权力、军事权力和政治权力之间互动的结果。这一变量组合式理论突破了蒂利关于国家的军事战争和财政能力的解释，更不同于以往的单一因素解释，诸如“经济决定论”或“文化决定论”。赵鼎新运用曼的国家理论解释先秦国家的形成，极大地丰富了曼的理论。在具体方法方面，赵鼎新尝试了对贵族实力和君主被推翻的相关性检验、基于军队行军距离做出霸权国的网络分析。这些科学方法都是曼、蒂利等上一代社会学家不太擅长的①。

相对于众说纷纭的国家起源说，中国国家性的研究成果更值得一提。中国是世界上唯一历经 5 000 多年而未曾中断的大一统文明体，这种世界文明史上的奇观引来世界上众多天才学者的好奇和赞叹，力图揭示其内在的奥妙。其中，最能解释中国历史连续性的便是日本著名学者沟口雄三的“中国基体论”：“中国由中国独自的历史现实和历史而展开，这体现于漫长的不同时代种种现象的缓慢而连续性变化，所以中国的现代应该在现

---

① 赵鼎新．东周战争与儒法国家的诞生．上海：华东师范大学出版社，2006.

代、近代、前近代的关联中来把握”①。也就是说，中国历史具有一以贯之的连续性。然而，这种连续性靠的是什么，或者说是什么因素导致了这种连续性？在“中国基体论”的基础上，有学者提出“中华文明基体论”——由历史文明基因组成的共同体，一种基因共同体。除去民族主体性、语言文字和地域性等因素，在政治、文化和社会方面，这个基因共同体至少包括：国家层面的大一统思想和治国的民本思想；政府层面的官僚制（包括郡县制和科举制）；文化层面的包容性与中庸之道；社会生活的自由与自治，以及家庭伦理本位；等等，这些“基因”代代相传于、内化于生活在固定疆域内的华夏民族的血液中，因而构成了延绵几千年的中华文明基因共同体②。

这个“文明基体”被有的学者解释为“儒法国家”，看上去有点类似我们中国人常说的“外儒内法”，但内涵有着很大的区别。“儒法国家”的意义不仅在于其历史连续性，即中国是世界上唯一延续了几千年的国家，还在于在几大文明中具有最显著的强国家传统；最早建立文官政治，大部分时期内军人都被文官驯化；能够将游牧和半游牧国家同化，而不必像其他文明一样对外征服；城市即便高度商业化也不具备独立于国家的力量，与近代欧洲不同。这是首次将中国历史进行社会科学化的研究，在英语世界产生了重大学术影响③。

最有挑战性的问题还是中国作为一个国家为什么能够延续几千年。有学者归因于“一种文教，多种宗教”传统。儒家从来不是宗教，而是一种文教，即儒家之教化，文教传统使得儒家内化于中国人的精神世界，儒家在中国人精神生活中占据特殊地位，塑造了一种普遍的共同价值。儒释道融合并非多种宗教并存，民间的各种神灵信仰和宗教均广泛传播，并深入

① 沟口雄三. 作为方法的中国. 北京：生活·读书·新知三联书店，2011：111.

② 杨光斌. 中国文明基体论：理解中国政治前途的认识论. 人民论坛，2016（15）.

③ Dingxin Zhao，*The Confucian-Legalist State：A New Theory of Chinese History*，New York：Oxford University Press，2015. 美国《社会学杂志》（*American Journal of Sociology*）对The Confucian-Legalist State组织专题讨论，这是欧美历史社会学权威杂志第一次集中讨论中国历史。此前欧美的中国研究，要么集中于东亚系、历史系而没有产生社会科学影响，要么出自政治学系却关注当代中国的几十年，因此只能成为现代化理论的验证对象。中国历史在国际上的社会科学化可以对现代化、资本主义、国家构建等理论提供资源和修正。

中国人心灵，但是它们也在传播儒家价值。因此，中国性可谓“一种文教，多种宗教”①。

这一“中国性”发现很重要。推而广之，中国也可以概括为“一种文教，多种民族”，即只要承认文教传统，不管是什么民族，不管统治者来自哪个民族，都是中国的有机组成部分。中国一直是个多族群的国家，但文教传统保证了中国性。这样看来，“新清史”就是伪命题②。我国史学界需要加强“中国性”的研究，否则把伪问题当成了真挑战。

那么，这个“文明基体”是如何组织起来的呢？组织国家的政治理论在西方被称为“政体论”，这是产生于城邦国家的古典理论。但是，随着国家规模的扩大，围绕“谁统治”的政体论便面临前所未有的挑战，比如现行大国出现的中央-地方关系、非政府组织治理、大公司权力等，都不是传统的政体理论所能回答的。但是，因为中国一开始就是一个大型文明体，具有无比的复杂性，也就有相应的组织理论去回答，这个理论便是近年来任锋教授从中国政治思想史中发掘的“治体理论”——一种包括治道、治法与治人的国家理论。笔者认为，中国作为超大规模的文明和政治共同体，在几千年的演进中形成了自身的国家构制传统。从贾谊探讨汉代如何克服秦弊、实现长治久安到晚清《清经世文编》以“治体”为纲领，这个传统为理解大一统郡县制国家传统的秩序机理，提供了关键的理论资源。治体是基于秩序构造的体系意识，围绕国家关键要素及其构造形成的秩序理论范畴。治道、治法与治人是治体的三个核心要素，其中治道指向基本秩序原理，治法指向体系性规则和制度，治人指向政治主体，涵括其德行、智识和技艺。它们蕴含了国家结构的基本层面，如作为精神根基的政教政学关系、以礼法为中心的社会政治治理模式、注重相维相制的权力

---

①　姚中秋．儒家非宗教论．同济大学学报（社会科学版），2013（4）；姚中秋．一种文教，多种宗教．天府新论，2014（1）．

②　“新清史”的核心命题是“族群主权”（ethnic sovereignty），所谓族群有主权，不受文化影响，因此，清朝的统治者是满族人，清朝的中国性成了问题。然而，清朝皇帝顺治帝要求所有官员读《御制资政要览》，就是文教传统的作用，清朝是在自我汉化和建构“中国性”。这一点同美国一样，并不因为奥巴马总统是黑人，美国就不再是美国，因为奥巴马总统承认和遵照的是美国的立国价值。美国自身是一个多族群国家，以族群主权概念解构其他国家的国家性，最终冲击的是美国国民性，美国的“国民性危机”不是偶然的。

构造以及政治中心群体的能动角色。治体论在宋以来进入古典意义的成熟阶段，注重纲纪法度的制度性构成与变迁，凸显以“治法”为中心的思维特质，晚清以降这个传统被西学政体论取代。相比政体论关注拥有最高权力的统治主体，治体的价值论、维度论更合乎作为中国历史实践特质的理论思维取向。这些要素如政治体的精神基础、治理模式、政体特征、治人养成，是一个超大规模国家无论处于哪个时代都需处理的必要构成①。

可见，“政道”“治道”都是治体理论的下位概念。理解了治体理论，就能明白为什么中国历经王朝更替而文明不衰，就在于作为载体的治体的系统性、适应性和连续性。如今，中国人提出的“国家治理体系”的多维度性、多领域性，不是政体理论所能理解的，只能用治体理论去解释。并非偶然，“国家治理体系”也可以简称为“治体”，因此“国家治理体系”完全可以看作对治体理论、治体思维的一种内在传承。

在讲究历史连续性的文明基体论这里，当代中国是对古代中国的一种延续和继承，同时也增添了现代性变量。当代中国政治学的使命之一就是对当代中国是如何来的、是如何组织起来的，做出概念化解释。在亨廷顿看来，很多政治制度都很古老，虽然朋党政治自古就有，但以政党动员来组织政权，却是现代性政治才有的新现象、新制度。也正是政党政治的引入，当代中国政治层面的“国家性”既有了现代性特征，也成了推动中华文明基因共同体的新力量。

政治思想自古有之，但其作为学科、科学意义上的社会科学却是在研究欧洲国家建设问题上诞生的，不同国家的建设历程研究产生了不同的社会科学理论。笔者经研究发现，英国和美国的国家建设力量主要是商业集团，为此而证成的学说便是捍卫个人权利的自然权利或社会契约说，进而形成了社会科学理论脉络上的社会中心主义，其关键词包括但不限于“理性人”假设、社会契约说、自然权利、个人主义等，其核心假设是“理性人”。与英国相比，德国作为国家产生得很晚，商业力量脆弱，以军国主

① 任锋．立国思想家与治体代兴．北京：中国社会科学出版社，2019.

义为基础的官僚制把国家组织起来，从而产生了社会科学理论脉络上的国家中心主义，关键词是官僚制、国家主义、国家理由等。在中国，晚清以后遭遇总体性社会危机，国家四分五裂，社会呈现一盘散沙的局面，谁来将这样的“国家”组织起来？商业力量固然靠不住，官僚机器也随国家分裂而衰败了，国家急需新的组织——政党。继承旧军阀政治遗产的国民党完不成孙中山“以党领军、以党建国”的设想，这个艰巨使命最终由共产党完成了。这种全新的国家建设路线，社会中心主义和国家中心主义都不能给予解释，只能基于这个历史而形成与社会中心主义和国家中心主义相对应的政党中心主义。还发现，虽然同为政党，但西方政党只是竞争政权的政党，而中国共产党则是把国家重新组织起来的建国党。进而发现，虽然都是具有建国使命的政党，比如中国共产党和印度国大党，有的党具有民本思想的底色，比如中国共产党，而有的政党主要是一个组织权力的机器，这种本体论性质的差别也决定了各政党完全不同的命运①。

政党中心主义的发现至少有以下意义：第一，在比较政治发展的视野上回答了党的领导权问题，从而将党的领导权这个重大的政治命题社会科学化，而社会科学化的意识形态命题才更有说服力。第二，验证了复杂性理论的假说，即质的多样性，具有同一名称的事物可能具有本体论性质的差别，也就是说，中国共产党不但不同于作为利益集团的西方政党，就是同样被看作建国党的政党，也存在着基于各自历史文明基因的差别。只有发现了这个差别，才能回答为什么苏联共产党最终失败而中国共产党却取得成功。我们相信，这样的关于中国政治的研究成果不是西方的中国问题所能比拟的，西方中国政治研究从来未能进入主流比较政治学之列，更别说社会科学理论脉络。

与此密切相关的重大问题就是当代中国的国家性研究，具体而言就是由文教传统所延续下来的中华文明基因共同体在当代以什么样式体现出来。这其实是回答“中国模式”问题。很多经济学学者和社会学学者干脆不承认有中国模式之说，认为中国改革开放以来所实行的政策和经济制度

---

①　杨光斌．政治变迁中的国家与制度．北京：中央编译出版社，2011：182－243．

都是人类已有的实验，没有自己的特色，因而谈不上所谓的模式。果真如此吗？很多国家尤其是很多发展中国家，实行了与中国相同的经济制度和经济政策，市场化-自由化程度甚至比中国更高，但是它们的治理绩效为什么难以和中国相比？也就是说，大家都有的市场经济这个“新制度”肯定算不上中国模式。但是，一定要认识到，中国的“变”寓于“不变”之中，“不变”的结构所吸纳的“变”的增量，就是中国模式。

不同于经济学和社会学，中国政治学界大都承认有中国模式之说，但是对中国模式的理解则有很大的差异，代表性观点认为中国模式是政治-经济-社会的混合体。从本质上说这样表述并不错，但是，既然称为“模式”，必然是一个概念化的表述，这个表述既能概括近代中国政治发展道路，也能最集中地体现当代中国政治制度，还能体现出中国自己的独特优势。在这个意义上，对中国模式的一种合理化解释，就是“民主集中制”，这是相对于代议制民主的一种代表性制度①。研究发现，作为权力组织原则的民主集中制，历经中国革命、建设、改革和新时代的不同时期，时间性已经赋予其生命力；而且，这一政权组织形式能够完全适应不同的经济形态，在社会主义市场经济时代，证明了民主集中制的高度包容性，在集中关键性的权力关系上都体现了民主集中制原则。在央地关系上，政治上的单一制与经济上的分权并行不悖；在政治经济关系上，体现国家意志的“发展型国家”与市场经济齐头并进；在国家社会关系上，对社团组织的“分类管理”既有控制又有放开，在国家理论上被称为“国家统合主义”，其实体现了既有集中又有活力的国家社会关系②。

把中国模式概括为民主集中制政体，或者视民主集中制政体为中国模式的核心，是一种将中国政治制度研究政治学理论化或社会科学化的路径，重新将民主集中制上升到政体理论的高度去与代议制民主政体进行比较，从而有助于将中国政治研究纳入比较政治学的主流之中，而不再是所谓的“特殊性”“例外论”。要做到这一点，仅有对关键性理论的研究是不够的，还必须有基于中国历史文化的政治学方法论和认识论，以便更好地

---

① 杨光斌．中国政治认识论．北京：中国社会科学出版社，2018：235－283.

② 同①284－367.

检验既有理论的真伪，致力于发掘新理论。

三、"以中国为方法"的政治学：历史政治学

扎根于中国大地的政治学研究成果，其实都是"以中国为中心"的结果。但是，中国政治学要取得更大的成就，要达到让世界同仁刮目相看的研究水平，就不但要做到政治学本土化，还必须形成"以中国为方法"的研究路径和学派。"以中国为方法"至少有两个含义，不但要以中国为中心，而且以中国为中心的研究还将是一种"尺度"或者说"标准"。

"以中国为方法"的政治学乃至整个中国社会科学，本来不是问题，或者是已经解决的问题，但是近几十年来的社会科学大有接受"西方中心主义"的趋势，因此这个问题才不得不重新提出来。我们认为，中国社会科学学派形成于延安时期的中国共产党，那一时期的《矛盾论》《实践论》代表着中国人的哲学观的系统化，将历史唯物主义和辩证唯物主义中国化；《论联合政府》《新民主主义论》论述了建立什么样的国家和政权的问题，代表着中国政治学的国体观和政体观的成熟；《论持久战》代表了中国人的大战略观，指明了中国如何走向最终胜利。这些意味着中国共产党人的"政治成熟"，为迅速夺取政权奠定了战略理论基础。而这些体现在哲学、政治学和军事战略学上的政治成熟，根源于毛泽东指出的"以中国做中心"的研究方法和认识论。在《如何研究中共党史》中，毛泽东指出，"研究中共党史，应该以中国做中心，把屁股坐在中国身上。世界的资本主义、社会主义，我们也必须研究，但是要和研究中共党史的关系弄清楚，就是要看你的屁股坐在哪一边，如果是完全坐在外国那边去就不是研究中共党史了。我们研究中国就要拿中国做中心，要坐在中国的身上研究世界的东西。我们有些同志有一个毛病，就是一切以外国为中心，作留声机，机械地生吞活剥地把外国的东西搬到中国来，不研究中国的特点。

不研究中国的特点，而去搬外国的东西，就不能解决中国的问题”[①]。

改革开放之后，因为中国社会科学的滞后性，“一切以外国为中心”的现象并不鲜见，尽管美国学者柯文在20世纪80年代就提出了“在中国发现历史”，是对“西方中心主义”的一种强大对冲[②]。无独有偶，沟口雄三则直接提出了“以中国为方法”[③]。“以中国为方法”不只是停留在以中国为中心那里，以中国为中心的发现本身就是一种尺度，因此“以中国为方法”包含“以中国为尺度”的意涵。也就是说，从美国到日本，很多研究中国问题的学者已经突破了“西方中心主义”。遗憾的是，这种充满智慧的学术方法并没有在中国引起足够的重视，直到那种体现西方政治学方法论的、被奉为“普世价值”的自由主义民主政治走向困境，西方国家自身内部和广大非西方国家出现严重政治危机，才为我们寻找走出“西方中心主义”的政治学提供了机遇。

我们知道，自由主义民主的政治学方法论基础是基于“理性人”假设的个体主义。“理性人”假设起源于霍布斯的《利维坦》，可谓源远流长，但真正成为政治学方法论基础却要到第二次世界大战之后的美国政治学，美国政治学将传统欧洲的以国家为中心的政治学改造为以社会为中心，出现了影响巨大的行为主义政治学、理性选择主义政治学以及在此基础上的各种量化模型研究方法。“理性人”假设不但是学术的，更是政治的，福山就是借用霍布斯的“理性人”假设而论证其“历史终结论”的。福山根据黑格尔的“承认”哲学论述人类进步的动力，并指出“承认”思想又来自霍布斯的“理性人”假设，“正义和公正的概念对于霍布斯来说，都建立在对自我保存的理性追求之上”[④]。

在哈贝马斯看来，霍布斯从根本上颠覆了亚里士多德的古典政治学传统——无处不强调情境即历史性，试图把“理性人”假设上升为解决人类政治困境的政治方法和思想方法，“以科学为依据的社会哲学的要求，其

---

① 中共中央文献研究室．毛泽东文集：第2卷．北京：人民出版社，1993：407.

② 柯文．在中国发现历史：中国中心观在美国的兴起．北京：中华书局，2002.

③ 沟口雄三．作为方法的中国．北京：生活·读书·新知三联书店，2011：125-129.

④ 福山．历史的终结及其最后之人．北京：中国社会科学出版社，2003：172-184.

目的是一劳永逸地指明正确的国家秩序和社会秩序的条件。它的论断将不依赖于地点、时间和情况而发挥效力，并且可以不考虑历史状况建立永久性的共同体"[①]。

客观地说，"理性人"假设在一定范围内可以用来分析微观市场主体的经济行为，但政治行为从来都是群体性的乃至整体性的，个体理性与群体理性之间并不一致，所以人类才有一次又一次的政治灾难，美国才有第二次世界大战之后的"麦卡锡主义"和特朗普政府的种族主义政策。一句话，自由主义民主政治危机就是以个体主义方法论的政治学的危机，政治学必须寻找新出路。出路何在？

其实，即使在美国，20 世纪 60 年代以来以巴林顿·摩尔为创始者的几代学人，如沃勒斯坦、蒂利等人的历史社会学研究，几乎代表着美国社会科学的最重要成就。80 年代以来，美国政治学研究也开始出现"历史转向"[②]，所以历史制度主义能够成为一种主流方法论。而且，以历史为基础的政治学在政治学学说史上曾一直在西方占据主导地位，从古典时期的亚里士多德政治学到近代的马克思政治学，都是历史主义研究的典范。尤其是，国家历史很短的德国人居然搞出一个"德国历史学派"，从洪堡到韦伯都是其代表人物；后来影响广泛的胡塞尔"现象学"所倡导的"回到事情本身"，就是回到历史之中。只不过，这个西方社会科学中固有的强大的历史传统被更凶猛的"理性人"浪潮淹没了，大有使得政治学乃至整个西方社会科学走入死胡同之势。

基于"理性人"假设的量化模型研究在中国政治学中也开始兴起，但中国的"国家性"决定了政治学中的历史路径不但不会被取代，而且必然复兴起来。常识是，中国是世界上唯一一个延续几千年而未曾中断的文明体，有的文明有古而无今比如古希腊文明、古埃及文明等，有的国家有今而无古，这样的国家最多。所以，在芬纳的著名的《统治史》中，中国是

---

① 哈贝马斯. 理论与实践. 北京：社会科学文献出版社，2010：33.

② Giovanni Capoccia 和 Daniel Ziblatt 提出了"民主化研究的历史转向"。参见：Giovanni Capoccia and Daniel Ziblatt. "The Historical Turn in Democratization Studies," *Comparative Political Studies*, vol. 43, no. 8/9, (August 2010), pp. 931 - 968.

唯一贯穿了古代、近代、现代的国家[①]。而且，中国历史的独特之处就在于其政治史和国家史属性，而其他文明体系下的国家的历史多为文化史、社会史和宗教史。对于中国历史特性的认识，钱穆先生有过深刻论述：“中国历史自有其与其他国家民族之不同之特殊性，而最显见者却在政治上。也可说中国民族擅长政治，故能以政治活动为其胜场。能创建优良的政治制度来完成大一统之局面，且能维持此一大一统之局面历数千年之久而不衰。直到今天，我们得拥有这样一个广土众民的大国家，举世莫匹，这是中国历史之结晶品，是中国历史之无上成绩”[②]。这种独特性意味着，中国历史蕴含着丰富的政治学原理，研究中国历史必然在研究政治学说史，何况中国拥有发达的政治制度史和政治思想史。仅仅如此，我们完全可以这样说，在研究路径或者方法论意义上，中国的政治学必然是历史政治学。

“历史政治学”概念虽然是新近提出的[③]，但事实性历史政治学研究在中国有其固有传统，也取得了不俗的成绩。如前，历史上的经史之学其实就是中国政治学，政治学作为一门学科被引入中国之后，梁启超和钱穆被认为是“历史政治学的双重源头”，诸如梁启超的“国风论”，钱穆的礼治即法治论，都是基于中国历史文化传统的一种政治学论述[④]。梁启超基于源远流长的民本思想而第一次提出的“民本主义”概念[⑤]，就是最典型的历史政治学路径的发现。这些年来，徐勇教授基于血缘关系的“祖赋人

---

① 芬纳．统治史（卷一）：古代的王权和帝国：从苏美尔到罗马．上海：华东师范大学出版社，2014；芬纳．统治史（卷二）：中世纪的帝国统治和代议制的兴起：从拜占庭到威尼斯．上海：华东师范大学出版社，2014；芬纳．统治史（卷三）：早期现代政府和西方的突破：从民族国家到工业革命．上海：华东师范大学出版社，2014．

② 钱穆．中国历史研究法．北京：生活·读书·新知三联书店，2005：17．

③ 2013年，姚中秋教授第一次提出“历史政治学”的主张，2016年张广生教授撰文也使用了“历史政治学”这一概念。姚中秋．超大规模国家的治理之道．读书，2013（5）；张广生．选举代表制、专家治国与后资本文明：哈贝马斯的历史政治学．国外理论动态，2015（5）．

④ 引自任锋教授于2019年5月提交于“历史政治学与中国政治学”圆桌论坛的论文：《历史政治学的双重源头与二次起航：从梁启超转向到钱穆论衡》。

⑤ 梁启超．先秦政治思想史．北京：商务印书馆，2014：38．

权”概念、“家户本位”概念，都是典型的历史政治学研究[①]。事实性历史政治学研究成果已经不少，只是尚未归类为学科范畴。我们相信，一旦在学科意义上提出历史政治学，必然会形成强大的学术共同体，因为中国人几乎是与生俱来的“历史学家”，历史是政治学者的“初心”。历史政治学的成果值得期待。

那么，到底什么是历史政治学呢？首先，和成熟的历史社会学一样，历史政治学也是一套认识论、方法论，即从历史出发去研究问题，或者说把问题置于历史之中，以证明或者证伪既有的理论命题，或者发现新理论。在方法论意义上，对历史制度主义方法论中的一些关键词的借鉴，诸如路径依赖、时间进程、时间性、关键节点、报酬递增等分析性概念，使得从历史出发的历史政治学研究更加科学化，即更有针对性地回答因果机制，而不再是传统意义上的模糊的因果关系。

其次，历史政治学之不同于历史社会学的意义，在于其本体论意义。历史政治学中的“历史”不再简单地是一种观念，即所谓的历史观，还是一种本体论意义上的存在，一种“what is”；历史政治学中的“政治学”，是研究政治价值、政治制度和政治行为的三位一体的学问。因此，具有实在意义的历史与当下政治价值、政治制度和政治行为的关系，就是本体论意义上的历史政治学。在这个意义上，因为中国历史的连续性、不曾中断性所造就的“恒常性”，历史政治学几乎是为中国政治学量身定制的一种学说。在我们看来，这种“恒常性”不是没有历史，而是一种历史的延续性，而西方人习惯以自己之多变而将这种延续性视为停滞[②]。这个认识对于理解中国历史很重要，“没有历史”与“历史的延续性”有着根本的区别，因为这涉及如何认识“历史”这个根本问题。在“没有历史”的观点看来，中国不但是不变的，而且是落后的象征；而对于“历史延续性”看来，中国历史一开始就与西方不同，这个不同就是“早熟”或者说早发的

---

① 徐勇．祖赋人权：源于血缘理性的本体建构原则．中国社会科学，2018（1）；徐勇．中国家户制传统与农村发展道路：以俄国、印度的村社传统为参照．中国社会科学，2013（8）．

② 王国斌．转变的中国：历史变迁与欧洲经验的局限．南京：江苏人民出版社，2005．

现代性，正如福山说秦王朝是最早的现代国家[①]。欧洲的现代性政治何时到来？加州学派的王国斌教授这样描述，在1400年，“形成鲜明对照的是，欧洲在政治组织方式上杂乱无章，众多的小型政治单位（包括城邦、主教领地、公国和王国等）并存。而此时的中国却是一个幅员辽阔的帝国，基本上不存在欧洲式的贵族、宗教机构和政治传统”[②]。换句话说，按照欧洲的标准，中国早已经进入“近代”社会，具有了“现代性”。既然已经具有了现代性特征，中国历史还要往哪里变呢？以西方人提出的现代性标准，比如德国历史学派创始人19世纪的兰克所说，到15—16世纪，欧洲开始有了“近代”特征，出现了民族国家、官僚政治、政治事务的世俗化、常备军等[③]，这些都存在于先秦政治之中。

再次，历史政治学具有本体论属性，而历史社会学主要是一种历史观，这就决定了历史社会学的学术意义主要在于研究宏大的制度变迁诸如我们熟悉的历史社会学作品。而本体论是多层次的，有宏观、中观和微观之分，因此历史政治学不但可以用于研究宏大的制度变迁，还可以用来研究中观问题乃至微观问题。中观问题比如中国固有的协商政治传统如何自然地转化为协商民主，自古以来的用人之道与“致治”的关系，管理官员的吏部与组织部、人事部的关系，等等；微观问题比如认知心理学上的问题，自古以来的家庭本位、关系主义如何影响当下的政治行为和政治价值。显然，历史政治学是一个比历史社会学更为丰富多彩的研究领域和知识门类。

最后是历史政治学的政治功能问题。历史社会学号称不持价值取向，没有为政治论述的合法性功能。但是，历史政治学的本体论存在决定了历史政治学具有不可回避的政治功能问题，因为现代政治价值、政治制度之历史连续性意义上的存在，就是一种合法性政治论述。政治学说具有政治功能，是天经地义的事，相反若失去了政治功能，这样的政治学说就没有

---

① 福山．政治秩序的起源：从前人类时代到法国大革命．桂林：广西师范大学出版社，2014：24-26.

② 王国斌．转变的中国：历史变迁与欧洲经验的局限．南京：江苏人民出版社，2005：75-77.

③ 波特．新编剑桥世界近代史：第1卷，文艺复兴：1493—1520年．北京：中国社会科学出版社，1999：1.

存在的价值了。其实，哪种政治理论乃至政治方法没有政治功能？号称行为主义科学的方法论，诸如前述的“理性人”假设以及后来的理性选择主义，都是个体主义方法论，而这个方法论的政治功能就是捍卫资本主义制度的合理性。由此推之，捍卫一种政治制度的方法论对于另外一种性质不同的政治制度而言，就是革命性方法论。这就是政治学理论的本质属性，无须回避，否则就是戴上面纱的虚伪的理论。

历史政治学用来研究什么？有学者指出，对于中国政治学学者而言，历史政治学大概有三大研究议程：完整地描述中国国家形态演变的历史、建构关于中国政治的一般理论、研究世界政治史以发展国家类型学和一般政治理论①。已经有学者运用历史社会学研究当代中国政治形态与历史中国的关系、改革前后中国的政治连续性。其实，历史政治学的本体论属性决定了历史政治学可以用来研究诸多宏观、中观和微观的议程。这并不意味着历史政治学可以穷尽一切研究议程，任何一个知识门类解释问题的能力都是有限的，因此历史政治学并不排斥其他方法论。

四、结语

作为“以中国为方法”的历史政治学，是几代政治学人在中西文明互鉴中艰难地探索出的一个学科范畴性质的知识门类，不但是一种研究路径和研究方法，还是一门学科，这是因其本体论属性。作为一个知识门类或者学科范畴，其“中国性”属性是显然的，与基于“理性人”假设的“西方性”政治学说形成鲜明对照。只有具有学科范畴的历史政治学的出现，即有主体性方法论自觉和自信，才能在文明互鉴中系统化地建构自主性政治学话语体系，更规范、更深入地回答“中国性”。推而广之，凡是拥有自己历史和文明的国家，都需要回答自己的“国家性”问题。没有这样的

① 引自姚中秋教授于2019年5月提交于“历史政治学与中国政治学”圆桌论坛的论文：《历史政治学的中国传统与当代议题》。

根本性命题的政治学理论，一个国家就可能犯战略性颠覆性错误。

需要指出的是，建构自主性、“中国性”的学说，并不意味着拘泥于“特殊性”而排斥所谓的“普遍性”。其实，近代以来，中国难道不是一直在拥抱、接受“现代性”和“普遍性”吗？相反，西方国家又接受了多少非西方文明的“普遍性”呢？应该换个角度看问题，为什么西方国家自称自己的文明是普遍的乃至“普世主义”的，而中国人却一直在自认自己是“特殊的”？中国人的这种自我认知难道不是在自我矮化吗？在比较文明的意义上，没有哪个文明是“普世主义”的，文明只能是多元的。文明的普遍性与特殊性之分是假问题，多元文明互鉴是真问题。之所以还存在特殊性与普遍性之争，是因为这是中国一度落后于西方而形成的历史印记，是中国人自己的问题而非别人的问题，是一种“问题陷阱”。如果非要说中国的“特殊性”，那就是中国是世界上唯一的几千年连续存在的政治共同体，这应该是任何其他文明体渴望而不能得的“特殊性”。

图书在版编目（CIP）数据

历史政治学：中国政治学的范式革命 / 杨光斌著
. -- 北京：中国人民大学出版社，2023.7
（历史政治学与中国政治学自主知识体系论丛）
ISBN 978-7-300-31882-0

Ⅰ. ①历… Ⅱ. ①杨… Ⅲ. ①政治学-研究-中国
Ⅳ. ①D6

中国国家版本馆 CIP 数据核字（2023）第 122167 号

历史政治学与中国政治学自主知识体系论丛
历史政治学：中国政治学的范式革命
杨光斌　著
Lishi Zhengzhixue：Zhongguo Zhengzhixue de Fanshi Geming

出版发行	中国人民大学出版社		
社　　址	北京中关村大街 31 号	**邮政编码**	100080
电　　话	010－62511242（总编室）		010－62511770（质管部）
	010－82501766（邮购部）		010－62514148（门市部）
	010－62515195（发行公司）		010－62515275（盗版举报）
网　　址	http://www.crup.com.cn		
经　　销	新华书店		
印　　刷	涿州市星河印刷有限公司		
开　　本	720 mm×1000 mm　1/16	**版　　次**	2023 年 7 月第 1 版
印　　张	17.5 插页 2	**印　　次**	2023 年 7 月第 1 次印刷
字　　数	249 000	**定　　价**	98.00 元